CODE DE LA CHASSE.

IMPRIMERIE DE POMMERET ET GUÉNOT, RUE MIGNON, 2.

CODE

DE

LA CHASSE,

OU

COMMENTAIRE DE LA LOI DU 3 MAI 1844

SUR LA POLICE DE LA CHASSE,

PAR J.-B. DUVERGIER,

AVOCAT A LA COUR ROYALE DE PARIS, CONTINUATEUR DE TOULLIER.

EXTRAIT DE LA COLLECTION COMPLÈTE DES LOIS, ANNÉE 1844.

Contenant l'Exposé des motifs; les Circulaires adressées à MM. les Procureurs généraux et à MM. les Préfets par M. le garde des sceaux et par M. le ministre de l'intérieur; l'Analyse des débats parlementaires; les Arrêts qui peuvent servir à l'intelligence de la Loi, et la solution doctrinale des difficultés que doit présenter son application.

PRIX : 1 FR. 50 C.

PARIS,
S'ADRESSER AU DIRECTEUR DE L'ADMINISTRATION,
56, RUE DE SEINE.

1844.

CODE

DE

LA CHASSE,

OU

COMMENTAIRE DE LA LOI DU 3 MAI 1844

SUR LA POLICE DE LA CHASSE (1).

(Extrait de la Collection des Lois, année 1844, IXe série, Bull. MXCIV, n. 11257.)

SECTION Ire. *De l'exercice du droit de chasse.*

Art. 1er. Nul ne pourra chasser, sauf les exceptions ci-après, si la chasse n'est pas

---

(1) Présentation à la Chambre des Pairs le 17 avril 1843 (Mon. du 21) ; rapport par M. Franck-Carré le 16 mai (Mon. du 5 juillet) ; discussion les 22 et 23 (Mon. des 23 et 24) ; adoption le 24 (Mon. du 25), à la majorité de 92 voix contre 4.

Présentation à la Chambre des Députés le 26 mai (l'exposé des motifs n'a pas été inséré au Moniteur officiel) ; rapport par M. Lenoble le 6 juin (Mon. du 13).

Reprise le 15 janvier 1844 (Mon. du 16) ; discussion les 9, 10, 12, 13, 14, 15, 16, 17 et 19 février (Mon. des 10, 11, 13, 14, 15, 16, 17, 18 et 20) ; adoption le 21 (Mon. du 22), à la majorité de 251 voix contre 146.

Retour à la Chambre des Pairs le 4 mars (Mon. du 8) ; rapport par M. Franck-Carré le 23 (Mon. du 26) ; discussion les 27 et 28 (Mon. des 28 et 29) ; adoption le 29 (Mon. du 30), à la majorité de 105 voix contre 25.

Retour à la Chambre des Députés le 3 avril : rapport par M. Lenoble le 13 avril (Mon. du 18) ; discussion et adoption le 18 (Mon. du 19), à la majorité de 214 voix contre 99.

Voy. décret du 4-11 août 1789 *sur l'abolition du droit exclusif de Chasse* ; — loi du 28-30 avril 1790 *sur l'exercice du droit de Chasse* ; — du 22-25 juillet 1790 *sur la Chasse dans les lieux réservés pour les plaisirs du roi* ; — du 31 août 1790 *sur la Chasse dans le grand et le petit parc de Versailles* ; — du 14 septembre 1790 *sur les Chasses du roi* ; — du 28 septembre - 6 octobre 1790 *sur la Police rurale*, art. 39 ; — arrêté du 28 vendémiaire an 5 *sur l'interdiction de la Chasse dans les forêts nationales* ; — arrêté du 19 pluviôse an 5 *sur la Chasse des animaux nuisibles* ; — loi du 10 messidor an 5 *sur la Destruction des loups* ; — loi du 28 germinal an 6 *sur la Gendarmerie*, art. 1er, 7° ; — décret du 8 fructidor an 12 *sur la Louveterie et les attributions du grand veneur* ; — décret du 25 prairial an 13 *sur la ferme du droit de Chasse dans les bois communaux*, — avis du conseil d'Etat du 4 janvier 1806 *sur la compétence en matière de délits de Chasse commis par les militaires* ; — décret du 12 mars 1806 *qui remet en vigueur la déclaration du 23 mars 1728 concernant le port d'armes* ; — décret du 11 juillet 1810 *sur les permis de port d'armes de Chasse* ; — avis du conseil d'Etat du 17 mai 1811 *sur la faculté de porter des armes en voyage* ; — décret du 4 mai 1812 *concernant la Chasse sans permis de port d'armes* ; — ordonnance du 15 août 1814 *sur les attributions du grand veneur* ; — règlement du 20 août 1814 *sur la Chasse dans les forêts de l'Etat* ; — règlement du 20 août 1814 *sur l'organisation de la louveterie* ; — loi du 28 avril 1816, art. 77, *sur le droit de permis de port d'armes* ; — ordonnance du 17-22 juillet 1816 *sur la délivrance des permis de port d'armes* ; — ordonnance du 16-28 mars 1820 *sur l'organisation de la gendarmerie des chasses du roi* ; — ordonnance du 29 octobre 1820 *sur l'organisation de la gendarmerie*, art. 179 ; — ordonnance du 14-23 septembre 1830, *qui attribue à l'administration des forêts la police de la Chasse dans les forêts de l'Etat et supprime les fonctions de grand veneur* ; — loi du 21-28 avril 1832, sur le budget de 1832 : l'art. 5 *règle la ferme du droit de Chasse dans les forêts de l'Etat* ; — ordonnance du 24 juillet 1832 *relative au droit de Chasse dans les forêts de l'Etat*.

Les animaux sauvages, jouissant de leur liberté naturelle, n'appartiennent à personne ; ils échappent même à la propriété de celui sur le fonds duquel ils se trouvent ; car ils ne sont point à sa disposition.

La chasse est un titre d'occupation par lequel on acquiert la propriété de ces animaux.

Le droit de chasse trouve une limite naturelle dans le droit de propriété : on ne peut chasser sur le fonds d'autrui sans son consentement. Les lois romaines laissaient à la chasse une entière liberté; elles la considéraient comme étant de droit naturel. (*Inst. lib.*, 11, tit. 1, § 12.)

Sous nos premiers rois, le droit de chasse appartenait aussi à tout propriétaire sans distinction; mais la féodalité établit d'autres principes. La chasse ne fut plus considérée comme un attribut de la propriété; elle fut rangée parmi les droits honorifiques, regardée comme un noble amusement qui devait être refusé aux gens de travail et réservé, à titre de privilége, au roi et aux seigneurs.

Une ordonnance de Charles VI, du mois de janvier 1366, défendit la chasse à « toute personne « non noble, s'il n'est à ce privilégié, ou s'il n'a « aveu ou expresse commission à ce, de par per« sonne qui la lui puisse ou doive donner, ou « s'il n'est personne d'église, ou s'il n'est bourgeois « vivant de ses possessions et rentes. »

Les ordonnances de François Ier (en 1515) et de Henri IV (en 1601) renouvelèrent ces prohibitions en y ajoutant des peines très-sévères; elles maintinrent cependant l'exception établie en faveur des *bourgeois vivant noblement*.

Enfin, l'ordonnance de 1669 défendit à tout paysan et roturier, de quelque *état et qualité* qu'il fût, de chasser en quelque lieu et de quelque manière que ce pût être.

Sous l'empire de cette ordonnance, qui ne fut abrogée que par les lois de la révolution, on pouvait considérer la chasse sous un double point de vue : 1° comme faculté personnelle accordée à certaines personnes et refusée à d'autres; 2° comme un droit réel, attaché à tel ou tel domaine, à telle ou telle seigneurie.

La *faculté personnelle* de chasser était accordée à tous seigneurs gentilshommes et nobles, ce qui comprenait les simples propriétaires de fiefs et seigneuries. (Ord. de 1669, tit. 30, art. 14.)

Les roturiers non possédant fief ne pouvaient chasser même sur leurs propres terres; en cas de contravention, ils étaient condamnés « à 100 livres « d'amende pour la première fois, au double pour « la seconde, et, pour la troisième, attachés trois « heures au carcan du lieu de leur résidence, à « jour de marché, et bannis durant trois années du « ressort de la maîtrise, sans, pour quelque cause « que ce soit, les juges puissent remettre ou mo« dérer la peine. » (Ord. de 1669, tit. 30, art. 28.)

D'anciennes ordonnances s'étaient encore montrées beaucoup plus rigoureuses; et la peine de mort pouvait être prononcée par le juge en cas de récidives multipliées. (Ord. de 1601, art. 14.)

La faculté de chasser était aussi refusée aux ecclésiastiques par les lois de l'Eglise, et notamment par le canon 15 du quatrième concile de Latran.

Le droit de chasse, considéré comme une espèce de droit réel, était annexé à la seigneurie et à la haute justice.

Il appartenait au roi dans tout son royaume; les seigneurs, et tous ceux qui avaient la faculté de chasser, ne pouvaient donc la tenir que d'une permission royale; et cette permission pouvait toujours être retirée ou restreinte. Certains lieux, qu'on appelait *capitaineries royales*, étaient exclusivement réservés aux plaisirs du roi; la chasse était interdite dans toute leur étendue et même dans tout leur voisinage jusqu'à la distance d'une lieue. (Ord. de 1669, art. 20 et 14.)

Les seigneurs et les possesseurs de fiefs avaient le droit de chasse dans toute l'étendue de leurs fiefs, et sur leurs propres terres, et sur les rotures qui relevaient d'eux; car, disait-on, les censitaires n'ont reçu du seigneur que les droits utiles, et non les droits honorifiques dont la chasse fait partie.

Le seigneur pouvait user du droit de chasse comme il le trouvait bon, par lui-même, par ses enfants, ou par ses domestiques; sa présence suffisait pour conférer la faculté de chasser à tous ceux qui l'accompagnaient.

Le seigneur suzerain avait la faculté de chasser sur les fiefs relevant de lui; mais il ne pouvait user de ce droit que par lui-même, et d'une manière fort restreinte.

Le seigneur haut-justicier avait le droit de chasser dans toute l'étendue de sa haute-justice, sans exception.

Il pouvait user de ce droit d'une manière illimitée, 1° sur les terres à lui appartenant; 2° sur les rotures relevant du fief auquel était attaché son droit de haute-justice; 3° et sur les francs-alleus roturiers.

Il pouvait aussi chasser sur les fiefs appartenant à d'autres seigneurs, qui se trouvaient situés dans l'étendue de sa justice; mais, à cet égard, son droit était limité : il ne pouvait chasser qu'en personne; il n'avait pas le droit de mener quelqu'un avec lui, ni celui d'empêcher le propriétaire du fief de chasser lui-même.

Droit honorifique accordé aux seigneurs pour leur plaisir, et non pour en tirer du profit, la chasse ne pouvait être affermée; tout bail d'un droit de chasse était frappé de nullité absolue. (V. *Nouveau Denizart*, verbo Chasse, § 4, n. 6.)

Diverses ordonnances ont réglé les modes d'exercice du droit de chasse. Il n'était point permis de chasser en tout temps, en tout lieu, et toute espèce de gibier.

L'art. 14 de l'ordonnance de 1669 faisait défense de chasser de nuit dans les bois avec armes à feu.

L'art. 18 défendait aussi de chasser sur les terres ensemencées depuis que le blé est en tuyau, et, dans les vignes, depuis le 1er mai jusqu'après la dépouille.

La chasse du cerf, de la biche et du faon n'était licite que pour ceux qui en avaient une permission expresse, ou qui étaient fondés en titres, octrois ou concessions dûment vérifiées. (Ord. de 1601, art. 1er; ord. de 1669, art. 15.)

Enfin, on ne devait chasser qu'à force de chiens et oiseaux, ou à l'arquebuse, qui a été remplacée par le fusil, sans jamais pouvoir se servir d'engins prohibés. (Ord. de 1669, art. 14.) Les engins prohibés qu'il était défendu de fabriquer et de mettre en vente, étaient les tirasses, tonnelles, traîneaux, bricoles de cordes et fil d'archal, pièces et pans de rets, et collets. (Ord. de 1601, art. 9.)

L'ordonnance de 1669, art. 16, défendait même l'emploi du chien couchant; mais cette disposition était tombée en désuétude.

Les délits de chasse étaient constatés par les procès-verbaux des gardes-chasse des seigneurs. Ces délits donnaient lieu à deux actions : l'une publique, à la requête des procureurs fiscaux; l'autre privée, à la requête des parties intéressées.

La chasse faite, avec permission du seigneur, par celui qui n'avait pas la faculté personnelle de chasser, ne donnait lieu qu'à l'action publique. La chasse faite, sans permission, par celui qui avait la faculté personnelle, ne donnait lieu qu'à l'action privée, parce qu'elle ne blessait que les intérêts du seigneur.

Telles étaient les règles auxquelles était soumis le droit de chasse sous l'ancien régime.

La chute de la féodalité les entraîna dans sa ruine, et le droit de chasse fut restitué à la propriété.

« Le droit exclusif de chasse et des garennes ouvertes est aboli, dit l'art. 3 du décret du 4 août 1789, et tout propriétaire a le droit de détruire et faire détruire, seulement sur ses possessions, toute espèce de gibier, sauf à se conformer aux lois de police qui pourraient être faites relativement à la sûreté publique.

« Toutes capitaineries, mêmes royales, et toutes réserves de chasse, sous quelque dénomination que ce soit, sont pareillement abolies, et il sera pourvu, par des moyens compatibles avec le respect dû aux propriétés et à la liberté, à la conservation des plaisirs personnels du roi.

« M. le président sera chargé de demander au roi le rappel des galériens et des bannis pour simple fait de chasse, l'élargissement des prisonniers actuellement détenus, et l'abolition des procédures existant à cet égard. »

Cette liberté absolue devint bientôt la source d'une foule de désordres et d'abus; il était nécessaire de pourvoir à leur répression. L'Assemblée constituante le comprit, et c'est dans cette vue que fut rendu le décret du 28-30 avril 1790. Il est dit, dans le préambule, que l'Assemblée ne dispose que par provision, et en attendant que l'ordre de ses travaux lui permette de plus grands développements sur cette matière. Cependant cette loi est restée en vigueur jusqu'à ce jour.

Incomplète et trop indulgente, elle ne remplit point le but qu'elle s'était proposé. L'agriculture et la propriété réclamaient depuis longtemps des modifications. La coupable industrie des braconniers présentait de grands inconvénients; il fallait, par des mesures sages et énergiques, la réprimer, pourvoir à la conservation des récoltes, et garantir le gibier d'une destruction imminente. Telle a été la pensée de la loi nouvelle; mais vraisemblablement elle ne produira pas les résultats qu'elle a eus en vue. Elle est, dans quelques parties, trop sévère; elle ne respecte pas assez les habitudes et les usages; en voulant atteindre les braconniers, elle frappe les petits propriétaires; pour punir des faits dangereux et quelquefois criminels, elle met de grands obstacles à un exercice généralement répandu, et en lui-même fort innocent. Si une loi pareille eût été faite sous la Restauration, on eût crié de toutes parts au rétablissement de la féodalité. Le gouvernement actuel donne, sous ce rapport, des garanties complétement rassurantes; mais il n'est pas moins vrai que l'on n'a pas su garder une juste mesure entre une liberté trop grande et une excessive rigueur. Il est à craindre que, comme toutes les lois trop sévères, celle-ci ne soit pas exécutée. Voici, au surplus, comment s'est exprimé M. le garde des sceaux, en présentant le projet à la Chambre des Pairs :

Exposé des motifs et projet de loi sur la police de la chasse, présenté par M. le garde des sceaux, ministre de la justice.

Messieurs les Pairs, les abus de la chasse excitent depuis longtemps de vives et nombreuses réclamations. Ces abus ont été signalés dans des pétitions adressées aux Chambres et renvoyées par elles au gouvernement. Les conseils généraux, en les déplorant chaque année, les attribuent à l'insuffisance de nos lois, et demandent qu'une législation plus forte et plus efficace vienne enfin y mettre un terme.

Il est impossible de méconnaître ce qu'il y a de juste dans ces réclamations. Nos anciennes lois sur la chasse étaient trop sévères. Celles qui nous régissent ne le sont point assez. Avant la révolution de 1789, le droit de chasse était un droit féodal. Il était protégé par une législation dont la rigueur était excessive. La loi du 11 août 1789 a aboli le privilége de la chasse, et proclamé le principe que tout propriétaire a la faculté de détruire le gibier sur ses terres. Le droit de chasse, accordé d'une manière illimitée, a amené des désordres que la loi du 30 avril 1790 a voulu faire cesser. Elle se ressent de l'époque où elle a été rendue. On avait encore présent le souvenir des peines beaucoup trop rigoureuses prononcées par les édits sur la chasse, on tomba dans l'excès opposé. La loi de 1790 ne prononça contre les braconniers que des peines légères. Le décret du 11 juillet 1810, en créant le port d'arme de chasse; celui du 4 mai 1812, en punissant d'une amende de 30 à 60 fr. la chasse sans ce permis, n'ont pas remédié à l'insuffisance de cette loi. La législation nouvelle est inefficace. Le braconnage est devenu une industrie. Les désordres qu'il cause augmentent de plus en plus. Un tel état de choses a dû exciter la sollicitude du gouvernement, et c'est pour satisfaire à un besoin aujourd'hui bien reconnu et bien constaté, pour répondre à un vœu public fortement exprimé, que nous avons préparé le projet de loi que nous venons soumettre à vos délibérations.

Préserver le gibier d'une destruction complète et prochaine, protéger la propriété et l'agriculture, qui n'ont pas de plus grands fléaux que les abus dont nous voulons tarir la source, tels sont les deux motifs principaux qui ont dicté les dispositions de ce projet. Mais ces deux graves intérêts ne sont pas les seuls qui y trouveront des garanties : la répression du braconnage aura pour résultat de faire perdre à une classe nombreuse de la société, des habitudes d'oisiveté et de désordres qui conduisent à des délits de tout genre, et trop souvent même à des crimes.

Le projet de loi est divisé en quatre sections :

La première section renferme toutes les prescriptions relatives à l'exercice du droit de chasse ;

La deuxième détermine les peines applicables à chaque infraction;

La troisième règle la manière dont les délits doivent être constatés et poursuivis ;

La quatrième, enfin, contient quelques dispositions générales qui ne pouvaient trouver place dans les trois premières.

Nous allons exposer en peu de mots les motifs des principaux articles dont se compose le projet :

SECTION 1re. *De l'exercice du droit de chasse.*

L'art. 1er pose d'abord en principe que nul n'aura la faculté de chasser, si la chasse n'est pas ouverte et s'il ne lui a pas été délivré un permis de chasse. Le permis dont il s'agit ici remplace celui qui est connu aujourd'hui sous le nom de permis de port d'arme de chasse, et qui est réglé par les décrets des 11 juillet 1810 et 4 mai 1812. En empruntant à ces deux décrets quelques-unes de leurs dispositions, nous les avons modifiées.

Ces décrets n'exigeaient le permis que pour la

chasse au fusil ; le projet l'exige pour toute espèce de chasse. Voilà pourquoi nous avons substitué aux mots : « permis de port d'arme de chasse, » employés d'une manière restrictive par les décrets de 1810 et de 1812, les expressions plus générales : « permis de chasse. » Ces expressions seules peuvent rendre l'intention du projet, qui a été de ne pas borner au cas de la chasse au fusil l'obligation d'obtenir un permis.

Le second paragraphe de l'art. 1er déclare, en termes formels, que nul ne pourra chasser sur la propriété d'autrui sans le consentement du propriétaire ou de ses ayants-droit. Il a paru utile de consacrer, par une disposition spéciale, le droit du propriétaire.

Art. 2. Après avoir posé la règle générale que nul n'a la faculté de chasser en temps prohibé et sans un permis délivré par l'autorité compétente, nous avons admis une exception en faveur du propriétaire qui chasse sur ses possessions dépendantes d'une habitation, et entourées d'une clôture continue faisant obstacle à toute communication avec les héritages voisins. Nous avons pensé que, dans ce cas, le propriétaire devait être dispensé des règles ordinaires imposées aux chasseurs. Il n'y a aucun inconvénient à lui accorder cette dispense. Il y en aurait beaucoup, au contraire, à la lui refuser. Un motif qui suffirait à lui seul pour justifier l'exception, c'est qu'en supposant que le propriétaire commît un délit en chassant sur ses possessions, situées et closes de la manière prévue par l'art. 2, il serait impossible de constater ce délit sans s'introduire, pour ainsi dire, dans son domicile.

Mais il fallait restreindre autant que possible les exceptions, et ne pas les étendre au-delà du cas dont nous venons de parler, de peur de rendre les prohibitions établies par le projet trop faciles à éluder. C'est pourquoi nous avons supprimé la faculté accordée par la loi de 1790, à tout propriétaire ou possesseur, de chasser ou faire chasser en tout temps dans ses bois et forêts, pourvu que ce ne fût pas avec des chiens courants. Il est évident que cette faculté peut compromettre essentiellement les deux intérêts que nous désirons protéger. Pour aller chasser dans ses bois en tout temps, même lorsque la terre est couverte de récoltes, il est difficile de ne pas causer du dommage dans les champs que l'on traverse ; il est difficile de ne pas saisir l'occasion de tirer une pièce de gibier partie fortuitement de la propriété d'autrui. Enfin, si on veut conserver le gibier, encore trop jeune et trop facile à détruire, on doit le protéger, même dans les bois.

Art. 3. Le territoire de la France est si étendu, les provinces du nord et du midi présentent une si grande diversité de température, qu'il a fallu renoncer à l'avantage de régler, par la loi, d'une manière générale et uniforme l'époque où la chasse sera ouverte et celle où elle devra être fermée. L'art. 3 du projet charge les préfets de déterminer chacune de ces deux époques par un arrêté spécial publié dix jours à l'avance. Cette attribution, dont ils jouissent déjà, ne paraît avoir entraîné jusqu'à ce jour aucun inconvénient.

L'art. 4 du projet consacre une innovation très-importante à la législation actuelle. Cette innovation est la défense de prendre sur le terrain d'autrui, de mettre en vente et de colporter des œufs et des couvées de faisans, de perdrix et de cailles pendant toute l'année, et de vendre du gibier pendant le temps où la chasse n'est pas permise.

D'après nos lois actuelles, la vente des œufs et des couvées dont il s'agit est autorisée. Quel est le résultat d'une semblable tolérance ? Pour alimenter ce genre de commerce, on s'introduit au printemps dans les champs couverts de récoltes. On nuit également à la reproduction du gibier, qu'on détruit presque toujours dans son germe, et à l'agriculture, par le dommage qu'on cause nécessairement aux blés et aux prairies artificielles.

La loi qui nous régit permet aussi la vente du gibier en tout temps. Pendant que la chasse est interdite, on voit sur nos marchés la preuve flagrante que cette interdiction est sans effet. Il y a dans la loi, à ce sujet, une inconséquence qu'il est difficile d'expliquer. C'est comme si le Code pénal, en punissant le vol, autorisait la complicité et le recel. C'est la facilité que les braconniers trouvent à se défaire du produit de leurs délits qui les encourage à se livrer en tout temps à leur coupable industrie. Défendre la vente du gibier pendant le temps où la chasse n'est pas permise, c'est le moyen le plus sûr, le plus efficace de détruire, ou au moins de diminuer le braconnage. La sévérité des peines prononcées contre les chasseurs trouvés en délit, ne suffit pas pour parvenir à ce but. Il est souvent difficile d'atteindre le braconnier dans les champs, dans les bois, pendant la nuit. Il le sera moins de constater la vente du gibier en temps prohibé, et de prévenir par là une partie des infractions que l'on ne pourrait punir. La prohibition de la vente du gibier à l'époque où la chasse n'est pas encore ouverte, était un complément nécessaire de la disposition qui interdit la chasse pendant un certain temps. Elle était réclamée par les conseils généraux comme une conséquence obligée de cette disposition. Nous vous proposons d'adopter cette mesure, malgré les objections qu'elle peut soulever.

Les principales de ces objections sont qu'on n'a pas le droit d'empêcher un propriétaire de vendre en tout temps le gibier qu'il peut tuer dans son parc clos de murs, ou dans l'enclos dépendant de sa maison d'habitation ; qu'en lui défendant cette vente, on le privera souvent d'une partie de ses revenus ; qu'au lieu de protéger la propriété, on lui causera par là un préjudice.

Ces considérations ne sont pas sans gravité. Elles ont été l'objet d'un sérieux examen ; elles ne nous ont pas arrêtés.

Le législateur peut-il apporter des restrictions au droit de propriété ? Cette faculté ne lui a jamais été contestée ; elle lui a été conférée spécialement pour la chasse par l'art. 715 du Code civil, qui décide que la faculté de chasser sera réglée par des lois particulières. Après nous être bien fixés sur ce point, nous avons reconnu que si nous exceptions de la défense générale de vendre du gibier en temps prohibé les propriétaires de parcs clos de murs, ou d'enclos dépendant d'une maison d'habitation, une mesure utile et salutaire deviendrait illusoire et n'aurait aucun résultat. Dès lors, nous n'avons pas hésité à imposer à quelques propriétaires une gêne momentanée. Cette gêne est justifiée par l'intérêt général. Ses inconvénients seront bien moins grands que ne le serait l'exception qu'on voudrait introduire dans la loi. Les propriétaires qui possèdent aujourd'hui des parcs ou des enclos peuplés de gibier ne sont pas très-nombreux en France. La plupart chassent pour leur plaisir, et non pour faire commerce de leur gibier. Quant au petit nombre de ceux qui le vendent, ils ne seront pas privés du droit d'en tirer un bénéfice légitime ; ce droit sera seulement suspendu pendant le temps où la chasse n'est pas encore ouverte.

Art. 5. Sous la législation actuelle, les préfets sont chargés de délivrer des permis de port d'armes de chasse. Nous avons dû naturellement leur confier la délivrance des permis de chasse. Ils ne devront les accorder qu'après une espèce d'instruction administrative dont l'art. 5 règle la forme, c'est-à-dire sur l'avis du maire et du sous-préfet.

Le permis de chasse sera valable pour un an et pour tout le royaume.

Quelques personnes auraient désiré qu'il cessât d'avoir son effet hors des limites du département où il a été délivré, ou qu'il fût du moins soumis au visa des préfets des autres départements où l'on voudrait s'en servir. Lorsqu'un propriétaire possède dans plusieurs parties de la France des terres sur lesquelles il veut chasser, nous avons pensé qu'il serait injuste d'exiger de lui autant de permis de chasse qu'il a de propriétés situées dans des départements différents. Le permis de chasse, de même que le passe-port, doit valoir pour tout le royaume.

Quant au visa, il nous a paru que cette formalité serait souvent une gêne, une entrave fâcheuse pour celui qui aurait obtenu un permis de chasse, et que son utilité ne serait pas en rapport avec les inconvénients qu'elle entraînerait.

Le prix du permis de chasse est fixé dans le projet de loi. Jusqu'à présent celui du port d'armes avait été réglé par les lois de finances. La rétribution attachée à sa délivrance avait été considérée uniquement comme un impôt, et figurait comme telle dans le budget. Nous avons pensé que la principale condition exigée pour l'obtention du permis de chasse était convenablement placée dans la loi sur la police de la chasse.

On a demandé, dans des pétitions adressées aux Chambres, que le prix du permis fût porté à une somme considérable. Nous n'avons pas cru devoir déférer à cette demande. Il ne faut pas que le plaisir de la chasse soit exclusivement réservé à la richesse. Nous nous sommes contentés d'élever à 20 fr. le prix du permis, qui est aujourd'hui de 15 fr.

Par une disposition nouvelle, que plusieurs conseils généraux ont réclamée, le projet de loi attribue aux communes 5 fr. sur le prix de chaque permis. Par là, elles sont intéressées à l'exécution de la loi. Cette mesure aura l'avantage de leur créer quelques ressources et de leur fournir les moyens de mieux rétribuer les gardes champêtres dont le salaire est presque partout insuffisant.

Art. 6 et 7. Ici s'est présentée la question de savoir si on devait imposer, pour l'obtention du permis de chasse, certaines conditions qui seraient déterminées par le projet de loi. Quelques personnes auraient désiré qu'il n'en pût être accordé qu'à ceux qui paieraient une certaine quotité de contributions foncières, ou qui seraient propriétaires d'une étendue déterminée de terrain, ou au moins qui justifieraient de l'autorisation de chasser sur des propriétés de la même étendue.

Le gouvernement a repoussé l'idée d'imposer une semblable condition qui aurait établi, en faveur de la propriété, une espèce de privilége contraire à l'état actuel de nos mœurs et de nos opinions. Il a d'ailleurs reconnu la difficulté de régler par une loi tous les cas où la délivrance du permis de chasse pourra être refusée. Le projet de loi détermine seulement deux classes de personnes qui ne pourront pas en obtenir. Ce sont, 1° les personnes qui, par suite de condamnation, seront privées du droit de port d'armes; 2° celles qui n'auront pas exécuté les condamnations par elles encourues pour un délit de chasse. On sait que, d'après le Code pénal, les peines afflictives et infamantes entraînent la dégradation civique à laquelle est attachée la privation du droit de port d'armes. Ceux qui auront subi l'une de ces peines se trouveront donc compris dans la première catégorie des individus auxquels un permis de chasse devra être nécessairement refusé. Outre les cas prévus spécialement par le projet de loi, il existe un grand nombre de circonstances où il serait dangereux d'accorder un permis de chasse, soit pour des motifs personnels à celui qui le demande, soit pour des raisons d'une autre nature. Il a donc paru nécessaire d'armer les préfets d'un pouvoir d'appréciation qui leur permettra de refuser le permis. Le pouvoir qui leur est conféré ne sera pas sans limite. Il sera contrôlé par le ministre de l'intérieur, suivant les dispositions du dernier paragraphe de l'art. 6.

Art. 8. Cet article autorise les préfets à prendre des arrêtés pour prévenir la destruction des oiseaux. Cette disposition sera accueillie avec reconnaissance par un grand nombre de départements.

Dans certaines contrées, les oiseaux ont disparu presque entièrement. Les oiseleurs, en les détruisant, ont causé à l'agriculture un préjudice immense. Si les insectes malfaisants se sont multipliés d'une manière vraiment désastreuse, c'est que les oiseaux qui en font leur nourriture diminuent de jour en jour. Quelques préfets ont voulu combattre le mal en défendant par des arrêtés de tuer les oiseaux qui vivent d'insectes; mais la législation actuelle ne leur donnait pas le droit de prendre ces arrêtés. Leurs défenses n'ont pas été sanctionnées par les tribunaux; elles sont restées sans effet. Le mal a continué et fait chaque jour de nouveaux progrès. C'est pour y remédier que la loi accorde aux préfets un pouvoir qu'ils n'avaient pas jusqu'ici, et dont ils se serviront dans l'intérêt des campagnes.

Art. 9. Cet article du projet renvoie à des ordonnances royales le règlement de divers points dont le détail ne pouvait pas trouver place dans une loi générale.

Par exemple :

Il aurait été difficile de déterminer par la loi dans quels cas et sous quelles conditions les chasses de nuit peuvent être permises. Les chasses de cette espèce présentent en général de graves inconvénients; elles sont, plus particulièrement que toute autre, celles des braconniers. L'intérêt de la conservation du gibier et un intérêt d'ordre public, de sûreté pour les personnes, exigent qu'elles soient presque toujours défendues. Cependant, il existe, dans plusieurs départements, certaines chasses de nuit qu'on peut autoriser sans danger. Celles-là ne doivent pas être interdites, mais il faut les régler suivant les saisons, les pays, les usages locaux. Des règlements spéciaux sont nécessaires.

Il aurait été également difficile d'énumérer dans la loi les différents modes et instruments de chasse qu'il convient de prohiber. Quelque longue que fût une nomenclature de ce genre, il s'y glisserait nécessairement quelques omissions essentielles.

Il était impossible de soumettre la chasse des oiseaux de passage aux règles et aux prohibitions générales de la loi. Quelques-uns de nos départements sont favorisés, à certaines époques de l'année, d'un passage considérable d'oiseaux étrangers au pays. Ces oiseaux ne traversent nos contrées que pendant un mois ou quelques semaines. Durant leur courte apparition, les habitants les prennent au moyen de filets ou d'autres procédés connus dans les localités. Il serait impolitique et injuste de ne pas avoir égard à des habitudes, à des usages qui existent depuis longtemps.

Nous devions reconnaître et nous avons reconnu le principe, consacré par la loi du 30 avril 1790, qui permet à tout propriétaire, possesseur ou fermier, de détruire sur ses terres les animaux malfaisants. Mais ce droit de protéger ses récoltes et ses possessions, ce droit de légitime défense qu'il ne faut pas confondre avec le droit de chasse, dont il diffère essentiellement, doit être exercé suivant des modes et des conditions qui ne peuvent pas être réglés par une loi sur la chasse.

Tout ce qui est relatif à ces différents objets et à quelques autres points indiqués dans l'art. 9, est, par sa nature, du domaine des règlements d'administration publique. Voilà pourquoi nous proposons de le laisser déterminer par des ordonnances royales. En cela, nous nous conformons à un précédent qui existe dans l'art. 26 de la loi sur la pêche fluviale.

SECTION II. *Des peines*

Art. 10. On s'accorde à reconnaître que les peines prononcées par la loi de 1790 sont insuffisantes. Cette loi punit les délits de chasse d'une légère amende qui n'admet ni maximum, ni minimum, ne laisse aucune latitude au juge, et s'applique au braconnier, accoutumé à vivre de ses méfaits, aussi bien qu'à la personne qui a commis accidentellement un délit. Le projet de loi conserve un juste milieu entre cette extrême indulgence et la sévérité excessive qu'on reproche avec raison aux anciens édits sur la chasse. Les peines qu'il établit sont graduées suivant la gravité des faits auxquels elles s'appliquent.

Nous avons élevé au rang de délit les infractions aux arrêtés pris par les préfets pour prévenir la destruction des oiseaux. Nous avons pensé que les peines de simple police seraient insuffisantes pour réprimer ces infractions.

Une peine est prononcée contre les fermiers de la chasse, dans les bois soumis au régime forestier, qui auront contrevenu aux clauses et conditions de leurs cahiers de charges. Dans l'état de la législation, les contraventions à ces clauses ne donnent lieu qu'à des réparations civiles. L'action de l'administration forestière est sans cesse entravée par les formalités qu'entraînent toujours les procès devant la juridiction civile. Il nous a paru nécessaire de punir comme délits des faits qui peuvent compromettre une partie de la fortune publique. C'est ainsi que l'art. 37 du Code forestier porte que toute contravention aux clauses et conditions du cahier des charges relativement au mode d'abatage des arbres et au nettoiement des coupes, sera punie d'une amende qui ne pourra être moindre de 50 fr., ni excéder 500 fr.; l'intérêt général, qui a fait adopter cette mesure, justifie également celle que nous proposons.

Nous avons emprunté à la loi sur la pêche fluviale et aux anciennes lois sur la chasse la disposition qui punit d'une amende le fait d'être trouvé porteur, hors de son domicile, de filets et autres engins ou instruments de chasse prohibés. Cette disposition est le complément de celle qui punit l'usage des instruments dont il s'agit; c'est un moyen de plus d'en prévenir le dangereux emploi.

Le projet punit d'une amende de 100 à 300 fr. ceux qui auront chassé, soit pendant les heures où la chasse sera interdite, soit à l'aide de modes ou instruments prohibés; si le délit a été commis sur le terrain d'autrui, et sans son consentement, la peine de l'emprisonnement de quinze jours à trois mois sera en outre prononcée.

On fera cesser ainsi l'habitude de ces chasses de nuit, à l'aide de filets, qui ont amené plus d'un autre délit et quelquefois même des meurtres.

Art. 13. Un délit de chasse a paru sortir de la classe ordinaire des infractions de ce genre, c'est celui qui est commis sur un terrain clos appartenant à autrui et dépendant de son habitation. Ce délit est tellement grave, que quelques personnes auraient voulu qu'il fût complétement assimilé au vol et puni comme tel. Nous avons repoussé cette idée. Car si la chasse dont il s'agit eût été accompagnée de certaines circonstances aggravantes, elle aurait été punie de peines afflictives et infamantes; une semblable disposition n'aurait pas été en rapport avec les habitudes et les mœurs actuelles. La chasse doit toujours rester un délit, et ne jamais constituer par elle-même, et par elle seule, un crime. C'est être assez sévère que de la punir, dans le cas dont il s'agit, d'une amende de 200 à 1,000 fr. et d'un emprisonnement d'un an à cinq ans.

Art. 14. La loi de 1790, en prononçant la confiscation des instruments du délit, ne contenait aucune disposition pour le cas où ils n'avaient pu être saisis. La mesure de la confiscation manquait de sanction et n'était pas exécutée. Nous avons réparé l'omission qui existait dans cette loi, en décidant que, si les instruments du délit ou le gibier ne peuvent pas être saisis, le prix en sera payé et ne pourra pas être évalué à une somme moindre de 20 fr. Il a fallu abaisser ainsi le minimum de l'évaluation, parce qu'elle doit porter sur un grand nombre d'objets divers, de valeurs différentes.

Il a semblé convenable de fixer un minimum aux dommages-intérêts qui seront alloués aux parties lésées par un délit de chasse. La loi de 1790 avait réglé d'une manière uniforme l'indemnité à laquelle le propriétaire lésé aurait droit. Cette indemnité était fort modique. Il en résultait que les parties civiles exerçaient très-rarement des poursuites.

Nous avons pensé que si le minimum des dommages-intérêts était fixé au même taux que l'amende, le but qu'on doit se proposer sera atteint.

Art. 15. D'après l'art. 365 du Code d'instruction criminelle, le prévenu reconnu coupable de plusieurs délits, au moment où il est jugé, n'est pas puni des peines portées contre chacun de ces délits; la peine la plus sévère lui est seule appliquée. Il était nécessaire de déroger au principe de cet article, à l'égard des délits de chasse, délits spéciaux que l'on commet sans scrupule et avec tant de facilité. Sans cette dérogation, le braconnier contre lequel un procès-verbal aurait été rédigé, pourrait, dans l'intervalle du premier délit constaté, jusqu'au jour du jugement, en commettre impunément plusieurs autres. C'est ce qu'a voulu prévenir l'art. 15 du projet, qui admet le cumul des peines lorsque les délits ont eu lieu à des jours différents.

Art. 16 et 17. L'art. 16 du projet porte qu'en cas de condamnation pour délits prévus par la présente loi, les tribunaux pourront priver le délinquant du droit d'obtenir un permis de chasse pour un temps qui ne pourra excéder dix années. Cette disposition n'a pas besoin d'être justifiée. Il en est de même de l'article suivant, qui attribue exclusivement aux communes sur le territoire desquelles les délits de chasse auront été commis, les deux tiers des amendes prononcées. C'est encore un moyen d'augmenter les ressources des communes et de les intéresser à la répression des délits.

Art. 18. Nous n'avons autorisé l'application de l'art. 463 du Code pénal que dans un seul des cas prévus par le projet de loi. Une exception était indispensable pour le délit puni par l'art. 13. Cet article prononce une peine d'un an à cinq ans de prison. Il peut y avoir des circonstances qui diminuent les torts du délinquant. Il serait par trop rigoureux de ne pas donner aux juges la faculté d'abaisser alors la peine. Sans cette faculté, ils acquitteraient peut-être le coupable plutôt que de lui infliger une condamnation trop sévère.

SECTION III. *De la poursuite et du jugement.*

Art. 20. Le soin de constater les délits prévus par le projet de loi est confié aux maires et à leurs adjoints, aux commissaires de police, aux officiers, sous-officiers de gendarmerie et aux simples gendarmes, aux agents supérieurs de l'administration forestière et aux gardes forestiers, enfin aux gardes champêtres communaux et aux gardes commissionnés par des particuliers. Les dispositions du projet qui mettent au nombre des délits la vente et le colportage du gibier en temps prohibé et le seul fait d'être trouvé porteur, hors de son domicile, de nappes, filets et autres instruments défendus, nécessitaient l'intervention des fonctionnaires chargés plus spécialement de la police des villes. C'est principalement pour ce motif que les maires, leurs adjoints et les commissaires de police figurent dans le projet de loi.

Pour donner plus de force et d'efficacité à la constatation des délits de chasse qui se commettent, pour la plupart, dans les lieux isolés et éloignés des habitations, le projet dispose que les procès-verbaux écrits et signés, soit par un maire ou son adjoint, soit par un commissaire de police, soit par un officier ou un maréchal-des-logis de la gendarmerie, soit par un agent supérieur de l'administration des eaux et forêts, signés par deux préposés de cette administration ou par deux gendarmes, et écrits par l'un d'eux, feront foi jusqu'à inscription de faux. Dans l'état de notre législation, les agents et les préposés de l'administration forestière sont les seuls fonctionnaires dénommés dans le projet dont les procès-verbaux aient ce caractère. Nous avons donné la même force aux procès-verbaux des maires, adjoints, commissaires de police, officiers et sous-officiers de gendarmerie. Nous avons jugé cette disposition nécessaire et sans danger.

Au surplus, dans les cas prévus par l'art. 13 du projet, la peine étant beaucoup plus grave que pour les délits de chasse ordinaires, les procès-verbaux ne feront foi que jusqu'à la preuve contraire.

Art. 23. La crainte que des collisions ne fussent le résultat des efforts tentés pour désarmer ou arrêter des délinquants, a fait conserver la disposition de la loi de 1790, qui défend en termes formels cette arrestation et ce désarmement. Il n'y aura d'exception que dans les cas où le chasseur sera déguisé ou masqué, et dans ceux où il n'aura pas de domicile connu ou refusera de dire son nom.

Le maire ou le juge de paix, après avoir entendu et avoir constaté son individualité, pourra, soit le faire mettre en liberté, soit le traduire devant le procureur du roi.

Art. 24. Sous l'empire de la législation actuelle, la chasse en temps prohibé ou sans permis de port d'armes est la seule qui soit considérée comme un délit d'ordre public et poursuivie d'office par le procureur du roi. Tous les autres délits de chasse sont rangés parmi les délits privés qui ne peuvent être poursuivis que par la partie lésée, ou par le ministère public, lorsqu'elle porte une plainte formelle. C'est là une des grandes causes de l'impunité de la plupart des braconniers. Presque tous les propriétaires répugnent à poursuivre les délits de chasse commis sur leurs propriétés, et même à les dénoncer par une plainte. Les braconniers en profitent pour chasser, en toute sécurité, par tous les moyens qui ne constituent pas l'un des deux délits pour lesquels le ministère public peut agir d'office.

Il fallait diminuer les chances d'impunité qui encouragent leur audace. L'un des moyens les plus efficaces pour parvenir à ce but était, sans contredit, d'élargir le cercle des délits d'ordre public en matière de chasse, que les procureurs du roi peuvent poursuivre d'office : tel est l'objet de l'art. 24 du projet. Cet article range implicitement parmi les délits que le ministère public pourra poursuivre d'office, sans la plainte de la partie intéressée, les infractions aux arrêtés pris par les préfets pour prévenir la destruction des oiseaux, le port de nappes, filets, piéges, collets et autres engins ou instruments de chasse prohibés; l'enlèvement sur le terrain d'autrui et la vente des œufs de faisans, de perdrix, de cailles, ainsi que la mise en vente et le colportage du gibier en temps prohibé; la chasse, pendant les heures où elle est interdite, à l'aide de moyens ou instruments prohibés, la chasse sur les terres ensemencées et chargées de leurs produits; et enfin, la chasse sur le terrain d'autrui, sans son consentement, si ce terrain dépend de son habitation et se trouve entièrement clos.

D'après une disposition de ce même art. 24, lorsqu'un propriétaire voudra interdire la chasse sur ses possessions, il suffira qu'il ait manifesté son intention par une déclaration déposée au parquet du procureur du roi, pour que l'action publique puisse être exercée, sans aucune plainte spéciale, contre chaque délinquant. Beaucoup de parties lésées préféreront une déclaration générale qui ne désignera personne en particulier, à une plainte individuelle et postérieure au délit. Un grand nombre de ceux qui laissent aujourd'hui chasser sur leurs terres sans oser se plaindre, entreront avec empressement dans la nouvelle voie qui leur est ouverte, et la disposition du projet dont il s'agit ici ne sera pas l'une des moins utiles à la répression du braconnage.

Art. 25. Cet article établit la solidarité des condamnations pour les amendes, restitutions et frais, contre tous ceux qui ont commis conjointement des délits de chasse. Ce principe, qui est de droit commun, mais dont l'application en matière de chasse a été controversée, aura ici l'avantage de diviser, d'isoler les délinquants. Un braconnier seul est beaucoup moins disposé à la résistance et à la rébellion, beaucoup moins dangereux qu'une réunion de délinquants dont le nombre accroît l'audace.

Art. 26. La loi de 1790 ne rendait civilement responsables des délits de chasse que les père et mère à l'égard de leurs enfants. Nous avons étendu la responsabilité aux tuteurs, aux maîtres et commettants, à l'égard des pupilles, serviteurs et autres subordonnés. Ils ont, sur ces derniers, un pouvoir, une autorité dont ils doivent user pour les empêcher de commettre des délits. C'est d'ailleurs la seule manière d'atteindre, quant à une partie des condamnations pécuniaires, une classe de délinquants qui, ne possédant rien, pourraient souvent jouir d'une impunité complète.

Art. 27. Sous la législation actuelle, l'action relative aux délits de chasse se prescrit par un mois. L'expérience a prouvé que ce délai était souvent trop court. Le projet l'étend à trois mois.

Section IV. *Dispositions générales.*

Il n'est pas dérogé aux lois et règlements qui concernent la louveterie. Le projet règle uniquement la police de la chasse sur la propriété des particuliers et dans les forêts l'Etat et des communes. C'est en cela seulement qu'il nous a paru nécessaire de réviser la législation actuelle.

La loi que nous vous proposons d'adopter nous paraît satisfaire complétement le vœu public; elle sera utile à la propriété et à l'agriculture; elle conservera au pays un moyen d'alimentation qu'il aurait perdu entièrement avant peu d'années. Elle est morale, parce qu'elle empêchera les classes pauvres de se livrer à un genre d'occupation qui leur fait contracter des habitudes vicieuses, sources de nombreux délits, et quelquefois même de crimes. Exécutée avec sagesse, avec fermeté, elle sera un bienfait pour le pays. Aussi nous la soumettons avec confiance à vos délibérations.

PROJET DE LOI.

Section Ire. *De l'exercice du droit de chasse.*

Art. 1er. Nul n'aura la faculté de chasser, sauf les exceptions ci-après, si la chasse n'est pas ouverte et s'il ne lui a pas été délivré un permis de chasse par l'autorité compétente.

Nul n'aura la faculté de chasser sur la propriété d'autrui sans le consentement du propriétaire ou de ses ayants-droit.

Art. 2. Le propriétaire peut chasser ou faire chasser en tout temps, sans permis de chasse, dans ses possessions dépendant d'une habitation et entourée d'une clôture continue faisant obstacle à toute communication avec les héritages voisins.

Art. 3. Les préfets détermineront, par des arrêtés publiés au moins dix jours à l'avance, l'époque de l'ouverture et celle de la clôture de la chasse dans chaque département. Ces arrêtés seront pris par le préfet de police pour la circonscription de la préfecture de police.

Art. 4. Dans chaque département, il est interdit de mettre en vente et de colporter du gibier pendant le temps où la chasse n'est pas permise.

Il est interdit de prendre sur le terrain d'autrui, de mettre en vente et de colporter des œufs et des couvées de faisans, de perdrix et de cailles.

Art. 5. Les permis de chasse seront délivrés sur l'avis du maire et du sous-préfet, par le préfet du département où résidera celui qui en fera la demande, et par le préfet de police, aux personnes résidant dans la circonscription de la préfecture de police.

La délivrance des permis de chasse donnera lieu au paiement d'un droit de 15 fr. au profit de l'Etat, et de cinq fr. au profit de la commune où résidera celui qui obtiendra le permis.

Les permis de chasse seront valables pour tout le royaume, et pour un an seulement.

Art. 6. Les préfets pourront refuser le permis de chasse, à la charge de rendre immédiatement compte des motifs du refus au ministre de l'intérieur, qui statuera.

Art. 7. Il ne sera point délivré de permis de chasse :

1° A ceux qui, par suite de condamnations, sont privés du droit de port d'armes;

2° A ceux qui n'auront pas exécuté les condamnations par eux encourues pour l'un des délits prévus par la présente loi.

Art. 8. Les préfets et le préfet de police pourront, sur l'avis des conseils généraux, et sous l'approbation du ministre de l'intérieur, prendre des arrêtés pour prévenir la destruction des oiseaux.

Art. 9. Des ordonnances royales, portant règlement d'administration publique, détermineront dans quels cas et sous quelles conditions la chasse sera permise pendant la nuit.

Elles détermineront également :

1° Les procédés et modes de chasse, les filets et engins qui, étant de nature à nuire à la conservation des récoltes et du gibier, devront être prohibés;

2° L'époque de la chasse des oiseaux de passage et les modes et procédés de cette chasse;

3° Le temps pendant lequel il sera permis de chasser dans les marais et sur les étangs;

4° Les espèces d'animaux malfaisants que le propriétaire, possesseur ou fermier pourra détruire sur ses terres, et les conditions de l'exercice de ce droit;

5° La gratification qui sera accordée aux gardes et gendarmes rédacteurs des procès-verbaux ayant pour objet de constater les délits;

6° Et enfin toutes les dispositions relatives à l'exécution de la présente loi.

Section II. *Des peines.*

Art. 10. Seront punis :

1° D'une amende de 15 à 25 fr. ceux qui auront contrevenu aux arrêtés pris pour prévenir la destruction des oiseaux; si le délit a été commis sur le terrain d'autrui, et sans son consentement, la peine de l'emprisonnement d'un jour à huit jours sera en outre prononcée;

2° D'une amende de 15 à 100 fr. les fermiers de la chasse dans les bois soumis au régime forestier qui auront contrevenu aux clauses et conditions de leurs cahiers de charges;

3° D'une amende de 20 à 50 fr. ceux qui seront trouvés porteurs ou munis, hors de leur domicile, de filets, engins et autres instruments de chasse prohibés;

4° D'une amende de 50 à 100 fr. ceux qui auront chassé sans permis, et ceux qui auront contrevenu aux dispositions des ordonnances royales, rendues en exécution des paragraphes 2, 3 et 4 de l'art. 9 de la présente loi;

5° D'une amende de 50 à 100 fr. ceux qui auront chassé sur le terrain d'autrui sans son consentement; si les terres étaient ensemencées ou chargées de leurs produits, l'amende sera portée au double;

6° D'une amende de 100 à 200 fr. ceux qui auront chassé sans permis sur le terrain d'autrui sans son consentement; si les terres étaient ensemencées ou chargées de leurs produits, la peine de l'emprisonnement de trois à quinze jours sera en outre prononcée;

7° D'une amende de 100 à 200 fr. ceux qui auront pris, sur le terrain d'autrui, mis en vente ou colporté des œufs et couvées de faisans, de perdrix et de cailles; ceux qui auront chassé ou qui auront mis en vente ou colporté du gibier en temps prohibé;

8° D'une amende de 100 à 300 fr. ceux qui auront chassé, soit aux heures où la chasse aura été interdite, soit à l'aide de modes ou instruments de chasse prohibés; si le délit a été commis sur le terrain d'autrui et sans son consentement, la peine de l'emprisonnement de quinze jours à trois mois sera en outre prononcée.

Art. 11. Les peines ci-dessus pourront être portées au double si le délinquant était en état de récidive, s'il était déguisé ou masqué, s'il a refusé de dire son nom, s'il a usé de violences envers les personnes, ou s'il a fait des menaces, sans préjudice, s'il y a lieu, de plus fortes peines prononcées par les lois pénales.

Art. 12. Il y a récidive lorsque, dans les douze mois qui ont précédé l'infraction, le délinquant a été condamné en vertu de la présente loi.

Art. 13. Sera puni d'une amende de 200 à 1,000 fr., et d'un emprisonnement d'un ans à cinq ans, celui qui aura chassé sur le terrain d'autrui sans son consentement, si ce terrain dépend d'une habitation, et s'il est entouré d'une clôture continue faisant obstacle à toute communication avec les héritages voisins.

Art. 14. Tout jugement de condamnation prononcera la confiscation des armes, filets, engins et autres instruments de chasse, ainsi que du gibier. Il ordonnera, en outre, la destruction des engins prohibés.

Si l'un ou plusieurs de ces objets n'ont pas été saisis et ne sont pas représentés, le délinquant sera condamné à en payer le prix, qui ne pourra être évalué à moins de 20 fr.

Les dommages-intérêts ne pourront être inférieurs à l'amende prononcée par le jugement, ou à la moitié de cette amende si elle a été portée au double par l'application de l'art. 12.

Art. 15. En cas de conviction de plusieurs délits commis dans la même journée, la peine la plus forte sera seule prononcée.

Lorsque les délits auront été commis à différents jours, les peines seront cumulées.

Art. 16. En cas de condamnation pour délits prévus par la présente loi, les tribunaux pourront priver le délinquant du droit d'obtenir un permis de chasse pour un temps qui n'excédera pas dix ans.

Art. 17. Le tiers des amendes prononcées en vertu de la présente loi sera attribué aux hospices.

Les deux autres tiers seront attribués exclusivement aux communes sur le territoire desquelles les infractions auront été commises.

Art. 18. L'art. 463 du Code pénal ne sera pas applicable aux délits punis par la présente loi, si ce n'est dans les cas prévus par l'art. 13.

SECTION III. *De la poursuite et du jugement.*

Art. 19. Les délits prévus par la présente loi seront prouvés par procès-verbaux ou par témoins.

Art. 20. Les procès-verbaux écrits en entier et signés soit par un maire, soit par un adjoint, soit par un commissaire de police, soit par un officier ou un maréchal-des-logis de gendarmerie, soit par un agent de l'administration forestière, feront foi jusqu'à inscription de faux des faits matériels relatifs aux délits qui s'y trouveront constatés. Il en sera de même des procès-verbaux signés par deux gendarmes ou par deux préposés de l'administration forestière et écrits en entier par l'un d'eux. En conséquence, il ne sera admis aucune preuve contre le contenu de ces procès-verbaux, à moins qu'il n'existe une cause légale de récusation contre le signataire ou l'un des signataires.

Toutefois, les procès-verbaux constatant l'un des faits punis par l'art. 13, ne feront foi que jusqu'à preuve contraire.

Art. 21. Les procès-verbaux signés par un seul gendarme ou par un seul préposé de l'administration forestière, ou par un ou plusieurs gardes champêtres, gardes communaux ou gardes assermentés de particuliers, ne feront foi que jusqu'à preuve contraire.

Art. 22. Dans les vingt-quatre heures du délit, les procès-verbaux des gardes ou des gendarmes seront, à peine de nullité, affirmés par les rédacteurs devant le juge de paix ou l'un de ses suppléants, ou devant le maire ou l'adjoint soit de la commune de leur résidence, soit de celle où le délit aura été commis.

Art. 23. Les délinquants ne pourront être saisis ni désarmés; néanmoins, s'ils sont déguisés ou masqués, s'ils refusent de faire connaître leurs noms, ou s'ils n'ont pas de domicile connu, ils seront conduits immédiatement devant le maire ou le juge de paix, lequel s'assurera de leur individualité.

Art. 24. Les délits prévus par la présente loi seront poursuivis conformément au Code d'instruction criminelle, sauf les exceptions ci-après:

L'administration forestière pourra poursuivre directement les délits commis sur les terres et les forêts de l'État, des communes et des établissements publics.

Dans le cas prévu par le paragraphe 2 de l'art. 10, le ministère public ne pourra poursuivre que sur la plainte de ladite administration.

Dans les cas prévus par les paragraphes 5 et 6 du même article, le ministère public ne pourra poursuivre que sur la plainte de la partie intéressée, ou si, antérieurement au délit, la partie intéressée a fait au parquet du procureur du roi la déclaration qu'elle interdit la chasse sur ses possessions à tous ceux qui ne seraient pas porteurs de sa permission spéciale.

La plainte de la partie intéressée ne sera pas nécessaire quand la chasse aura eu lieu sur le terrain d'autrui et sur des terres ensemencées ou chargées de leurs produits.

Art. 25. Ceux qui auront commis conjointement des délits de chasse, seront condamnés solidairement aux amendes, dommages-intérêts et frais.

Art. 26. Le père, la mère, le tuteur, les maîtres et commettants, seront civilement responsables des délits de chasse commis par leurs enfants mineurs, pupilles demeurant avec eux ou non mariés, serviteurs et autres subordonnés, sauf tout recours de droit.

Cette responsabilité sera réglée conformément au paragraphe dernier de l'art. 1384 du Code civil, et s'étendra aux dommages-intérêts et frais, sans pouvoir, toutefois, donner lieu à la contrainte par corps.

Art. 27. Toute action relative aux délits prévus par la présente loi, sera prescrite par le laps de trois mois à compter du jour du délit.

Néanmoins, dans le cas prévu par l'art. 13, les poursuites ne seront prescrites que conformément à l'art. 638 du Code d'instruction criminelle.

SECTION IV. *Dispositions générales.*

Art. 28. Le décret du 11 juillet 1810, en ce qui concerne les permis de port d'armes de chasse, et le décret du 4 mai 1812, sont abrogés.

Sont et demeurent également abrogés les lois, arrêtés, décrets et ordonnances intervenus sur les matières réglées par la présente loi, en tout ce qui est contraire à ses dispositions.

J'ai cru devoir rapporter en entier cet exposé et ce projet, et j'ai pensé qu'il était utile de les faire suivre immédiatement des circulaires de M. le garde des sceaux et de M. le ministre de l'intérieur. Ces documents font connaître la pensée qui a présidé au projet, et le sens que l'administration donne à la loi telle qu'elle a été votée. Quant aux exposés et aux rapports qui ont été faits successivement, soit à la Chambre des Députés, soit à la Chambre des Pairs, il serait parfaitement inutile de les rapporter textuellement, à raison des changements survenus. J'aurai soin de placer sous chaque article les fragments de ces exposés ou rapports qui peuvent servir à leur interprétation.

Circulaire de M. le garde des sceaux.

« Monsieur le procureur général, l'opinion publique accusait depuis longtemps notre législation sur la chasse de faiblesse et d'insuffisance. Elle demandait contre le braconnage des moyens de répression plus sévères et plus efficaces. Le vœu qu'elle a exprimé a été entendu par le gouvernement et les Chambres : la loi sur la police de la chasse a été rendue. Si cette loi est exécutée comme elle doit l'être, avec une sage fermeté, elle fera cesser les abus qui excitaient de si vives et de si justes réclamations. Elle sera un bienfait pour la propriété et l'agriculture, qui regardent avec raison les braconniers comme l'un de leurs plus redoutables fléaux; elle préservera le gibier de la destruction complète et prochaine dont il était menacé; elle aura enfin un résultat moral qui doit l'agrandir et en relever l'importance aux yeux de tous les gens de bien : elle empêchera une classe nombreuse et intéressante de la société de se livrer à des habitudes d'oisiveté et de désordres qui conduisaient trop souvent au crime. Les fonctions que vous remplissez vous mettent à même de reconnaître et d'apprécier mieux que personne les avantages incontestables de cette loi. Je viens vous prier d'en surveiller l'exécution, et vous signaler celles de ses dispositions sur lesquelles votre attention me paraît devoir se fixer plus particulièrement.

« La loi est divisée en quatre sections, dont la première renferme toutes les prescriptions relatives à l'exercice du droit de chasse. Cette première partie est celle qui contient les innovations les plus nombreuses et les plus importantes.

« L'art. 1er établit en principe que nul ne pourra chasser, même sur sa propriété, si la chasse n'est pas ouverte, et s'il ne lui a pas été délivré un permis de chasse par l'autorité compétente. Il modifie l'ancienne législation, en ce qu'il exige, pour tous les procédés et moyens de chasse, le permis de l'autorité, qui n'était exigé par le décret du 4 mai 1812 que pour la chasse au fusil; et afin de qualifier ce permis d'une manière qui en indique la portée, il lui donne le nom de permis de chasse, au lieu du nom de permis de port d'armes de chasse, sous lequel le décret de 1812 le désignait. Pour être fidèle à la pensée de la loi, il faut entendre le mot chasse dans le sens le plus général, et l'appliquer sans distinction à la recherche, à la poursuite de tout animal sauvage ou de tout oiseau. C'est ainsi, au surplus, que ce mot a été entendu par la Cour de cassation, même sous l'empire de la législation de 1790 et de 1812. Il en résulte que, quel que soit l'animal sauvage ou l'oiseau que l'on chasse, et s'il s'agit d'oiseaux de passage, quels que soient le moyen et le procédé de chasse dont on soit autorisé à se servir, un permis de chasse est nécessaire.

« L'art. 2 admet une exception au principe général posé dans l'art. 1er; il autorise le « propriétaire ou possesseur à chasser ou faire chasser « en tout temps dans ses possessions, attenant à « une habitation, et entourées d'une clôture continue faisant obstacle à toute communication « avec les héritages voisins. »

« L'exception est beaucoup plus restreinte qu'elle ne l'était sous l'empire de la loi du 30 avril 1790. Cette dernière loi permettait au propriétaire ou possesseur de chasser en tout temps dans ses bois et dans celles de ses possessions qui étaient séparées des héritages voisins par des murs ou des haies vives, lors même qu'elles étaient éloignées d'une habitation. Dans certains départements, où presque tous les champs sont clos de haies, l'exception détruisait la règle; d'un autre côté, on a reconnu que la chasse dans les bois à l'époque de la reproduction du gibier était aussi nuisible que la chasse en plaine. On a senti la nécessité de limiter l'exception, autant que possible; elle n'est donc accordée que pour les possessions attenant à une habitation, et il faudra encore que ces possessions soient entourées d'une clôture continue, formant obstacle à toute communication avec les héritages voisins.

« J'appelle votre attention sur les termes employés par l'art. 2 pour désigner la clôture. Les expressions les plus fortes ont été choisies à dessein, pour bien faire comprendre qu'il ne s'agit pas ici d'une de ces clôtures incomplètes comme on en rencontre beaucoup dans les campagnes, mais d'une clôture non interrompue et tellement parfaite, qu'il soit impossible de s'introduire par un moyen ordinaire dans la propriété qui en est entourée.

« Les modes de clôture ne sont pas les mêmes dans toute la France. Ils sont très-nombreux, et varient à l'infini suivant les localités. C'est pour ce motif qu'il a paru nécessaire de ne pas indiquer dans la loi un genre de clôture plutôt qu'un autre, et de se contenter d'une définition qui serve de règle aux tribunaux.

« L'art. 4 mérite une attention particulière, à cause des innovations graves qu'il introduit dans la législation, et des mesures efficaces qu'il prescrit pour prévenir et réprimer le braconnage.

« Sous la législation antérieure, quoique la chasse fût interdite pendant une partie de l'année, le commerce du gibier était permis en tout temps;

les braconniers, trouvant toujours à se défaire du produit de leurs délits, exerçaient leur coupable industrie dans toutes les saisons. Le paragraphe 1er de l'art. 4 détruira cette industrie. Il défend la mise en vente, la vente, l'achat, le transport et le colportage du gibier dans chaque département, pendant le temps où la chasse n'y est pas permise. Ses termes sont impératifs, absolus. Ils s'appliquent au gibier vendu, acheté ou transporté, quelle qu'en soit l'origine.

« Celui qui usera du droit exceptionnel de chasser en temps prohibé sur son terrain, attenant à une habitation et entouré d'une clôture continue, n'aura pas, plus que tout autre, la faculté de vendre ou de transporter son gibier. On a pensé que lui accorder cette faculté, c'eût été donner à d'autres le moyen d'éluder la loi; c'eût été rendre illusoires toutes les prohibitions contenues dans l'art. 4.

« Il est inutile de faire observer que le gibier d'eau et les oiseaux de passage pourront être vendus et transportés pendant le temps où la chasse en sera permise par les arrêtés des préfets, lors même que la chasse, et conséquemment la vente et le transport du gibier ordinaire, seraient interdits.

« Le paragraphe 2 de l'art. 4, qui prescrit de saisir le gibier mis en vente, vendu, acheté, colporté ou transporté en temps prohibé, et de le livrer immédiatement à l'établissement de bienfaisance le plus voisin, a paru le complément nécessaire des dispositions du premier paragraphe de cet article.

« La saisie ne présentera ni difficultés ni inconvénients dans son exécution. La mise en vente, la vente, l'achat, le transport, le colportage du gibier pendant le temps où la chasse n'est pas permise, constituent toujours et nécessairement une infraction à la loi. L'excuse, même celle qui serait fondée sur la provenance légitime du gibier, ne sera jamais admissible.

« Le paragraphe 3 de l'art. 4 a limité les lieux où le gibier pourra être recherché, aux maisons des aubergistes, des marchands de comestibles, et aux lieux ouverts au public.

« Le droit de recherche, ainsi limité, a pu être accordé sans danger aux fonctionnaires chargés de constater les infractions à l'art. 4. En effet, le gibier qui sera découvert, en temps prohibé, dans les auberges, chez les marchands de comestibles, dans les lieux ouverts au public, ne pourra jamais s'y trouver que par suite d'un délit.

« Le dernier paragraphe de l'art 4, en défendant de prendre ou de détruire sur le terrain d'autrui des œufs et des couvées de faisans, de perdrix et de cailles, a voulu porter remède à l'un des abus les plus nuisibles à la reproduction du gibier. Il importe que son exécution soit surveillée avec soin.

« Les art. 3, 5, 6, 7 et 8 règlent tout ce qui concerne l'ouverture, la clôture de la chasse et la délivrance des permis. Les préfets, qui sont chargés spécialement de les exécuter, recevront à ce sujet des instructions particulières de M. le ministre de l'intérieur.

« L'art. 9 prohibe d'une manière formelle tous les genres de chasses, à l'exception de la chasse de jour à tir et à courre, et de la chasse au lapin à l'aide de furets et de bourses. Sans faire une nomenclature qui aurait été impossible, il embrasse dans sa prohibition générale l'emploi des panneaux et des filets, avec lesquels on détruisait des volées entières de perdreaux, l'usage meurtrier des lacets, des collets, et, en un mot, de tous les instruments de destruction permis par l'ancienne législation, qui ne profitaient qu'aux braconniers. Enfin, il interdit la plus dangereuse de toutes les chasses, la chasse de nuit, qui a été la cause de tant de meurtres et de crimes contre les personnes.

« Les dispositions prohibitives contenues dans les deux premiers paragraphes de l'art. 9 ont dû recevoir quelques exceptions, sans lesquelles elles auraient été beaucoup trop rigoureuses. Aussi, le même article prescrit aux préfets de prendre des arrêtés pour déterminer : 1° l'époque de la chasse des oiseaux de passage, autres que la caille, et les modes et procédés de cette chasse; 2° le temps pendant lequel il sera permis de chasser le gibier d'eau dans les marais, sur les étangs, fleuves et rivières.

« Ainsi, les préfets pourront autoriser la chasse des oiseaux de passage avec les instruments, les procédés usités dans le pays, même avec ceux dont l'usage est prohibé pour la chasse du gibier ordinaire.

« La loi de 1790 donnait à tout propriétaire ou possesseur la faculté de chasser, en toute saison, sur ses lacs et étangs. La loi nouvelle ne lui permet cette chasse que pendant le temps qui sera déterminé par les préfets. Cette différence entre les deux législations ne vous aura pas échappé.

« L'art. 15 de la loi de 1790 accordait aux propriétaires, possesseurs ou fermiers, le droit de repousser, même avec des armes à feu, les bêtes fauves qui se répandraient dans leurs récoltes, et celui de détruire le gibier dans leurs terres chargées de fruits, en se servant de filets et engins. La loi nouvelle n'a pas voulu leur enlever un droit de légitime défense, commandé par l'intérêt de l'agriculture, et qu'il ne faut pas confondre avec l'exercice de la chasse. Mais elle l'a réglé, afin d'empêcher de s'en servir comme d'un prétexte pour chasser dans toutes les saisons. Tel est l'objet de l'un des paragraphes de l'art. 9.

« Les trois derniers paragraphes de cet article donnent aux préfets la faculté de prendre des arrêtés : 1° pour prévenir la destruction des oiseaux; 2° pour autoriser l'emploi des chiens levriers pour la destruction des animaux malfaisants ou nuisibles; 3° pour interdire la chasse pendant les temps de neige.

« Les mesures qui ont pour objet de prévenir la destruction des oiseaux ne seront pas nécessaires dans tous les départements; mais il en est plusieurs où elles seront réclamées dans l'intérêt de l'agriculture, afin d'arrêter la reproduction toujours croissante des insectes nuisibles aux fruits de la terre.

« La loi, en prohibant l'usage des filets, a déjà fait beaucoup pour empêcher la destruction des oiseaux. Mais cette interdiction peut n'être pas toujours suffisante. Les préfets sont autorisés à employer d'autres moyens. Ainsi, par exemple, ils pourront, s'ils le jugent nécessaire, étendre aux œufs et couvées d'oiseaux la défense que le dernier paragraphe de l'art. 9 n'a prononcée qu'à l'égard des œufs et couvées de faisans, de perdrix et de cailles.

« On aurait pu croire que l'emploi des chiens levriers n'était pas compris dans les moyens de chasse prohibés. L'avant-dernier paragraphe de l'art. 9 lève toute équivoque à cet égard. Il est bien entendu que l'usage des levriers est interdit s'il n'existe pas un arrêté du préfet qui l'autorise, et cet arrêté ne peut l'autoriser que pour la destruction des animaux malfaisants.

« La chasse, pendant les temps de neige, est tellement destructive, qu'il a paru utile de donner aux préfets le pouvoir de la défendre par des arrêtés.

« La seconde section de la loi détermine les peines applicables aux diverses infractions qui y sont énumérées. Ces peines sont : l'amende dans tous les cas, l'emprisonnement facultatif dans des cas spécifiés, la confiscation des instruments du délit et la privation facultative, pendant cinq ans au plus, du droit d'obtenir un permis de chasse. Une disposition formelle défend de modifier les peines par l'application de l'art. 463 du Code pénal.

« Tous les délits, à l'exception d'un seul, qui, à raison de son importance, est l'objet d'un article spécial, sont divisés en deux grandes catégories, dont chacune renferme les faits qui, par leur nature, se rapprochent plus les uns des autres, et ont paru susceptibles d'être soumis à la même pénalité.

« Les infractions passibles d'une amende de 16 fr. au moins et de 100 fr. au plus sont rangées dans la première catégorie, et forment l'art. 11. Vous remarquerez que cet article ne prononce pas l'emprisonnement pour les délits qu'il prévoit. Cette peine ne leur deviendra applicable que dans le cas prévu par le dernier paragraphe de l'art. 14. Il faudra que le délinquant soit en récidive, et n'ait pas satisfait à une condamnation précédemment encourue.

« L'art. 12 comprend la seconde catégorie des infractions qui ont paru mériter une peine plus sévère que les délits de la première classe. Ces infractions sont punies d'une amende obligatoire de 50 à 200 fr. et d'un emprisonnement facultatif de six jours à deux mois.

« Une seule disposition de cet article exige quelques explications. C'est le paragraphe relatif à ceux qui seront détenteurs et à ceux qui seront trouvés munis ou porteurs, hors de leurs domiciles, de filets, engins ou autres instruments de chasse prohibés.

« La loi sur la pêche fluviale ne punit que les individus trouvés munis ou porteurs, hors de leurs domiciles, de filets et engins prohibés. La loi sur la chasse va plus loin. Elle punit ceux qui en sont possesseurs et les détiennent dans leurs domiciles. Il a été reconnu qu'une demi-mesure serait insuffisante; que les braconniers qui font usage de ces immenses filets, à l'aide desquels on détruit des compagnies entières de perdreaux, n'auraient jamais l'imprudence de se montrer porteurs, en plein jour, de ces instruments de délit, et que, pour atteindre sûrement le but que l'on devait se proposer, il était nécessaire de rechercher les filets et les engins prohibés jusque dans leurs domiciles. L'exécution de la disposition dont il s'agit ne peut faire craindre d'abus. Les visites domiciliaires, pour constater la détention des instruments de chasse prohibés, ne devront avoir lieu, comme pour les délits ordinaires, que sur la réquisition du ministère public et en vertu d'une ordonnance du juge d'instruction.

« Le délit de chasse commis sur un terrain attenant à une maison habitée et entourée d'une clôture telle qu'elle est définie par l'art. 2, sort de la classe ordinaire des infractions de ce genre. Lorsqu'il est encore aggravé par la circonstance de la nuit, on doit le punir d'autant plus sévèrement qu'il annonce dans ses auteurs une audace qui ne reculera pas devant des actes de violence et même devant un meurtre. L'art. 13 prononce, à l'égard de ce délit, des peines qui pourront être portées, suivant les circonstances, jusqu'à 1,000 fr. d'amende et à deux ans d'emprisonnement.

« L'art. 16 a tracé les règles à suivre pour la confiscation des instruments de chasse, la destruction de ceux de ces instruments qui sont prohibés et ne peuvent jamais servir que pour commettre des délits, et la représentation des armes, filets et engins qui n'ont pu être saisis. Ses dispositions sont claires et complètes. Je ne ferai, sur cet article, qu'une seule observation. La peine de la confiscation qu'il prononce ne doit pas être une peine illusoire. Pour qu'elle soit efficace, il faut que les armes et les instruments du délit qui seront déposés au greffe, par suite de la confiscation, ne soient pas des fusils hors de service, des instruments qui n'ont pas pu être employés à commettre le délit. Les agents chargés de verbaliser, en matière de chasse, devront être invités à désigner aussi exactement que possible les armes et les autres instruments dont les délinquants auront été trouvés porteurs, et vos substituts devront veiller à ce que les jugements qui auront ordonné la confiscation et le dépôt au greffe des objets décrits soient strictement exécutés.

« L'examen des diverses pénalités portées dans la loi vous convaincra qu'elles sont graduées suivant le plus ou moins d'importance des faits auxquels elles s'appliquent. Les minimum ont été généralement fixés très-bas, afin de laisser aux tribunaux une grande latitude, et de leur permettre de n'infliger qu'une peine légère à ceux qui commettront accidentellement des infractions sans gravité et que les circonstances rendront excusables.

« D'après les art. 10 et 19, qui se lient l'un à l'autre, et que, par ce motif, je n'ai pas séparés dans les observations auxquelles ils donnent lieu, les gratifications qui seront accordées aux gardes et gendarmes rédacteurs des procès-verbaux seront déterminées par des ordonnances royales et prélevées sur le produit des amendes. La loi a voulu assurer le paiement de ces gratifications en attribuant aux gardes et gendarmes un prélèvement sur le produit des amendes qui auront été prononcées par suite de leurs procès-verbaux. Des mesures seront prises pour que la loi reçoive sur ce point une prompte exécution. Une ordonnance, préparée par les soins de M. le ministre des finances, règlera la quotité des gratifications et les moyens d'en effectuer le paiement dans le plus bref délai possible.

« La troisième section de la loi, relative à la poursuite et au jugement, renferme deux articles que je recommande spécialement à votre attention.

« L'art. 23 porte que les procès-verbaux des employés des contributions indirectes et des octrois feront foi jusqu'à la preuve contraire lorsque, dans la limite de leurs attributions respectives, ces agents rechercheront et constateront les délits prévus par le paragraphe 1er de l'art. 4, c'est-à-dire la mise en vente, la vente, l'achat, le colportage et le transport du gibier en temps prohibé. Les motifs de cette disposition sont évidents. Les infractions dont il s'agit ici ne pourront presque jamais être constatées par les gardes et les gendarmes appelés, par la nature de leurs fonctions, à rechercher plutôt les délits de chasse proprement dits qui se commettent au milieu des champs; mais les préposés des octrois, placés à l'entrée des villes pour surveiller les objets qu'on veut y introduire, les employés des contributions indirectes, obligés, par état, de visiter les auberges et les lieux ouverts au public, pourront, tout en remplissant leur mission, constater sans peine le transport et la vente illicites du gibier. Leur concours était nécessaire à l'exécution d'une partie importante de la loi. Telle est la cause du nouveau pouvoir qui leur a été conféré.

« Une remarque essentielle à faire sur l'art. 23, c'est que, d'après ses termes, les fonctionnaires qu'il désigne ne pourront verbaliser valablement qu'autant qu'ils agiront dans les limites de leurs attributions ordinaires. Ainsi, les employés des contributions indirectes, ne pouvant faire de visite chez les aubergistes qui se sont rachetés de l'exercice par un abonnement, n'auront pas le droit de s'y transporter pour y rechercher du gibier en temps prohibé.

« L'art. 26 contient une dérogation à l'ancienne législation, d'après laquelle les faits de chasse sur le terrain d'autrui ne pouvaient pas être poursuivis d'office par le ministère public sans une plainte formelle du propriétaire. A l'avenir, ils pourront l'être dans deux cas, lorsque le délit aura été commis dans un terrain clos, suivant les termes de l'art. 2, et attenant à une maison d'habitation, ou sur des terres non encore dépouillées de leurs fruits. Les faits de chasse sur le terrain d'autrui ne constituent un délit qu'autant qu'ils ont eu lieu sans le consentement du propriétaire ou de ses ayants-droit. Les procureurs du roi ne devront donc user de la nouvelle faculté qui leur est accordée qu'avec une sage réserve.

« La quatrième et dernière section, intitulée *Dispositions générales*, donne lieu à une seule observation. L'art. 30, en déclarant les dispositions de la loi sur l'exercice du droit de chasse non applicables aux propriétés de la couronne, ordonne que les délits commis sur ces propriétés seront poursuivis et punis conformément aux sections 2 et 3. Avant la loi, il fallait recourir à l'ordonnance de 1669 pour réprimer les délits de chasse commis dans les forêts de la couronne. Ces délits seront désormais soumis aux règles du droit commun. L'ordonnance de 1669 est abrogée.

« Je termine ici les observations que j'avais à vous adresser sur quelques-unes des difficultés que l'interprétation de la nouvelle loi pourra présenter. La pratique fera, sans doute, naître beaucoup d'autres questions que je n'ai pas examinées. Je suis certain d'avance que, grâce à vos instructions et à la sagesse des tribunaux, ces questions recevront une solution conforme au vœu du législateur.

« L'efficacité de la loi dépend surtout de la manière dont elle sera exécutée par les fonctionnaires chargés de constater les délits. Le nombre de ces fonctionnaires est augmenté. Les gendarmes et les gardes seront secondés par de nouveaux et utiles auxiliaires. Si tous ces agents de l'autorité font leur devoir, le but sera atteint.

« Le zèle de vos substituts n'a pas besoin d'être stimulé. Je suis convaincu qu'ils ne négligeront rien pour assurer, en ce qui les concerne, la bonne exécution de la loi, et qu'ils donneront aux fonctionnaires placés sous leurs ordres qui doivent y concourir avec eux, une impulsion ferme et énergique.

« Je vous prie de m'accuser réception de la présente circulaire, dont je vous envoie des exemplaires en nombre suffisant pour que vous puissiez en adresser un à chacun de ces magistrats.

« Recevez, Monsieur le procureur général, l'assurance de ma considération très-distinguée.

« *Le garde des sceaux, ministre secrétaire d'Etat de la justice et des cultes,*

« MARTIN (DU NORD). »

Circulaire du ministre de l'intérieur concernant des instructions pour l'exécution de la loi du 3 mai 1844, relative à la police de la Chasse.

Paris, 20 mai 1844.

« Monsieur le préfet, la loi du 30 avril 1790 ne suffisait plus à la répression des abus de l'exercice de la chasse, et le braconnage, certain de l'impunité, s'accroissait d'une manière effrayante. Il ne s'agissait plus seulement de défendre contre une destruction totale et prochaine le gibier qui entre dans les moyens d'alimentation d'une partie de la population, et de faire respecter une propriété d'une nature spéciale mais incontestée; l'agriculture elle-même avait à se plaindre d'un tel état de choses; enfin la sécurité des campagnes était souvent compromise: aussi les corps constitués, les conseils généraux des départements, en particulier, demandaient-ils depuis longtemps que des mesures plus fortement répressives fussent prises contre le braconnage, ce délit moins grave peut-être comme attentat à la propriété, que par la démoralisation des individus qui s'y livrent et par les crimes auxquels il conduit fatalement.

« La loi du 3 de ce mois a pour but de satisfaire à ce besoin, et je ne doute pas que tous les fonctionnaires, tous les agents appelés à concourir à l'exercice de *la police de la Chasse*, appréciant l'importance de la législation nouvelle, n'en exécutent les dispositions avec le zèle et la persistance qui peuvent seuls en assurer le succès. Mon collègue, M. le garde des sceaux, ministre de la justice et des cultes, a adressé à MM. les procureurs généraux près les Cours royales les instructions qu'il avait à leur donner sur les parties de la nouvelle loi qui rentrent dans les attributions des magistrats de l'ordre judiciaire. Je vais, Monsieur le préfet, vous entretenir des dispositions que vous aurez à prendre, soit par vous-même, soit par les directions que vous devez donner à MM. les sous-préfets, maires, officiers de gendarmerie, commissaires de police, gardes champêtres, et à tous autres agents que la loi appelle à verbaliser en matière de délits de chasse.

Délivrance des permis de chasse.

« Aux termes de l'art. 1er de la loi du 3 de ce mois, « nul ne pourra chasser.... s'il ne lui a pas « été délivré un permis de chasse par l'autorité « compétente. » L'art. 5 porte que « les permis de « chasse seront délivrés, sur l'avis du maire et du « sous-préfet, par le préfet du département dans « lequel celui qui en fera la demande aura sa résidence ou son domicile. »

« Vous aurez remarqué, sans doute, Monsieur le préfet, la différence qui existe entre la législation ancienne et la loi nouvelle, quant à l'intitulé du titre délivré par l'autorité, pour rendre licite l'exercice de la chasse. De l'ancien nom, *permis de port d'armes de chasse*, on pouvait, jusqu'à un certain point, conclure qu'il était loisible de chasser *sans permis*, de toute autre manière qu'avec un fusil. C'est pour éviter toute équivoque que, dans la loi du 3 de ce mois, on a employé les mots de *permis de chasse*, qui, dans leur généralité, embrassent toute espèce de chasse, soit à tire, soit à courre, soit même la chasse des oiseaux de passage que vous aurez à réglementer, en vertu de l'art. 9.

« Le permis de chasse doit être délivré *sur l'avis du maire et du sous-préfet*, d'où il faut inférer que c'est au maire que la demande, formulée sur papier timbré, doit être adressée pour qu'elle vous parvienne avec l'avis de ce fonctionnaire, par l'intermédiaire du sous-préfet, pour les arrondissements autre que celui du chef-lieu. Mais de même que le permis de chasse peut être pris dans le département où l'impétrant *a sa résidence ou son domicile*, de même aussi, la demande peut être formée devant le maire de la commune où l'impétrant est domicilié, ou de celle où il réside temporairement, et le choix ici n'est pas sans importance. En effet, aux termes du deuxième paragraphe de l'art. 5, un droit de 10 fr. par permis est attribué à la commune *dont le maire aura donné l'avis sus-énoncé*. Comme les communes rurales sont celles qui ont le plus besoin de cette nouvelle branche de ressources, et que cet intérêt doit porter les maires à surveiller les citoyens qui se livreraient à l'exercice de la chasse sans *permis*, il est nécessaire de ne délivrer de *permis* qu'à ceux qui justifieront positivement de leur résidence ou de leur domicile.

« Il sera nécessaire, d'ailleurs, Monsieur le préfet, que vous fixiez bien l'opinion de MM. les sous-préfets et maires sur la nature de l'avis qu'ils auront à vous donner sur les demandes du permis de chasse qu'ils vous transmettront. Ainsi, cet avis ne devra pas exprimer vaguement qu'il y a ou qu'il n'y a pas lieu de délivrer le permis demandé. Comme la loi ne vous a pas laissé le droit absolu de délivrer ou de refuser des permis de chasse; comme l'obtention du permis est le droit général, et que la faculté du refus n'est que le droit exceptionnel, il s'ensuit que les avis des maires et des sous-préfets doivent, 1° lorsqu'ils sont favorables, exprimer qu'il n'est pas à la connaissance de ces fonctionnaires que l'impétrant se trouve dans aucune des catégories pour lesquelles le permis ne pourrait être délivré, et, 2°, si les avis sont défavorables, exprimer que l'impétrant se trouve, à leur connaissance, dans telle ou telle position qui fait obstacle à la délivrance d'un permis de chasse.

« Il sera bien également que vous rappelliez à MM. les sous-préfets et maires qu'ils n'ont pas à s'occuper dans leurs avis, de la question de savoir si l'impétrant est ou n'est pas propriétaire foncier. Aucun des articles de la loi du 3 de ce mois n'a exigé la qualité de propriétaire comme condition de l'exercice de la chasse, et l'autorité ne peut, à cet égard, faire ce que la loi n'a pas fait. Sans doute, le deuxième paragraphe de l'art. 1er porte que *nul n'aura la faculté de chasser sur la propriété d'autrui sans le consentement du propriétaire ou de ses ayants-droits*; d'où il résulte que chasser sur le terrain d'autrui sans le consentement du propriétaire est un fait illicite. Mais il est à remarquer que ce fait, aux termes de l'art. 26, ne donne lieu à des poursuites, en thèse générale, que sur la plainte du propriétaire. L'administration ne peut donc pas plus intervenir ici d'office que ne le peut l'autorité judiciaire; elle ne peut pas plus exiger, avant de délivrer le permis, la représentation d'une permission de chasser sur le terrain d'autrui qu'elle ne peut exiger, de la part de l'impétrant, la preuve qu'il est propriétaire foncier.

« Nous allons examiner maintenant quelles sont les circonstances qui vous donnent le droit ou vous imposent le devoir de refuser les permis de chasse qui vous sont demandés.

Refus du permis de chasse.

« Aux termes de l'art. 6 de la loi du 3 de ce mois, vous pouvez, Monsieur le préfet, refuser les permis de chasse :

« 1° A tout individu majeur qui ne sera point « personnellement inscrit, ou dont le père ou la « mère ne serait pas inscrit au rôle des contribu- « tions. »

« N'être ni imposé ni fils d'imposé est une situation exceptionnelle, puisque la contribution personnelle atteint à peu près tous les citoyens, sauf le cas d'indigence reconnue. La circonstance prévue par ce paragraphe se rencontrera principalement dans le petit nombre de villes où la contribution personnelle est remplacée par un prélèvement sur le produit de l'octroi. Vous aurez à examiner, dans ce cas, si l'absence de l'inscription sur un rôle de contributions vous paraît un motif suffisant pour refuser un permis de chasse. La solution de cette question dépendra, en grande partie sans doute, des renseignements qui vous auront été donnés sur la moralité de l'impétrant; je ne puis donc que laisser à votre sagesse une décision que la loi place sous votre responsabilité, certain que vous serez toujours prêt à justifier du bon usage que vous aurez fait de cette prérogative.

« Mais s'il vous est loisible de refuser un permis de chasse à tout citoyen majeur, par le seul motif qu'il ne serait ni imposé ni fils d'imposé, et si la qualité d'imposé ou de fils d'imposé est la première condition déterminée par la loi, pour qu'un citoyen majeur ait le droit d'obtenir un permis de chasse, vous reconnaîtrez sans doute que ce serait faire de ce principe une application trop rigoureuse et trop étendue, que d'exiger de tout impétrant qu'il vous justifie qu'il est imposé ou fils d'imposé. Comme je le faisais remarquer plus haut, en effet, l'absence de cette condition est une rare exception, et, puisque la presque totalité des citoyens majeurs sont nécessairement imposés ou fils d'imposés, ce ne serait plus exiger qu'une formalité inutile, que d'astreindre *tous les impétrants* à joindre à leur demande un certificat ou extrait de rôle. Il suffira, ce me semble, que vous exigiez cette production de ceux à l'égard desquels vous auriez des doutes sur la question de l'inscription au rôle, et dans le cas où vous croiriez devoir vous appuyer de la non inscription pour refuser le permis demandé.

« L'art. 6 de la loi vous permet encore de refuser le permis de chasse :

« 2° A tout individu qui, par une condamnation « judiciaire, a été privé de l'un ou de plusieurs des « droits énumérés dans l'art. 42 du Code pénal, au- « tres que le droit de port d'armes;

« 3° A tout condamné à un emprisonnement de « plus de six mois, pour rébellion ou violence en- « vers les agents de l'autorité publique;

« 4° A tout condamné pour délit d'association « illicite, de fabrication, débit, distribution de « poudre, armes ou autres munitions de guerre; « de menaces écrites ou de menaces verbales, « avec ordre ou sous condition; d'entraves à la cir- « culation des grains; de dévastations d'arbres ou « de récoltes sur pied, de plants venus naturelle- « ment ou faits de main d'homme;

« 5° A ceux qui auront été condamnés pour va- « gabondage, mendicité, vol, escroquerie ou abus « de confiance. »

« Toutefois, le dernier paragraphe du même article restreint la faculté du refus du permis de chasse dans la limite du délai de cinq ans après l'expiration de la peine.

« La situation des individus qui se trouveraient compris dans l'une des catégories posées par la loi, devra être de votre part, Monsieur le préfet, l'objet d'un mûr examen. Puisque, en effet, le législateur n'a pas fait de l'une des circonstances indiquées une condition absolue de refus du permis de chasse, puisqu'il n'y a vu qu'une considération suffisante pour attribuer à l'administration la *faculté* de refuser ce permis, il s'ensuit que les motifs de votre détermination pour accorder ou refuser devront être tirés surtout des circonstances de la condamnation subie et des renseignements particuliers que vous auriez sur la moralité des individus et sur les inconvenients qu'il pourrait y avoir pour l'ordre public à leur attribuer légalement le droit de chasser.

« Mais de ce que la loi vous permet de refuser le permis de chassse dans les différents cas spécifiés par ces quatre paragraphes de l'art. 6, vous n'entendrez sans doute pas astreindre ceux qui demandent le permis à justifier qu'ils ne se trouvent dans aucune de ces positions. Non seulement ce serait placer tous les citoyens sous une espèce de prévention blessante pour eux, mais encore ce serait exiger une justification souvent impossible, puisqu'il ne leur suffirait pas de s'adresser à l'autorité judiciaire de leur résidence pour en obtenir un certificat de non condamnation. L'obtention du permis de chasse est, pour tous les citoyens, de droit commun ; des exceptions sont faites à ce droit, dans un intérêt public ; c'est donc à l'autorité qui veut appliquer l'exception à prouver le cas exceptionnel. Ce sera, en général, par l'avis dont MM. les maires et sous-préfets devront accompagner la demande d'un permis de chasse, que votre attention sera appelée sur la circonstance que l'impétrant se trouverait dans telle ou telle position qui vous autoriserait à refuser le permis, et vous vous empresseriez alors de vérifier le fait, en vous adressant au ministère public près le tribunal qui aurait prononcé la condamnation sur laquelle serait basé votre refus. Je me concerterai avec mon collègue, M. le ministre de la justice, pour qu'à l'avenir vous receviez les renseignements qui vous seront nécessaires pour l'exécution de cette partie de la loi.

« Après avoir énuméré, dans son art. 6, les circonstances qui *permettront* à l'administration de refuser le permis de chasse, la loi indique, dans ses art. 7 et 8, quels sont les individus auxquels le permis de chasse *doit être refusé*.

« Ce sont :

« 1° Les mineurs qui n'auront pas seize ans accomplis. »

« Vous n'exigerez certainement pas de tous les impétrants la justification qu'ils sont âgés de plus de seize ans; c'est là, pour la très-grande majorité d'entre eux, un fait notoire ; mais lorsqu'il sera à votre connaissance, ou qu'il sera seulement présumable qu'un impétrant est âgé de moins de seize ans, il sera non seulement dans votre droit, mais encore dans votre devoir, d'exiger la production d'un acte de naissance.

« 2° Les mineurs de seize à vingt-un ans, à moins que le permis ne soit demandé pour eux par leur père, mère, tuteur ou curateur, porté au rôle des contributions. »

« Pour les jeunes gens que vous présumeriez être dans les limites d'âge de seize à vingt-un ans, vous devrez également, Monsieur le préfet, exiger la production d'un acte de naissance, et par suite la demande devra être faite, au nom de ces jeunes gens, par les personnes que désigne la loi.

« 3° Les interdits. »

« Les cas d'interdiction sont assez rares et par cela même, ils appellent assez l'attention pour que MM. les sous-préfets et maires en aient connaissance. Ils seront donc à portée de vous éclairer à cet égard dans leurs avis.

« 4° Les gardes champêtres ou forestiers des communes et établissements publics, ainsi que les gardes forestiers de l'État et les gardes-pêche. »

« Il suffira sans doute que les différents agents dénommés dans ce paragraphe sachent que le droit de chasse leur est refusé par la loi, pour qu'aucun d'eux ne demande de permis; mais si, par erreur ou autrement, une semblable demande était formulée par un d'eux, l'avis du maire et des sous-préfets, et, au besoin, les listes nominatives que vous pourrez faire dresser, vous mettront à portée d'obtempérer à l'injonction de la loi.

« Vous remarquerez sans doute, Monsieur le préfet, que les gardes des particuliers ne sont pas compris dans l'exclusion prononcée par ce paragraphe; on comprend, en effet, que les propriétaires fonciers veulent quelquefois faire chasser par leurs gardes. Vous ne refuserez donc pas le permis de chasse aux gardes particuliers, mais vous ferez sagement de les inviter à justifier de l'autorisation des propriétaires dont ils sont les agents.

« 5° Ceux qui, par suite de condamnations, sont privés du droit de port d'armes. »

« Pour ces individus, je ne puis que répéter ce que je vous ai dit à l'occasion des paragraphes 2 à 5 de l'art. 6 ; c'est que ce sera à l'administration qu'il incombera de faire la preuve de l'existence du jugement.

« 6° Ceux qui n'auront pas exécuté les condamnations prononcées contre eux pour l'un des délits prévus par la présente loi. »

« Lorsqu'un impétrant aurait, à votre connaissance, subi une condamnation pour délit de chasse, en vertu de la loi du 3 mai dernier, vous devrez exiger de lui la preuve qu'il a exécuté la condamnation encourue. Il ne vous échappera pas, d'ailleurs, que s'il y avait eu remise de la peine, ce fait équivaudrait à l'exécution de la condamnation.

« 7° Tout condamné placé sous la surveillance de la haute police. »

« Vous avez par devers vous la liste nominative de tous les individus de votre département, placés dans cette catégorie ; vous ne pouvez donc éprouver de difficulté pour leur exclusion du droit de chasse.

« Je terminerai en vous faisant remarquer, Monsieur le préfet, que le refus du permis peut être opposé, dès à présent, à tous les individus compris dans les cas énumérés aux n. 2, 3, 4 et 5 de l'art. 6, et 1, 2 et 3 de l'art. 8, bien que les condamnations prononcées contre eux l'aient été antérieurement à la promulgation de la loi du 3 mai dernier, et ce ne sera pas là donner à cette loi un effet rétroactif; cela résulte clairement de la rédaction même des articles précités, qui appliquent le refus de permis de chasse à tout individu *qui a été condamné*; s'il ne s'agissait pas, en effet, des condamnations déjà prononcées, le législateur aurait évidemment dit, *à tout individu qui sera condamné.* La privation du droit de chasse ne peut, d'ailleurs, être considérée comme une peine ou une aggravation de peine, c'est seulement une mesure de précaution que la loi permet ou prescrit de prendre dans un intérêt de sûreté publique. Aussi, ajouterai-je que si, par l'effet d'une erreur, vous aviez été entraîné à délivrer un permis de chasse à un individu à qui il n'eût pas dû être accordé, vous ne devriez pas hésiter à le retirer, et, dans le cas où cet individu ne se soumettrait pas à cette mesure, à appeler sur lui l'attention des agents préposés à la répression des délits de chasse.

Ouverture et clôture de la chasse.

« L'art. 3 charge les préfets de déterminer l'époque de l'ouverture et celle de la clôture de la chasse. Cette attribution leur avait été dévolue déjà par l'ancienne législation ; mais leurs arrêtés devront, dans l'un et dans l'autre cas, être publiés dix jours au moins avant celui indiqué pour la clôture ou l'ouverture de la chasse. Cette condition doit toujours être observée ; vous en comprendrez toute l'importance, puisque l'exacte exécution de l'obligation qui vous est imposée est intimement liée à la légalité des poursuites pour contravention à vos arrêtés.

« Je vous recommande également, Monsieur le préfet, de vous entourer toujours des renseignements les plus propres à vous éclairer sur l'époque qu'il conviendra de choisir pour l'ouverture et la clôture de la chasse. Vous consulterez surtout l'intérêt de l'agriculture et l'état des récoltes, mais vous ne perdrez pas de vue non plus qu'il peut y avoir aussi quelques inconvénients à ouvrir la chasse plus tard qu'il n'est réellement nécessaire. Dans ce cas, en effet, de nombreuses contraventions se commettent, et les poursuites, toutes légales qu'elles soient, ne paraissent plus basées sur les intérêts réels de l'agriculture. Les avis des sous-préfets vous seront très-utiles pour la fixation des jours d'ouverture et de clôture de la chasse.

« Vous remarquerez, d'ailleurs, Monsieur le préfet, que, bien que l'article que nous examinons porte que les époques d'ouverture et de clôture de la chasse seront fixées *dans chaque département*, vous n'en conservez pas moins le droit de fixer des époques différentes pour les divers arrondissements de votre département, si des différences de sol et de température l'exigent : c'est une faculté dont il convient, toutefois, de n'user qu'avec réserve et en vue d'une nécessité réelle ; car il a été remarqué que lorsque la chasse n'est pas ouverte simultanément dans toute l'étendue d'un département, les chasseurs se portent quelquefois en grand nombre dans l'arrondissement où l'ouverture de la chasse est la plus précoce, et que, par suite, le gibier y est promptement détruit.

Exercice du droit de chasse.

« Le droit conféré par les permis de chasse, Monsieur le préfet, se trouve clairement défini par les deux premiers paragraphes de l'art. 9, et ce n'est pas une des moins importantes améliorations apportées par la législation nouvelle à un état de choses qui excitait de si vives et si justes réclamations.

« Trois modes de chasse seulement sont aujourd'hui déclarés licites : 1° la chasse à tire ; 2° la chasse à courre, et 3° l'emploi des furets et des bourses destinées à prendre le lapin. *Tous autres moyens de chasse*, ajoute cet article, *sont formellement prohibés*, et dans cette prohibition générale se trouve évidemment compris l'emploi des panneaux et filets de toute espèce, des appeaux, appelants et chanterelles, des lacets, collets et engins de toute espèce, au moyen desquels la destruction du gibier s'opérait si facilement, et dont l'ancienne législation n'avait pas défendu l'emploi. La chasse de nuit, de quelque manière que ce soit et quelle que soit l'espèce de gibier qu'il s'agirait de prendre, se trouve également prohibée par l'effet de cette seule disposition de l'art. 9, portant que le permis de chasse donne le droit de chasser pendant le jour.

« Comme les usages qu'il s'agit de détruire aujourd'hui étaient tolérés depuis longtemps, il importe que les restrictions apportées par la loi nouvelle à l'exercice de la chasse, tel qu'il était autrefois entendu, soient parfaitement comprises par les fonctionnaires et agents qui auront à constater les contraventions commises. Je vous engage donc à développer vos instructions sur ce point de manière à ce qu'aucune incertitude ne puisse exister sur l'application de la législation nouvelle.

« Je terminerai ce que j'avais à dire sur l'exercice du droit de chasse, en vous faisant remarquer que l'art. 2 de la loi accorde ce droit, « en tous temps « et sans permis de chasse, au propriétaire ou pos- « sesseur dans ses possessions attenant à une habi- « tation et entourées d'une clôture continue fai- « sant obstacle à toute communication avec les « héritages voisins. »

« La faculté exceptionnelle accordée par cet article, Monsieur le préfet, existait déjà dans l'ancienne législation, et même d'une manière beaucoup plus étendue. Ainsi, il était loisible au propriétaire de chasser ou de faire chasser en tout temps, dans ses bois ou dans ses possessions entourées d'une clôture conforme aux usages du pays, alors même que ces propriétés étaient éloignées d'une habitation. Des conditions plus restreintes sont aujourd'hui imposées au propriétaire ou possesseur de terrains clos. Non seulement il faut que la clôture soit telle qu'elle fasse obstacle à toute communication avec les héritages voisins, mais encore il faut que les terrains sur lesquels le propriétaire chasserait soient *attenants à une habitation*. Vous appellerez, sur la nécessité de la réunion de cette double condition, l'attention des fonctionnaires et agents appelés à verbaliser des délits de chasse : quant à la nature de clôture qui doit être regardée comme suffisante pour établir le droit exceptionnel du propriétaire, je n'ai aucune règle à tracer ; les usages divers seront appréciés par les tribunaux qui auront à statuer sur les procès-verbaux dressés.

Modes exceptionnels de chasse.

« Mais si le législateur a, dans les deux premiers paragraphes de l'art. 9, limité, comme je l'ai dit plus haut, les modes de chasse qu'il considérait comme licites, en temps permis et de jour, par la seule obtention d'un permis de chasse, il n'a pas voulu cependant apporter un obstacle absolu à la continuation de certains usages qui n'auraient pu être supprimés sans un préjudice réel pour les localités où ils sont pratiqués, et où ils peuvent être considérés presque comme l'exercice d'une industrie. Il s'agit de la chasse des oiseaux de passage qui, à des époques où quelquefois toutes les autres chasses sont closes, arrivent en nombre tel qu'ils forment, pour les habitants, un moyen précieux d'alimentation et de commerce.

« Vous devrez donc, Monsieur le préfet, autoriser la continuation de cette espèce de chasse, et en régler les modes et les procédés, mais vous aurez préalablement à prendre, à cet égard, l'avis du conseil général de votre département ; vous remarquerez, d'ailleurs, qu'aux termes de l'art. 9 que nous examinons, « la caille n'est plus réputée oiseau de passage, » et qu'en conséquence la chasse n'en peut plus avoir lieu que dans les mêmes conditions et sous les mêmes restrictions que pour toute autre espèce de gibier.

« Vous devrez également, après avoir pris l'avis du conseil général, « déterminer le temps pendant « lequel il sera permis de chasser le gibier d'eau, « dans les marais, sur les étangs, fleuves et ri « vières. »

« Il ne vous échappera pas, d'ailleurs, que, même pour la capture des oiseaux de passage, de quelque espèce que ce soit, et du gibier d'eau, un permis de chasse est nécessaire, quel que soit le procédé qu'on emploie. C'est bien là une chasse, en effet, et la prescription générale et absolue de l'art. 1er de la loi, c'est que nul ne chasse, s'il ne lui a été délivré un permis de chasse. C'est ce que vous expliquerez dans vos instructions; et, pour qu'elles ne soient pas perdues de vue, sur ce point, vous ferez bien de rappeler l'obligation de l'obtention d'un permis, dans les arrêtés mêmes que vous prendrez pour autoriser la chasse des oiseaux de passage et du gibier d'eau.

« Vous aurez, enfin, après avoir pris l'avis du conseil général, à déterminer « les espèces d'ani- « maux malfaisants ou nuisibles que le proprié- « taire, possesseur ou fermier pourra en tout temps « détruire sur ses terres, et les conditions de l'exer- « cice de ce droit. » Vous remarquerez que ce n'est plus ici un fait de chasse que vous aurez à autoriser; il s'agit d'un acte de légitime défense, qui a pour objet unique de préserver les récoltes des dégâts qu'y occasionneraient certaines espèces d'animaux. Il n'est donc pas nécessaire, pour l'exercice de ce droit, que les propriétaires soient munis d'un permis de chasse, mais ils commettraient une contravention, et il y aurait lieu de verbaliser contre eux, si, à l'occasion de la défense de leurs récoltes, ils se livraient à l'exercice de la chasse.

« Après avoir, dans les trois paragraphes que nous venons d'examiner, pourvu à l'exercice d'usages, qui ne pourraient pas être abolis, mais que vous devez seulement réglementer, le même article de la loi vous *autorise* à prendre des arrêtés :

« 1° Pour prévenir la destruction des oiseaux. » Il est un assez grand nombre de départements où l'accroissement excessif des insectes est devenu pour l'agriculture un véritable fléau, et c'est à la destruction des oiseaux que ce fait est généralement attribué. Aussi, beaucoup de conseils généraux avaient-ils demandé que les préfets fussent investis du droit, que ne leur donnait pas l'ancienne législation, de prévenir la destruction des petits oiseaux.

« 2° Pour autoriser l'emploi des chiens le- « vriers pour la destruction des animaux malfai- « sants, etc. »

« Quelques explications sont nécessaires, Monsieur le préfet, pour vous faire apprécier la portée de cette disposition.

« Vous savez que l'emploi des chiens levriers, comme moyen de chasse, est véritablement destructif, et de nombreuses réclamations se sont élevées, dans presque tous les departements, contre l'usage abusif que certaines personnes faisaient de ces animaux. Plusieurs fois, des préfets ont voulu porter remède à ces abus, en défendant, par des arrêtés, l'emploi des levriers comme moyen de chasse; mais, en présence de l'état de la législation, les tribunaux n'ont pas pu donner une sanction pénale à ces arrêtés, et leurs jugements ont été confirmés par la Cour de cassation.

« Désormais, l'emploi des chiens levriers à la chasse proprement dite se trouve compris dans la prohibition générale formulée par l'art. 1er de la nouvelle loi, contre tout autre mode de chasse que la chasse à tire et à courre. La chasse au moyen de chiens levriers ne rentre, en effet, ni dans l'un ni dans l'autre de ces deux modes. Si quelque incertitude à cet égard avait d'ailleurs pu subsister, elle serait levée par la disposition que nous examinons, puisqu'aux termes de cette disposition l'emploi des chiens levriers ne peut plus avoir lieu qu'en vertu d'un arrêté spécial du préfet, et que l'arrêté ne peut même autoriser cet emploi que « pour la destruction des animaux malfaisants et « nuisibles. » Vous montrerez sans doute très-réservé dans l'autorisation que vous aurez à donner, afin que les anciens abus ne puissent être continués.

« 3° Pour interdire la chasse pendant les temps « de neige. »

« Il s'agit ici, Monsieur le préfet, d'une mesure toute dans l'intérêt de la conservation du gibier. Déjà elle était prise dans certains départements; dans d'autres, la légalité en avait été contestée. Cette mesure peut aujourd'hui être adoptée généralement, et vous aurez à examiner si, en raison des circonstances locales, elle vous paraît nécessaire. Vous comprenez, d'ailleurs, que les arrêtés que vous prendriez à cet effet ne sont pas soumis, comme ceux relatifs à la clôture et à l'ouverture annuelles de la chasse, au délai de dix jours de publication pour devenir exécutoires. Il ne serait même pas possible que vous prissiez, en temps utile, des arrêtés spéciaux pour défendre l'exercice de la chasse chaque fois qu'il sera tombé de la neige. Il suffira, pour atteindre ce but, qu'à l'entrée de l'hiver vous preniez et fassiez publier un arrêté portant défense de chasser lorsqu'il y aura de la neige sur la terre.

« Vous remarquerez, Monsieur le préfet, que, par les arrêtés que vous aurez à prendre en vertu des trois derniers paragraphes de l'art. 9 de la loi, il n'est plus exprimé, comme pour les trois premiers paragraphes, que vous devrez prendre l'avis du conseil général. Je vous engage cependant à recourir également à cet avis; car il s'agit ici de mesures du même ordre, et sur lesquelles les lumières et les connaissances locales des membres du conseil général ne peuvent que vous être utiles. C'est d'ailleurs *sur l'avis* du conseil que vous aurez à agir, c'est-à-dire que vous n'êtes pas tenu de statuer *conformément* à cet avis, dont vous avez le droit de vous écarter, lorsque l'intérêt public vous paraîtra le commander.

« L'art. 9 de la loi n'a pas soumis à mon approbation les arrêtés que vous avez à prendre dans les différents cas qu'il prévoit; ces arrêtés sont donc exécutoires de plein droit et sans autres approbations. Toutefois, vous savez que tous les actes de l'administration préfectorale ne s'exercent que sous l'autorité et le contrôle des ministres responsables; ce principe est toujours réservé, sans qu'il soit nécessaire de l'exprimer dans chaque loi spéciale. Vous devrez donc, Monsieur le préfet, m'adresser exactement une ampliation de tous les arrêtés que vous prendrez dans les différents cas prévus par l'article dont il s'agit, afin que je puisse examiner si ces actes sont conformes à l'ensemble de la législation, et vous adresser, au besoin, telles observations qu'il appartiendrait.

Prohibition de la vente du gibier en temps prohibé.

« La défense de chasser pendant certains temps de l'année restait souvent inefficace, et les braconniers n'hésitaient pas à l'enfreindre, encouragés qu'ils étaient par les bénéfices que leur procurait la vente du produit de leur coupable industrie.

« L'art. 4 de la loi met un terme à cet abus, en défendant d'une manière absolue « de mettre en « vente, de vendre, d'acheter, de transporter et « de colporter du gibier pendant le temps où la « chasse n'est pas permise. » Ces prohibitions, Monsieur le préfet, s'appliquent à toute espèce de gibier, quelle que soit son origine, et alors même qu'il aurait été tué dans le cas exceptionnel prévu par l'art. 2 de la loi. Si on avait, en effet, dans ce cas, laissé au propriétaire la faculté de vendre ou transporter son gibier, on eût rendu illusoires les dispositions prohibitives de la nouvelle législation. Les propriétaires que cette mesure pourra gêner sentiront mieux que personne que ce sacrifice d'une partie de leurs droits était indispensable pour assurer la répression du braconnage, qui, sans cela, aurait continué à l'abri de prétextes difficiles à détruire.

« Vous comprendrez toutefois que les prohibitions portées dans le premier paragraphe de l'art. 4 ne s'appliquent pas au gibier tué dans les circonstances prévues par les n. 1 et 2 de l'art. 9, alors que ces chasses exceptionnelles auront été autorisées par vos arrêtés. Ces actes, en effet, rendant la chasse de ces espèces de gibier licite, le transport et la vente en sont nécessairement licites aussi.

« Il a paru utile que le gibier ne fût pas détruit, et le deuxième paragraphe de l'art. 4 en prescrit la remise à l'établissement de bienfaisance le plus voisin, sur une ordonnance, soit du juge de paix, soit du maire, en cas d'absence du juge de paix ou de saisie dans une commune autre que la commune chef-lieu de canton. Vous devrez, Monsieur le préfet, donner à MM. les maires les instructions nécessaires pour que le vœu de la loi soit toujours accompli. Vous ferez d'ailleurs remarquer aux maires et autres fonctionnaires et agents dans quelles limites le troisième paragraphe de l'art. 4 restreint le droit de recherche; il importe que ces limites ne soient jamais dépassées. Il suffit que la chasse soit interdite dans le département; on ne pourrait se prévaloir de ce qu'elle ne le serait pas dans un département voisin.

« Enfin, le quatrième paragraphe du même article donne à la conservation du gibier une nouvelle protection par la défense de prendre ou de détruire, sur le terrain d'autrui, des œufs ou des couvées de faisans, de perdrix et de cailles. Vous devrez recommander la rigoureuse exécution de cette prohibition dont la nécessité était si bien sentie.

Attributions aux communes.

« L'art. 5 de la loi attribue aux communes une ressource nouvelle qui devra désormais figurer dans leurs budgets et dans leurs comptes. Ce produit prendra rang parmi les recettes ordinaires, et fera, dans le budget, un article de recette spécial, sous le titre de : *Portion afférente à la commune dans le produit de la délivrance des permis de chasse.* M. le ministre des finances déterminera le mode et l'époque du versement de ce produit dans la caisse municipale.

« L'art. 19 attribue également aux communes sur le territoire desquelles auront été commis des délits de chasse le montant des amendes prononcées contre les délinquants, déduction faite des gratifications accordées aux gardes et gendarmes, en vertu de l'art. 10. Jusqu'ici ce produit était compris parmi les amendes de police correctionnelle, et se confondait dans le fonds commun, dont le tiers appartient aux hospices pour le service des enfants trouvés, et les deux tiers sont distribués en secours aux communes pauvres. Désormais il devra être réuni aux recettes énoncées dans le n. 12 de l'art. 31 de la loi du 18 juillet 1837, et qui se rapportent à « la portion que les lois accordent aux « communes dans le produit des amendes prononcées par les tribunaux de simple police, par « ceux de police correctionnelle, et par les conseils de discipline de la garde nationale. »

« Malgré la confusion de ces diverses amendes en un seul article du budget, il vous sera facile de reconnaître celles qui proviennent des délits de chasse, au moyen du compte détaillé que les receveurs de l'enregistrement et des domaines sont tenus de fournir, dans le cours de janvier de chaque année, des sommes qu'ils ont recouvrées au profit des communes pendant l'année précédente. Je désire que vous m'adressiez annuellement un état faisant connaître, par arrondissement, le chiffre exact des amendes de chasse, afin qu'on puisse se rendre compte d'une manière précise des effets résultant de l'exécution de la loi nouvelle et des ressources qu'elle procurera aux communes. Cet état contiendra aussi le relevé, par arrondissement, des sommes revenant aux communes sur le produit de la délivrance des permis de chasse.

« Je n'ai rien à prescrire pour assurer le recouvrement des sommes provenant des amendes dont il s'agit, puisque les dispositions des art. 2 et 3 de l'ordonnance du 30 décembre 1823, qui fournissent à MM. les préfets les moyens de contrôler et de vérifier le travail des receveurs de l'enregistrement, sont applicables à l'espèce. Je vous engage à vous reporter pour les détails de ce service aux art. 795, 796 et 798 de l'instruction générale des finances du 17 juin 1840.

« Les communes emploieront à l'ensemble de leurs besoins les nouvelles ressources dont elles viennent d'être dotées, et auxquelles la loi n'assigne aucune affectation spéciale. Il n'est pas à craindre que ces ressources soient jamais dissimulées, et donnent lieu à des comptabilités occultes. Vous serez toujours à même d'en constater l'encaissement par les receveurs municipaux, et d'en surveiller l'emploi, puisque c'est à vous qu'il appartient de délivrer les permis de chasse, et que, d'une autre part, la distribution des sommes entre les communes qui peuvent y avoir des droits ne saurait se faire que sur des états soumis à votre contrôle et à votre approbation.

Gratifications aux gardes et gendarmes.

« L'art. 10 assure aux gardes et gendarmes, rédacteurs de procès-verbaux ayant pour objet de constater les délits de chasse, une gratification qui sera prélevée sur le produit des amendes. Le taux de cette gratification sera fixé par ordonnance royale, et des instructions seront données par M. le ministre des finances pour en assurer le paiement.

« Je saisis cette occasion pour vous engager à prémunir de nouveau MM. les maires sur les in-

ouverte, et s'il ne lui a pas été délivré un permis de chasse (1) par l'autorité compétente.

Nul n'aura la faculté de chasser sur la propriété d'autrui sans le consentement du propriétaire (2) ou de ses ayants-

---

convénients, les dangers même de certaines transactions qu'ils autorisent quelquefois entre les gardes, rédacteurs de procès-verbaux, et les particuliers atteints par ces procès-verbaux. Des maires croient pouvoir arrêter des poursuites en exigeant des délinquants, soit une gratification en faveur du garde, soit même le versement d'une somme quelconque en faveur des pauvres de la commune. Sans méconnaître les intentions de ces fonctionnaires, on ne peut se dissimuler qu'ils excèdent leurs pouvoirs, qu'ils contreviennent soit à nos lois pénales, soit à nos lois financières, et qu'ils s'exposeraient à être poursuivis, comme concussionnaires, en vertu de la disposition finale des lois annuelles de finances. Vous devrez donc rappeler à MM. les maires, avec force, le danger auquel ils s'exposent.

« Quant aux gardes, faites-leur savoir que vous n'hésiterez pas à prononcer la révocation de tous ceux qui auraient consenti à se prêter à de semblables transactions, sans préjudice des poursuites en prévarication qui pourraient être exercées contre eux.

« Je n'ai pas à vous entretenir, Monsieur le préfet, des dispositions de la loi comprises dans les art. 11 et suivants : elles sont dans les attributions de l'autorité judiciaire, et M. le garde des sceaux a adressé à MM. les procureurs généraux les instructions que pouvait exiger cette partie de la législation nouvelle.

« Vous apprécierez, je n'en doute pas, Monsieur le préfet, toute l'importance de la loi du 3 mai 1844 ; je ne puis donc que vous recommander d'engager tous les fonctionnaires et agents qui ressortissent à votre administration à concourir avec zèle à la répression d'abus qui excitaient depuis longtemps de vives et justes réclamations.

« Recevez, Monsieur le préfet, l'assurance de ma considération distinguée,

Le ministre secrétaire d'État au département de l'intérieur, T. Duchatel.

(1) Les mots *permis de chasse* ont une portée qu'il importe de faire ressortir. Ils ont été substitués aux expressions plus restrictives : *permis de port d'armes de chasse*, qu'employait le décret de 1810. Celles-ci énonçaient que le permis n'était nécessaire que pour la chasse avec armes, c'est-à-dire avec un fusil. La loi nouvelle a voulu exprimer et elle exprime en effet qu'il y a obligation de prendre un permis, quels que soient les instruments et les moyens qu'on emploie pour chasser.

« Le permis dont il s'agit ici, a dit M. *le garde des sceaux*, dans l'exposé des motifs, remplace celui qui est connu aujourd'hui sous le nom de *permis de port d'armes de chasse*, et qui est réglé par les décrets des 11 juillet 1810 et 4 mai 1812. En empruntant à ces deux décrets quelques-unes de leurs dispositions, nous les avons modifiées.

« Ces décrets n'exigeaient le permis que pour la chasse au fusil ; le projet l'exige pour toute espèce de chasse. Voilà pourquoi nous avons substitué aux mots : « permis de port d'armes de chasse, » employés d'une manière restrictive par les décrets de 1810 et 1812, les expressions plus générales : « permis de chasse. » Ces expressions seules peuvent rendre l'intention du projet, qui a été de ne pas borner au cas de la chasse au fusil l'obligation d'obtenir un permis. » (Voy. les circulaires de M. le garde des sceaux et de M. le ministre de l'intérieur.)

(2) M. *Barillon* avait proposé de rédiger ainsi le second paragraphe de l'art. 1er :

« Nul n'aura la faculté de chasser sur la propriété d'autrui sans le consentement *exprès ou tacite* du propriétaire ou de ses ayants-droit. »

Et d'ajouter, comme nouveaux paragraphes :

« Tout propriétaire ou ayant-droit qui voudra se réserver le droit exclusif de chasse, devra, chaque année, en faire la déclaration avant l'ouverture de la chasse à la mairie de la commune où sont situées ses propriétés.

« Un registre spécial sera ouvert à cet effet dans chaque mairie, et communication en sera donnée à tout requérant. »

« Le droit de chasse, a-t-il dit à l'appui de sa proposition, est une dépendance du droit de propriété. On donne au propriétaire le droit de l'interdire sur son terrain. Je ne voudrais pas que l'application de la loi devînt une occasion de haines, de vengeances et de rancunes ; ce qui arrivera inévitablement. La propriété va constamment en se divisant. Lorsque, après une tolérance de plusieurs mois, de plusieurs années, vous m'aurez laissé chasser sur votre terrain, il vous sera loisible, par caprice, par mauvaise humeur ou par rancune, de faire dresser un procès-verbal qui pourra entraîner contre moi une peine très-grave ; il me semble que la loi ne doit pas donner prise à de semblables actes. Je demande donc que l'interdiction de la chasse sur autrui soit limitée au cas où le propriétaire aura manifesté l'intention de se réserver ce droit.

« Je serais étonné que M. le garde des sceaux combattît cette proposition ; car le projet primitif contenait une disposition qui avait beaucoup d'analogie avec la mienne, puisque le propriétaire avait le droit de faire une déclaration au parquet du procureur du roi, et qu'alors, non seulement il obtenait la réserve de sa propriété, mais que le procureur du roi devait poursuivre d'office.

« Ma proposition est moins large. Je veux accorder au propriétaire le droit d'empêcher qu'on ne chasse sur son terrain, mais je ne veux pas que le ministère public poursuive d'office ; je veux que ce soit sur la plainte du propriétaire.

« C'est pour cela que je demande qu'on introduise dans le deuxième paragraphe, après le mot *consentement*, ceux-ci : *exprès ou tacite*, et j'explique ce que j'entends par consentement tacite : c'est-à-dire que toutes les fois que le propriétaire n'aura pas fait de déclaration au secrétariat de la mairie de sa commune, et n'aura pas indiqué la volonté de se réserver le droit de chasse, il sera censé avoir consenti tacitement à ce que toutes les personnes munies d'un port d'armes puissent chasser sur sa propriété.

« Cette proposition n'a rien d'exorbitant, elle est d'une exécution facile ; les chasseurs pourront connaître à l'avance les terres sur lesquelles on aura laissé la liberté de chasser. De cette manière, vous

droit (1).

prévieodrez les procès-verbaux et les collisions fâcheuses; la loi en sera plus morale et d'une exécution plus facile. »

M. *le rapporteur* a combattu cette proposition en ces termes :

« On a reproché hier à la commission d'avoir agi en contre-sens du principe qui résulte de la loi de 1789. Je pourrais aujourd'hui rétorquer cet argument, et dire à l'auteur de l'amendement qu'il agit en contre-sens du principe qu'il reconnaît lui-même; car que veut l'amendement?

« L'amendement veut que l'on ne puisse chasser sans le consentement exprès ou tacite du propriétaire, et on imposera au propriétaire qui veut user de son droit des obligations qui doivent nécessairement indiquer son intention de jouir de sa propriété. Je ne m'occupe, Messieurs, que du premier paragraphe. « Il faudra, dit ce paragraphe, le con- « sentement exprès ou tacite du propriétaire ou « de ses ayants-droit. »

« Qu'a dit l'art. 1er du projet du gouvernement et de la commission? C'est qu'il faudra le consentement du propriétaire. Comment ce consentement peut-il être donné? Il ne peut l'être que d'une manière expresse ou tacite. Lorsque le consentement est donné, on ne cherche pas comment il a été donné; mais on a expliqué cet amendement, et c'est cette explication et les conséquences qui en résulteraient que la commission repousse.

« On a dit que le consentement tacite résulterait du silence du propriétaire, dans ce sens que lorsque ce silence aurait duré pendant quelque temps, la conséquence serait que le consentement existerait; ce serait donc un guet-apens à l'égard du chasseur de bonne foi qui aurait chassé pendant quelque temps, et qui ensuite viendrait à être soumis à un procès-verbal de la part du propriétaire.

« Dans le système du projet de loi, le consentement sera toujours présumé, jusqu'à ce que le propriétaire exprime une intention contraire.

« Il en résultera que, relativement à la poursuite d'office, le ministère public ne pourra être mis en action, lorsqu'il n'y aura pas une plainte et une action dirigée par le propriétaire.

« Je ne vois pas à quoi servirait l'amendement qui ajouterait les mots *exprès ou tacite*. Lorsque la loi impose la nécessité du consentement du propriétaire, elle a nécessairement reconnu la valeur de ce consentement, de quelque manière qu'il fût donné. »

M. *Beaumont* (de la Somme) a pris la parole pour soutenir l'amendement.

« On vous a signalé avec beaucoup de raison, a-t-il dit, la division de la propriété. Qu'en résultera-t-il, si un propriétaire ne se prononce pas pour interdire la chasse sur toutes les parcelles qui existent dans la commune? Ce n'est qu'après que le chasseur aura été puni qu'il saura réellement que la chasse est interdite, et que le propriétaire n'y consent pas; au lieu que l'avertissement préalable mettrait le chasseur à même d'éviter les infractions qu'il pourrait commettre. A ce point de vue, l'amendement de notre honorable collègue M. Barillon aura un avantage, celui de ne pas induire le chasseur dans l'erreur. »

L'amendement n'a pas été adopté.

Dans tous les cas, on doit tenir pour constant que le consentement du propriétaire doit être présumé, lorsqu'il a laissé chasser un certain temps sans se plaindre. Ce principe avait été constamment suivi par la jurisprudence dans l'interprétation de la loi de 1790, et, soit que l'on consulte les rapports des commissions, soit qu'on se reporte aux discussions des Chambres, on trouve tout le monde d'accord sur ce point.

« Il existe souvent, en effet, disait M. *Franck-Carré*, entre propriétaires d'une même commune des rapports de bon voisinage, qui entraînent des tolérances réciproques et taciles, mais qui n'iraient pas jusqu'à se formuler en permissions de chasse. Votre commission pense que ces permissions doivent se présumer jusqu'à preuve du contraire. » (*Rapport à la Chambre des Pairs.*)

(1) Le propriétaire peut conférer à un étranger telle permission de chasser sur son héritage qu'il juge convenable. Il peut aussi louer son droit de chasse, le céder pour un certain temps. Mais pourrait-il l'aliéner à titre de *droit réel* et le détacher ainsi à jamais de la propriété de son héritage?

M. Toullier n'y voit point d'obstacle; suivant lui, « le droit de chasse peut aujourd'hui devenir l'objet d'une *servitude réelle*; c'est un droit qui peut être séparé de la propriété parfaite, et la loi ne défend pas de l'en séparer. » Voy. t. 4, n. 19.

D'après le même principe, la Cour d'Amiens a jugé que le vendeur peut se réserver sur le fonds vendu le droit de chasse à perpétuité pour lui, ses héritiers et ayants-cause, et que cette clause est obligatoire pour les tiers-acquéreurs ultérieurs, comme pour les premiers acquéreurs. (Arrêt du 2 décembre 1835, voy. Sirey, 36. 2. 198.)

MM. Merlin, Rép., v° *Chasse*; Proudhon, *Domaine privé*, t. 1, n. 387, et Duranton, t. 4, n. 292. prétendent, au contraire, que le droit de chasse est inséparable du droit de propriété, et que l'acquéreur d'un droit de chasse n'aurait qu'un droit personnel contre son vendeur.

Cette dernière opinion me semble devoir être suivie; en effet, le droit de chasse, ainsi séparé de la propriété, constituerait une véritable servitude réelle sur un héritage; or l'art. 686 du Code civil ne permet d'établir de servitude qu'autant qu'elle n'est imposée ni à la personne ni *en faveur de la personne*, mais seulement à un fonds pour un autre fonds. Le droit de chasse, évidemment et par sa nature, ne peut être accordé *pour l'utilité des fonds*, mais seulement *pour l'agrément des personnes*; il ne peut donc être attribué à titre de servitude réelle. Ainsi, lorsqu'on aura fait une stipulation semblable à celle sur laquelle la Cour d'Amiens a été appelée à statuer, on aura constitué non un *droit réel* de servitude, mais une simple obligation personnelle. Celui-là seul qui l'aura consentie, sera tenu.

Un avis du conseil d'Etat, du 19 octobre 1811, inséré au Bulletin des lois, a formellement consacré ce principe dans un cas tout à fait analogue. Il s'agissait de la concession d'un droit de pêche, et le conseil d'État a décidé que « le droit de pêche appartenant à la commune, sur la rivière d'Iton, résulte pour elle de la propriété des terrains communaux, et en est une dépendance indivisible; qu'elle ne peut aliéner à perpétuité ce droit exclusif de pêche en conservant la propriété du terrain d'où ce droit découle. »

Le droit de chasse étant attaché à la possession

2 (1). Le propriétaire ou possesseur peut chasser ou faire chasser en tout temps,

et à la jouissance foncière, appartient sans contredit à l'emphytéote et à l'usufruitier.

Mais n'appartient-il au fermier qu'autant qu'il lui est accordé par une clause formelle de son bail? J'ai soutenu, dans mon *Traité du louage*, t. 1, n. 73, que le fermier est investi du droit de chasse, par la raison qu'il a le droit de percevoir tous les fruits, tous les avantages que peut procurer la propriété. Je persiste dans cette opinion. La loi nouvelle n'apporte aucune dérogation, sur ce point, à l'ancien état de choses.

M. *de la Plesse* aurait désiré que la Chambre fît cesser les doutes à cet égard, mais sa proposition n'a point été accueillie.

« Le projet, disait-il, est muet sur une question extrêmement grave, qui partage les auteurs et la jurisprudence : c'est la question relative aux droits du fermier.

« Le fermier n'a le droit de chasse qu'autant qu'il lui est accordé par une clause de son bail. Cependant il peut, sur sa propriété et dans l'intérêt de sa récolte, établir des lacets et autres engins. Je demande au gouvernement et à la commission une explication à cet égard. »

M. *le garde des sceaux* a répondu : « Nous faisons une loi sur la police de la chasse, nous n'avons pas entendu établir le principe relativement à l'exercice de la chasse. La question posée par M. de La Plesse reste parfaitement entière, d'après les principes du droit et de la jurisprudence. Il y a bien d'autres dispositions qu'on aurait pu introduire dans la loi, si on avait dû s'occuper de l'exercice de la chasse. »

M. *Gillon*. « La jurisprudence reste ce qu'elle est. »

Lors de la discussion de l'art 2, M. *Rémilly* est revenu sur la question d'une manière indirecte, et il n'est pas inutile de rappeler cette partie des débats, afin que l'on en saisisse bien l'ensemble et qu'on ne puisse pas s'emparer des paroles de tel ou tel orateur, et les présenter comme des arguments décisifs pour ou contre le fermier.

« L'art. 2, a dit M. *Rémilly*, autorise le propriétaire ou possesseur non seulement à chasser, mais à faire chasser; il pourra donc déléguer ce droit. Je demande si ce propriétaire ou possesseur doit pouvoir déléguer le faculté de chasser chez son fermier; il pourrait ainsi abuser du domicile de celui-ci. Il faut expliquer la disposition. »

M. *le Président* a opposé à cette digression une fin de non recevoir. « La disposition, a-t-il dit, est adoptée, il ne s'agit plus que de voter sur l'ensemble de l'article.

M. *Rémilly* a insisté et répondu : « Je ne conteste pas l'article, mais je présente un paragraphe additionnel...... Il est reconnu que le droit de chasse n'appartient pas au fermier, il appartient au propriétaire ou possesseur ; je propose un article qui dira que le propriétaire ou possesseur ne pourra chasser, ni accorder le droit de chasse sur le terrain clos contenant l'habitation de son fermier. »

M. *le garde des sceaux* a fait remarquer qu'il est dit : « Le droit *de chasser ou de faire chasser*, donc, a-t-il ajouté, il pourra faire chasser par autrui. »

M. *Dupin* a, au contraire, dit : « Mais le fermier est possesseur. »

M. *Rémilly* a expliqué de nouveau sa pensée, en disant : « Il me semble qu'on devrait s'entendre. L'art. 3 autorise le propriétaire à chasser dans ses possessions attenant à une habitation. »

Plusieurs membres se sont écriés, « ou à faire chasser. »

M. *Muteau* a répliqué : « L'article est ainsi conçu : « Le propriétaire ou possesseur peut chasser ou « *faire chasser*, etc. » Voulez-vous proposer un article qui détruise celui-là? »

M. *Rémilly* a ajouté : « Le propriétaire ou possesseur peut chasser ou faire chasser en tout temps, sans permis de chasse dans ses possessions attenant à une habitation. Ceci ne devrait pas pouvoir s'entendre de l'habitation de son fermier, par respect pour son domicile. Je dis qu'en mettant *une habitation*, on a autorisé la chasse dans l'habitation ou dans le domicile du fermier : il faut interdire ce droit au propriétaire ou possesseur. »

L'amendement n'a pas été appuyé.

M. *Luneau* a déclaré qu'il protestait contre ce qui avait été dit. « Cela ne doit pas passer sans protestation, a-t-il ajouté.

« On a prétendu que, par habitation, on n'entendait que l'habitation du propriétaire ; il est bien entendu que c'est de toute habitation qu'il s'agit. »

« C'est l'habitation existante sur le terrain, » a dit M. *le rapporteur*.

M. *Luneau* a repris : « C'est la violation du domicile qu'il faut empêcher. Assurément l'habitation du fermier doit être aussi inviolable que celle du seigneur. »

Ainsi la question de savoir si la chasse appartient au fermier n'est décidée ni expressément ni implicitement par les termes de la loi. M. le garde des sceaux s'est formellement expliqué sur ce point, et l'on voit que la discussion ne l'a pas éclairci ; mais les dernières observations qui viennent d'être recueillies prouvent qu'en supposant que le droit de chasse dût être considéré comme réservé au propriétaire, le domicile du fermier serait néanmoins inviolable, et que, ni le propriétaire ni ceux auxquels il aurait cédé son droit, ne pourraient entrer dans les terrains clos, habités par le fermier, sans sa permission.

(1) « L'exception au principe général posé dans l'art. 1er est fondée, dit M. Camusat-Busserolles dans son Commentaire, sur deux motifs : 1° la nécessité de respecter l'intérieur du domicile ; 2° l'impossibilité de constater un fait de chasse dans un terrain entouré d'une clôture continue faisant obstacle à toute communication avec les héritages voisins. » — On lit, en effet, dans l'exposé des motifs de M. le garde des sceaux à la Chambre des Pairs, qu'en supposant que le propriétaire commît un délit en chassant sur ses possessions situées et closes de la manière indiquée par l'art. 2, il serait impossible de constater ce délit sans s'introduire pour ainsi dire dans son domicile. M. *Franck-Carré*, rapporteur à la Chambre des Pairs, s'exprimait ainsi, dans la séance du 16 mai 1843 : « Cette exception à la règle du temps prohibé se fonde sur plusieurs raisons décisives ; il suffit d'en indiquer une pour la justifier ; c'est que la règle ne pouvait s'appliquer aux lieux clos, par l'impossibilité absolue de constater les infractions sans une violation de domicile. »

M. *le rapporteur* à la Chambre des Députés et M. *Pascalis* ont tenu à peu près le même langage : « La loi, disait ce dernier, a voulu accorder au propriétaire une immunité nécessaire, inévi-

sans permis de chasse, dans ses possessions attenant à une habitation (1), et entourées

table; la clôture attenant à l'habitation, c'est la continuation du domicile. Notre projet de loi a donc voulu seulement, en ne permettant pas de venir rédiger des procès-verbaux contre le propriétaire qui aurait chassé dans son jardin, dans son enclos, maintenir en sa faveur le respect du domicile..... Il doit être permis au propriétaire de faire en son domicile ce qui lui plaît. Ceux qui auront des parcs, des enclos attenant à leur habitation pourront chasser en tout temps. Il reste, sans doute, un sujet de regret, c'est que le principe d'égalité devant la loi reçoive quelque atteinte; Mais, tolérer une inégalité aussi légère n'est rien à côté du danger de violer le domicile sans de graves motifs. C'est donc par respect pour le domicile que nous avons permis aux propriétaires de chasser en tout temps dans leurs propriétés closes attenant à une habitation. »

Il importe de bien établir ce point de doctrine, c'est le respect du domicile qui a fait admettre l'art. 2. Loin de vouloir accorder un privilége aux propriétaires, c'est à regret que le législateur a placé dans la loi une disposition qui le leur concède indirectement.

Ainsi, pour échapper à la règle générale et rentrer dans l'exception, un fait de chasse doit non seulement avoir eu lieu dans un lieu clos comme le dit l'article, mais il faut encore que l'auteur du fait ait son domicile, l'habitation à laquelle l'enclos est attenant, sans prendre toutefois le domicile dans son acception rigoureuse.

Par conséquent, il n'y a aucun doute que, si des tiers autres que le propriétaire ou possesseur de l'enclos s'y introduisaient et y chassaient, il y aurait de leur part un délit, et même un délit très-grave. Voy. art. 13.

Mais le propriétaire pourrait-il, en pareil cas, s'opposer à ce que les fonctionnaires chargés de la constatation des faits de chasse entrassent dans son domicile pour dresser un procès-verbal? Je n'hésite pas à répondre affirmativement. Qu'on ne l'oublie pas, ce n'est pas un privilége qui a été accordé à la propriété, c'est une protection qui a été donnée au domicile. Or, je le demande, mon domicile ne serait-il pas troublé, si les agents de la force publique ou les officiers de police judiciaire pouvaient y pénétrer malgré moi, sous prétexte que des étrangers y ont commis un délit de chasse? D'ailleurs, le propriétaire ou possesseur aurait toujours un moyen facile de soustraire les délinquants à l'application de la peine, en disant que c'est lui qui les *faisait chasser*, comme il en a le droit.

Mais si, au contraire, le propriétaire ou possesseur de l'enclos, qui d'ailleurs est domicilié dans l'habitation à laquelle l'enclos est attenant, ne s'oppose point à l'action des fonctionnaires, les délinquants pourront-ils soutenir qu'il n'y a point de délit, parce que la faculté de chasser dans l'enclos leur appartient, soit qu'elle leur ait été vendue ou cédée, soit qu'ils l'aient réservée en vendant ou en louant l'immeuble? Je ne le crois pas. On leur répondrait qu'à proprement parler, on n'a pas le droit de chasser dans un lieu clos plus qu'ailleurs; que seulement la loi n'a pas voulu que le propriétaire ou possesseur fût troublé dans son domicile; qu'en d'autres termes, deux conditions sont nécessaires pour faire disparaître la criminalité; qu'il faut non seulement avoir le droit de chasse dans le lieu indiqué, mais encore être domicilié dans ce lieu; que, si l'une des conditions manque, on n'est plus protégé par l'exception. Il est vraisemblable, au surplus, que de pareilles difficultés ne se présenteront que rarement, et les agents chargés de la constatation des délits de chasse agiront prudemment en s'abstenant de toute investigation à raison des faits qui se passeront dans les enclos, avec le consentement du propriétaire ou possesseur, à quelque époque que ce consentement ait été donné.

Au surplus, ce n'est pas sans contestations que l'article a été adopté. A la rédaction du gouvernement, qui a triomphé en définitive, on a opposé cinq systèmes qui ont été appuyés avec plus ou moins de force.

M. *Luneau* a demandé la suppression complète de l'article. Selon lui, l'exception qu'il consacre est incompatible avec ce principe, que la chasse appartient également à tout citoyen; elle est incompatible surtout avec la disposition qui défend la vente du gibier pendant le temps où la chasse n'est pas permise, car toute l'efficacité de cette prohibition se trouve ainsi anéantie.

M. *Toye* a proposé une mesure fiscale : « Si vous créez une exception pour les possessions closes et habitées, a-t-il dit, du moins n'allez pas plus loin; n'ajoutez pas une seconde faveur. Imposez *de plein droit* la contribution d'un permis, ce sera une espèce d'abonnement; ce sera, si l'on veut, une loi somptuaire, et le temps approche où nous devons entrer dans cette voie. »

M. *Vatout* a, au contraire, proposé de revenir au système qu'il croyait être celui de la loi de 1790; il a demandé que le propriétaire pût en tout temps chasser dans ses propriétés closes, attenant ou non à une habitation. Voy., dans la note suivante, la discussion sur ce point.

M. *Hébert* a fait observer que les propriétaires d'enclos, et surtout d'enclos attenant à leur habitation, sont plus riches que les autres, et beaucoup plus à même de satisfaire aux obligations fiscales, et il propose de rédiger ainsi l'art. 2 : « Le propriétaire ou possesseur peut chasser ou faire chasser en tout temps dans sa possession close de murs ou de haies vives, en se conformant aux obligations relatives au permis de chasse. »

M. *Boudet* a proposé la suppression de l'article, non qu'il repoussât l'exception qui y est consacrée, comme M. Luneau, mais parce que, selon lui, c'était le seul moyen d'éviter tous les dangers et tous les inconvénients auxquels cette interprétation pourra donner lieu : « Cet article, a-t-il dit, sera une source intarissable de procès, de préférences, de décisions diverses, qui pourront même, dans certains cas, constituer de véritables priviléges, ou du moins de fâcheuses inégalités. »

(1) Les mots : *attenant à une habitation* ont été substitués par la Chambre des Pairs aux mots : *dépendant d'une habitation*, qui se trouvaient dans le projet, et dont le sens est beaucoup plus large.

C'est ce qu'a fait très-bien observer M. *Rossi* : « Je ne crois pas, a-t-il dit, que des possessions *dépendant* d'une habitation et des possessions *attenant* à une habitation, soient une seule et même chose. Une possession peut *dépendre* d'une habitation, quand même elle en serait séparée par une grande distance. Si l'on veut dire : *attenant* à une habitation, je comprends l'importance de la disposition. L'expression *dépendant* d'une habitation s'applique

d'une clôture continue (1) faisant obstacle à toute communication avec les héritages voisins.

à une foule de possessions; et, comme on l'a dit, il y a des départements où la chasse serait en tout temps permise à tout le monde; car on n'y trouve que des possessions closes, qui toutes dépendent d'une habitation plus ou moins rapprochée.

« Je demande donc qu'on nous dise nettement si l'on entend parler de possessions *attenant* à une habitation, ou bien si l'on prend la phrase du projet dans le sens général et naturel de possession *dépendant* d'une manière quelconque de l'habitation. Evidemment on ne donnera à la disposition toute la portée qu'on a eu l'intention de lui donner, qu'en substituant aux mots *dépendant* d'une habitation, ceux d'*attenant* à une habitation. »

Cette substitution a eu lieu, et il ne peut s'élever aucun doute sur le sens de cette partie de l'article.

Au surplus, quoique la loi du 28-30 avril 1790 se bornât à dire qu'il est libre à tout propriétaire de chasser dans celles de ses possessions *qui sont séparées par des murs ou haies vives d'avec les héritages voisins*, la Cour de cassation a décidé que le fait de chasse dans un enclos qui n'était pas attenant à une maison d'habitation, et qui ne renfermait qu'une cabane de pierres sèches servant de poste au chasseur, était punissable. (13 avril 1833, Devillen., 33. 1. 718; Dalloz, 33. 1. 206.)

(1) Que faut-il entendre ici par clôture continue? Sera-ce un mur? une palissade? une haie vive? une haie sèche? etc. Quelques difficultés se sont élevées à ce sujet à la Chambre des Pairs; mais on a reconnu que ce serait un point laissé à l'entière appréciation des tribunaux, lesquels jugeront s'il y a clôture continue dans le sens de l'article.

M. le comte *Charbonnel* a demandé si l'art. 6 de la loi du 28 septembre 1791 ne serait pas applicable à ce cas.

« L'héritage sera réputé clos, dit cet article, lorsqu'il sera entouré d'un mur de quatre pieds de hauteur, avec barrière ou porte, ou lorsqu'il sera exactement fermé et entouré de palissades ou de treillages, ou d'une haie vive ou d'une haie sèche, faite avec des pieux ou cordelée avec des branches, ou de toute autre manière de faire des haies en usage dans chaque localité, ou enfin d'un fossé de quatre pieds de large au moins à l'ouverture, et de deux pieds de profondeur. »

M. *le rapporteur* a répondu : « La commission, d'accord avec le gouvernement, n'a pas voulu se contenter de cette clôture dont parle le Code rural de 1791; elle a voulu une autre clôture. Elle s'en est expliquée dans les termes suivants : « Une « clôture continue faisant obstacle à toute communication avec les héritages voisins. »

« Il est parfaitement clair que les pieux dont on vient de parler ne forment pas une clôture continue, et surtout une clôture qui fasse obstacle à toute communication avec les héritages voisins. »

M. le baron *Fréteau de Pény* a ajouté : « Je me permettrai de faire observer que les pieux entrelacés de branchages forment, sous le nom de *bouchage*, dans un grand nombre de départements, une clôture continue, et réunissant les circonstances prévues par l'article tout aussi bien que les autres clôtures...... »

M. *le rapporteur* a répliqué : « Les difficultés mêmes qui s'élèvent dans le sein de la Chambre sur les clôtures prouvent que ce sont des questions d'appréciation. Il en résulte qu'elles pourront être jugées diversement; mais c'est ainsi qu'il en est pour toutes les appréciations de fait. »

M. le comte *Siméon* a demandé si la commission entendait s'en référer à la définition que l'art. 391 du Code pénal donne de la clôture.

M. *le rapporteur* a répondu : « C'est précisément parce que nous n'avons pas voulu nous en tenir aux définitions ni du Code rural de 1791, ni du Code pénal, que nous avons défini ce que nous entendons par clôture.

« Que dit l'art. 391 du Code pénal?

« Est réputé parc ou enclos tout terrain environné de fossés, de pieux, de claies, de planches, de haies vives ou sèches, ou de murs de quelque espèce de matériaux que ce soit, quelles que soient la hauteur, la profondeur, la vétusté, la dégradation de ces diverses clôtures, quand il n'y aurait pas de portes fermant à clef ou autrement..... »

« Eh bien! nous avons voulu quelque chose de plus que le Code pénal, une clôture réelle et non une apparence de clôture, et c'est pour cela qu'au lieu d'employer l'expression générique : terrains clos, nous avons dit : « une clôture continue, faisant obstacle à toute communication avec les héritages voisins. »

« Voilà ce que nous avons voulu, voilà ce que nous avons dit expressément. »

Lors de la discussion à la Chambre des Députés, quelques membres ont prétendu que la définition que l'article donne de la clôture, était vague et insuffisante, et qu'on devait craindre qu'elle ne devînt la source d'une foule de difficultés. Voici comment M. *le garde des sceaux* a répondu à ces reproches :

« Je crois que les expressions employées par le projet de loi suffisent, en ce sens qu'elles laissent aux magistrats la plus grande latitude.

« J'ai dit à la Chambre pourquoi je m'opposais en quelque sorte à une définition plus catégorique; je crains qu'elle ne soit pas complète; je crains que nous ne puissions pas tout prévoir, et qu'il n'y ait des localités dans lesquelles il existerait des clôtures consacrées par l'usage, et qui cependant ne rentreraient pas dans les termes de l'art. 2. Voilà les motifs qui me portent à insister pour l'adoption de la rédaction du projet. Mais si les différents membres de la Chambre, appartenant à ces divers départements dont je viens de parler, pensent qu'effectivement le but soit rempli en se servant de ces expressions : *par des murs ou des haies vives*, pour mon compte je n'y trouverai pas d'obstacle. » (C'est cela! très-bien!)

Dans un autre passage, M. le garde des sceaux a nettement formulé le principe qui doit guider le juge dans l'appréciation qui lui est confiée.

« Les clôtures, a-t-il dit, varient d'une manière presque indéfinie selon les localités. Il est bien clair que si la loi avait voulu définir ce qui constitue la clôture, elle aurait été incomplète, et il aurait fallu refuser de l'appliquer dans tel ou tel cas qu'elle n'aurait pas pu prévoir.

« La loi, Messieurs, a été plus sage; elle détermine seulement l'état dans lequel doit être une clôture pour qu'elle ait ce caractère. *Il faut qu'il y ait impossibilité de communication avec les héritages voisins.* Je ne crois pas qu'il puisse y avoir à cet égard le moindre doute dans l'esprit des magistrats qui seraient appelés à statuer sur ce point. »

3. Les préfets détermineront, par des arrêtés publiés au moins dix jours à l'a-

La loi de 1790, je l'ai déjà fait remarquer, permettait la chasse dans les *possessions séparées par des murs ou des haies vives des héritages voisins*, et l'on aperçoit sur-le champ après les explications qui viennent d'être données, que la loi nouvelle est plus exigeante.

Au surplus, sous l'empire de la loi de 1790, il a été jugé :

Qu'un terrain qui, par des brèches, des échaliers ou des barrières ouvrant à volonté, offre un libre accès au public, ne peut être considéré comme un terrain clos. (Rennes, 11 novembre 1833, Sirey, 35. 2. 26.)

Qu'il en serait de même d'une propriété qui ne serait séparée des héritages voisins que par un simple fossé de quelques pieds d'ouverture. (Cass., 14 mai 1836. Sirey, 36. 1. 778 ; Dalloz, 36. 1. 359.)

Qu'on ne peut non plus considérer comme terrain clos, le terrain qui ne serait séparé des héritages voisins que par un simple fossé, quelles que soient sa largeur et sa profondeur, parce que, dit l'arrêt, ce genre de séparation n'empêche pas le chasseur d'atteindre le gibier sur les propriétés voisines, et les chiens d'aller l'y saisir. (Douai, 28 novembre 1842, Sirey, 43. 2. 82.)

Qu'enfin, une forêt située dans une île formée par une rivière navigable, ne peut être considérée comme propriété close. (Cass., 12 février 1830, Dalloz, 30. 1. 123.)

Les trois premiers arrêts me paraissent avoir donné des solutions qui évidemment devraient être adoptées *à fortiori* sous l'empire de la loi actuelle. Sur le quatrième, il est nécessaire de présenter quelques observations. Il est bien vrai que si l'on s'attache à une partie de ses considérants, on y trouve qu'une rivière navigable ne forme pas une clôture. Mais une autre circonstance a exercé une influence grave sur la décision. Les chasseurs n'étaient pas propriétaires de l'île, et ce fait seul empêchait qu'ils ne pussent invoquer le bénéfice de l'art. 13 de la loi de 1790.

Ainsi l'arrêt n'a pas une autorité aussi grande qu'on pourrait le croire.

La question examinée en elle-même me paraît au moins douteuse.

Les rivières navigables sont des voies publiques, je le reconnais ; mais on doit convenir qu'elles ne sont pas praticables comme les routes de terre, et que dans la réalité elles forment à la communication avec les héritages voisins un obstacle tout aussi difficile à surmonter qu'un mur ou qu'une haie. Il est vrai qu'avec un bateau on peut aisément passer de l'île sur le continent et réciproquement, mais avec une échelle on peut aussi franchir un mur. En se plaçant au point de vue du législateur, il faut donc se demander si une rivière fait obstacle à toute communication avec les héritages voisins, et il semble bien que la réponse doit être affirmative. Dira-t-on qu'il y a cette différence entre la clôture formée par un mur et celle qu'établit la rivière, que celui qui franchit la première commet une action illicite; tandis que celui qui passe sur la voie publique use d'un droit? Cette distinction est juste, mais il ne s'agit pas ici d'apprécier le fait à l'aide duquel l'obstacle qui empêche la communication est surmonté, il est seulement question de savoir si l'obstacle existe. Or, la rivière empêche aussi bien et mieux d'entrer dans le champ qu'elle entoure, qu'un mur ou qu'une haie. Si la rivière n'était ni navigable ni flottable, on aurait à examiner le point, si vivement controversé, de savoir si elle appartient à l'Etat ou au riverain ; et, en admettant cette dernière hypothèse, on n'aurait plus la ressource de prétendre qu'elle est une voie publique. Dans tous les cas, je pense qu'il faut distinguer entre un fossé creusé de main d'homme et un cours d'eau naturel ; qu'enfin la largeur et la profondeur de celui-ci sont des éléments que les juges devront apprécier, de même qu'ils sont chargés de dire si un mur à raison de son élévation, une haie à raison de son épaisseur ou de sa composition, constituent une véritable clôture. (Voy., sur la question de propriété des cours d'eau non navigables ni flottables, une excellente dissertation de M. Rives, conseiller à la Cour de cassation. M. Championnière prépare, dit-on, un travail en sens contraire qui sera prochainement publié.)

La Cour d'Amiens a jugé, le 17 juillet 1842, que celui qui, chassant dans un enclos en temps prohibé, blesse mortellement une pièce de gibier qui va tomber sur un terrain non clos, et sur lequel il n'a pas le droit de chasser, ne commet pas le délit de chasse sur le terrain d'autrui, en allant y ramasser le gibier qui y est tombé mort, alors qu'avant de s'y introduire il a déposé son fusil, et est entré sans armes sur ce terrain. (Sirey, 42. 2. 104.)

Cette décision me semble parfaitement juridique.

La commission de la Chambre des Députés avait proposé d'ajouter le paragraphe additionnel suivant :

« Les routes et chemins traversant ces possessions ne seront pas considérés comme faisant cesser la continuité de la clôture. »

M. *Maurat-Ballange* a vivement critiqué cette proposition dans son discours sur l'ensemble du projet de loi. « Un parc est traversé par trois ou quatre routes, a-t-il dit, et par autant de chemins vicinaux, car aujourd'hui ces grandes voies de communication se multiplient, et la fortune, comme un aimant, les attire toujours vers son centre d'action. Ce parc est ouvert à tout le monde, des centaines de citoyens, des fonctionnaires de haut et de bas étage y circulent ou peuvent y circuler tous les jours ; il ne s'y commet pas un seul délit qui ne puisse être facilement constaté, bien plus facilement que dans les propriétés isolées, que les agents du gouvernement fréquentent peu.

« N'importe, la commission vient nous dire hardiment que ces routes, que ces chemins ne font pas obstacles à la continuité de la clôture.

« La fiction est hardie, je le reconnais, et je doute fort que les Romains, qui les aimaient, en aient jamais inventé de pareilles. »

Lors de la discussion, la commission retira sa proposition; et M. *Luneau*, qui avait la parole sur l'article, prit acte de cet abandon, en ces termes : « Il est bien entendu qu'un parc, quoiqu'entouré de murs, ne sera pas considéré comme terrain clos s'il est traversé par des routes et chemins.

Aux termes de l'art. 14 de la loi de 1790, tout propriétaire ou possesseur, autre qu'un simple usager, pouvait, même en temps prohibé, chasser ou faire chasser, sans chiens courants, dans ses bois et forêts. Cette disposition se trouve implicitement abrogée par la loi nouvelle, qui ne la reproduit pas.

vance (1), l'époque de l'ouverture et celle de la clôture de la chasse, dans chaque département (2).

D'ailleurs M. le garde des sceaux s'est expliqué formellement sur ce point.

« Nous avons supprimé, a-t-il dit, la faculté accordée par la loi de 1790 à tout propriétaire ou possesseur de chasser ou faire chasser en tout temps dans ses bois et forêts, pourvu que ce ne fût pas avec des chiens courants. Il est évident que cette faculté peut compromettre essentiellement les deux intérêts que nous désirons protéger. Pour aller chasser dans ses bois en tout temps, même lorsque la terre est couverte de récoltes, il est difficile de ne pas causer du dommage dans les champs que l'on traverse; il est difficile de ne pas saisir l'occasion de tirer une pièce de gibier partie fortuitement de la propriété d'autrui. Enfin si l'on veut conserver le gibier, encore trop jeune et trop facile à détruire, on doit le protéger même dans les bois. » (*Exposé des motifs.*)

(1) M. *Genoux* avait proposé de rédiger ainsi l'art. 3 : « Les préfets détermineront par des arrêtés l'époque de l'ouverture et celle de la clôture de la chasse dans chaque département. Les arrêtés de *clôture* devront être publiés au moins dix jours à l'avance; » et son amendement avait pour but, comme on le voit, de ne pas déterminer le délai dans lequel les arrêtés devront être pris relativement à l'ouverture de la chasse.

« Du long délai préalable que vous prescrivez, a-t-il dit à l'appui de sa proposition, voici ce qui peut résulter : le préfet, qui ne veut ouvrir la chasse qu'après l'enlèvement des récoltes principales, saura, après avoir consulté sur ce point les sous-préfets et les maires, qu'une semaine, par exemple, suffira pour cet enlèvement; il publiera son arrêté, déclarant la chasse ouverte dans les dix jours. Mais le mauvais temps, les pluies, viendront déranger ses prévisions, et empêcher d'achever les récoltes. Voudra-t-il rapporter son arrêté? Mais faites attention que vous aurez décidé que les arrêtés en cette matière ne sont obligatoires qu'au bout de dix jours; que, dès lors, le second arrêté, qui sera, par rapport au premier, un véritable arrêté de *clôture*, ne pouvant produire son effet qu'au bout de dix jours, il y aura un temps égal au nombre de jours qui se seront écoulés entre la publication des deux arrêtés, pendant lequel la chasse sera légalement ouverte, et cela contre l'intention, contre la volonté de l'autorité à laquelle vous aurez voulu laisser la libre et discrétionnaire réglementation de la matière dont il s'agit. »

M. *le rapporteur* a repoussé l'inconvénient signalé par M. Genoux. « Qu'arrivera-t-il? selon lui, c'est, a-t-il dit, que le premier arrêté qui aurait été pris serait modifié par un second, et que le second s'identifiant avec le premier, il y aurait un délai de quinze jours, au lieu d'un délai de dix jours. Il n'en peut résulter aucun inconvénient. »

M. *Genoux* a persisté dans sa proposition, et M. *le rapporteur* a repris : « Je n'ai qu'un mot à dire, c'est que les arrêtés d'ouverture de chasse ne donnent droit de parcourir que les terres qui sont dépouillées de leurs fruits. »

L'amendement n'a pas été adopté.

Evidemment, si, avant que le jour fixé pour l'ouverture de la chasse par un premier arrêté ne soit arrivé, le préfet, mieux informé, en prend un second par lequel il détermine un jour plus éloigné, ce second arrêté devra recevoir son exécution immédiatement; et l'on ne serait pas autorisé à dire qu'il ne peut être obligatoire que le dixième jour à compter de sa date, sous prétexte qu'il est un arrêté de clôture. Son véritable but est de rapporter le premier arrêté; ce qui est parfaitement légal. Si, lorsque déjà l'ouverture a eu lieu, le préfet croyait devoir la reporter à une époque plus éloignée, ce serait différent, et l'on pourrait soutenir avec avantage que c'est là un arrêté de clôture, obligatoire seulement le dixième jour.

(2) M. *Barillon* avait proposé de remplacer les mots *dans chaque département*, par ceux-ci : *dans les communes ou les cantons de leur département.* Il entendait par là, a-t-il dit, « réserver formellement au préfet ce que le gouvernement et la commission lui réservaient tacitement, la faculté d'ouvrir divisément la chasse dans certaines parties du département et même des arrondissements. »

Puis, il demandait qu'on ajoutât : « En aucun cas, ils ne pourront déléguer aux maires l'autorité qui leur est déférée par le présent article. »

M. *le garde des sceaux* a répondu que c'était « une disposition inutile; qu'il n'y avait pas besoin de le dire. »

M. *Barillon* a insisté en ces termes : « Si je l'ai dit, c'est que je connais un département, celui de l'Oise, où cela est nécessaire. C'est seulement depuis deux ans que le préfet ne peut pas déléguer aux maires le droit d'ouvrir la chasse; jusqu'alors, c'était un usage constant, le préfet fixait l'ouverture générale de la chasse; mais il accordait aux maires le droit de la retarder. Ainsi, les préfets déléguaient aux maires l'autorité que la loi donne aux préfets seuls »

M. *le garde des sceaux* a persisté dans l'opinion que l'article était tout à fait inutile. « Il est bien clair, a-t-il dit, qu'un préfet ne peut déléguer le droit que la loi lui attribue que quand la faculté de déléguer est accordée par la loi; or, cette faculté n'étant pas donnée, le préfet doit exercer lui-même le droit qu'il a d'ouvrir et de clore la chasse; c'est là la législation. »

M. *Barillon* a fait observer qu'il répondait par un fait.

Mais M. *le garde des sceaux* a répondu avec raison que « si un préfet a mal exécuté la loi, ce n'est pas un motif pour venir insérer dans la loi une disposition qui serait en opposition formelle avec toute la législation. »

M. *Barillon* a déclaré que l'explication donnée par M. le garde des sceaux lui suffisait, et l'engageait à retirer la phrase de sa rédaction relative à la délégation du pouvoir des préfets; mais il a soutenu qu'il fallait maintenir la disposition portant qu'on pourra ouvrir la chasse à des époques différentes dans divers arrondissements.

M. *le garde des sceaux* a encore répondu que c'est de droit. « Il est bien certain, a-t-il dit, que, dans un grand nombre de départements, il y a des arrondissements qui sont beaucoup plus avancés que d'autres; aussi, il arrive qu'il y a des époques différentes pour différents arrondissements, et même pour différentes communes. »

Ces explications, données par M. le garde des sceaux, ont satisfait M. Barillon, et lui ont paru un commentaire suffisant de la loi; en conséquence, il a retiré son amendement.

Ainsi, le maire ne pourra jamais, même au

4. Dans chaque département (1), il est interdit de mettre en vente, de vendre (2), d'acheter (3),

moyen d'une délégation formelle, exercer les pouvoirs qui sont confiés au préfet seul, ni apporter aucune modification aux arrêtés pris par ce dernier. (Voy. arrêt de la Cour de cassation, du 23 avril 1835, Journal du Palais, t. 27. p. 98.)

Mais rien ne s'oppose à ce qu'il fasse dans sa commune des règlements de police rurale ou de police municipale, sur des objets expressément confiés à sa vigilance, alors même que l'exercice du droit de chasse devrait se trouver modifié par leur application.

C'est en partant de ces principes, que la Cour de cassation a jugé que le règlement qui défend de chasser, pendant le temps des vendanges, à une certaine distance des vignes, afin de prévenir les accidents est obligatoire. (3 mai 1834, Dalloz, 34. 1. 312.)

Au surplus, les arrêtés du préfet sont des règlements de police et de sûreté, qui ne peuvent être modifiés par des conventions privées; en conséquence, l'adjudication qui concède à des individus la faculté de chasser pendant six mois, du 1er octobre au 1er avril de chaque année, dans les prés appartenant à une commune, n'est qu'un acte privé, destiné à régler les intérêts particuliers des habitants, et ne peut, dès lors, créer, au profit des ayants-cause de cette commune, une exception aux prohibitions portées par des règlements généraux d'ordre public sur la police de la chasse; et l'approbation donnée par le préfet au cahier des charges d'une telle adjudication ne peut avoir pour effet d'attribuer aux adjudicataires plus de droits que la commune n'en a elle-même. En conséquence, les adjudicataires trouvés chassant *en temps prohibé* ne peuvent être renvoyés de la prévention, sous prétexte qu'il y a eu dérogation à leur profit à un règlement qui fixe le jour de l'ouverture de la chasse. (Cassation, 7 octobre 1842, Journal du Palais, 1843, p. 57; Sirey-Devill., 43. 1. 147.)

Lorsqu'un arrêté suspend l'exercice de la chasse, *à compter d'un jour fixé*, ce jour est compris dans la prohibition. On ne peut invoquer, en pareil cas, les règles d'après lesquelles les jours termes ne sont pas comptés dans les délais. (Cass., 7 sept. 1833, Dalloz, 33. 1. 362.)

Au surplus, et pour éviter toute équivoque, MM. les préfets feraient bien d'expliquer, en termes formels, que la chasse cessera d'être permise à la fin de tel jour.

Il y avait dans le projet de loi un paragraphe additionnel ainsi conçu :

« Ces arrêtés seront pris par le préfet de police, pour la circonscription de la préfecture de police. »

M. *Boudet* a demandé la suppression de cette phrase, qui, selon lui, est inutile; car il est bien certain que ce sera le préfet de police qui, dans la circonscription de la préfecture de police, devra prendre les arrêtés qui fixeront l'ouverture ou la clôture de la chasse. Il y aurait même un inconvénient à la maintenir, a-t-il ajouté, car si plus tard nous faisions une loi où il s'agit des attributions du préfet de police, et que nous eussions oublié d'y placer une phrase analogue à celle-là, on pourrait lui contester l'attribution nouvelle résultant de cette loi, qui ne la déterminerait pas spécialement.

Le gouvernement et la commission ont adhéré à cette modification.

(1) Ces mots ont été employés dans une intention qu'il est facile de saisir. On a voulu que la défense de mettre en vente, de vendre, d'acheter, de transporter et de colporter du gibier commençât et finît dans chaque département en même temps que la défense de chasser. Sans cela, la fraude eût été trop facile; il eût suffi que la chasse fût permise dans un seul département de la France pour que dans tous les autres on eût vendu, acheté, transporté et colporté le gibier. Au moyen de la rédaction de l'article, la prohibition de vendre, d'acheter, etc., ne peut être éludée. Vainement, pour se justifier, on dirait que le gibier vendu ou transporté provient d'un département où la chasse est permise, ou même qu'il arrive de l'étranger. Cette justification ne serait point accueillie; le délit existerait par cela seul que la chasse serait prohibée dans le département où le fait de vente, d'achat, de transport ou de colportage aurait eu lieu.

(2) L'interdiction de la vente du gibier hors le temps où la chasse est autorisée est une des innovations les plus importantes de la loi nouvelle. M. le garde des sceaux a indiqué avec soin, dans son exposé des motifs, la portée de cette prohibition et les raisons qui l'ont fait admettre.

Au surplus, le mot *vendre* n'était pas dans le projet; il a été ajouté par la commission de la Chambre des Pairs.

(3) Le mot *acheter* a été ajouté par un amendement de M. *de la Plesse*. Les développements que cet orateur a donnés sur sa proposition en feront connaître l'esprit et la portée. Il importe de les rapporter.

« Au milieu des objections assez vives qu'a soulevées le projet de loi, a-t-il dit, un sentiment général a prédominé sur tous les bancs de cette Chambre, c'est le désir de réprimer autant que possible le braconnage. Pour atteindre ce but, le gouvernement a proposé un moyen qui est nouveau dans la loi, mais qui n'est pas nouveau dans la pratique, c'est celui de défendre la mise en vente du gibier dans le temps où la chasse est prohibée. Je dis que le moyen est nouveau dans la loi, mais qu'il ne l'est pas dans la pratique, M. le garde des sceaux l'a reconnu lui-même dans son exposé des motifs, en rappelant que, dans plusieurs villes, des maires avaient pris des mesures analogues, c'est-à-dire des mesures interdisant la mise en vente du gibier, sur les marchés publics, hors le temps où la chasse est autorisée.

« Ainsi, la mesure a déjà été exécutée, et nous pouvons en connaître les effets. Or, qu'est-il arrivé? Le gibier n'a plus été présenté sur les marchés, mais les braconniers l'ont porté là où ils avaient la certitude de trouver des acheteurs, dans les auberges, dans les restaurants, ou sur les grandes routes où les conducteurs le prenaient pour l'amener à Paris.

« La défense de la mise en vente sur les marchés n'a donc pas eu l'effet qu'on pouvait attendre de cette mesure; mais les administrations municipales ne pouvaient aller au-delà. Dans la Chambre des Pairs, on a proposé d'ajouter les mots *de vendre*; c'est une amélioration, mais je ne la crois pas suffisante. En effet, pour que la prohibition eût son effet, il faudrait qu'à l'instant où la vente s'effectue, des officiers de police judiciaire se trouvassent sur les lieux, c'est-à-dire dans les auberges, chez les restaurateurs ou sur les grandes routes, au moment où le braconnier vient y apporter le produit de sa chasse; évidemment, cela ne se pourra pas.

« Que faut-il donc? Il faut que l'acte qualifié délit entre les mains du vendeur, soit aussi qualifié délit entre les mains de l'acheteur; il faut qu'il ne soit pas plus permis d'acheter qu'il n'est permis de vendre; en un mot, il faut que les officiers de police puissent entrer chez l'acheteur et frapper de la même prohibition et l'acheteur et le vendeur. Je l'avoue, je ne vois pas quelle objection sérieuse on pourrait faire à cette mesure, complétement indispensable. Dira-t-on que c'est une espèce d'inquisition? Non, ce n'est pas une mesure d'inquisition, mais une mesure de perquisition, que la loi donne alors qu'il s'agit de constater un délit de droit commun.

« Sans doute, le gouvernement ne viendra pas dire que ce serait donner à des officiers de police le droit de tracasser injustement les citoyens. Nous lui répondrions que sa confiance dans ses agents allait bien au-delà, lorsque, les élevant au-dessus des Cours royales même réduites à enregistrer leurs procès-verbaux, il proposait de donner à ces procès-verbaux force jusqu'à inscription de faux.

« Et d'ailleurs n'est-il pas évident que les officiers de police judiciaire ne pourront faire des perquisitions sans avoir des indices suffisants, comme en matière ordinaire? Et vous voudriez, quand ils s'apercevront du délit, les priver du droit de le constater? Vous ne le pouvez pas, Messieurs, il faut que le commissaire de police puisse, à l'arrivée de la voiture publique, faire pour le gibier vendu en contravention de la loi, ce qu'on fait pour le tabac, pour la poudre de guerre achetés en fraude; il faut qu'il puisse vérifier entre les mains de l'acheteur, et à son domicile, le délit qui a été commis. »

Cet amendement a fait naître de vives discussions dans la Chambre des Députés. Il est bien à craindre qu'il ne donne aussi lieu à plus d'une difficulté dans la pratique.

Par quel moyen, en quel temps et en quel lieu l'achat du gibier pourra-t-il être recherché et constaté? L'acheteur ne sera-t-il punissable qu'autant qu'il aura été pris en flagrant délit? Le ministère public ne pourra-t-il pas au contraire le poursuivre sur des indices, sur de fortes présomptions comme en matière criminelle ordinaire?

C'est dans ce dernier sens que l'entendait l'auteur de l'amendement, comme nous venons de le voir.

Mais, objectaient les orateurs qui ont combattu sa proposition, vous allez violer le domicile des citoyens; vous allez les soumettre à une inquisition odieuse.

« Non, Messieurs, a-t-il répondu, il s'agit de constater un délit comme dans toute autre matière criminelle; or, les autorités judiciaires ne se permettent jamais d'envahir le domicile, à moins qu'il n'y ait des présomptions graves et des indices suffisants pour faire croire à l'existence de ce délit. »

M. *le garde des sceaux* a combattu ce système: « Il faut, a-t-il dit, que les lois arrivent à leur but sans mesures vexatoires. Je conçois bien qu'on punisse l'individu qui vient exposer en vente tel gibier, mais du moment que, pour punir l'acheteur, vous seriez obligé de faire des perquisitions au domicile de ce dernier, d'aller examiner dans la cuisine d'un citoyen quelle est la nature des provisions destinées à sa consommation, le but que voulez atteindre sera évidemment dépassé.

« Il faudrait même aller plus loin; il faudrait aussi punir quiconque aurait sur sa table tel ou tel gibier. Cela n'est pas possible; il faut renfermer la prohibition de la loi dans de certaines limites... »

M. *Maurat-Ballange* a insisté en ces termes: « Mais on dit: Si vous appliquez ce principe dans la loi que nous discutons, vous arrivez à des conséquences extrêmement fâcheuses, à la violation du domicile des citoyens que la loi ne peut environner de trop de garanties; c'est dans cet intérêt qu'a été rédigé l'art. 4. »

« Mais depuis quand, parce qu'on trouve plus ou moins de difficulté à constater un délit, recule-t-on devant l'application des principes qu'on a posés?

« Croyez-le bien, si vous admettez l'amendement de M. de la Plesse, dans une foule de circonstances, et tout en respectant le domicile des citoyens, la loi recevra son application. On ne peut raisonnablement soutenir le contraire, car toutes les ventes ne se font pas seulement dans l'intérieur du domicile, il s'en fait souvent dans les lieux publics; il y a donc des délits de complicité, qui peuvent être constatés facilement, sans pénétrer dans le domicile. »

M. *Gillon* a pensé qu'il était impossible d'autoriser des recherches plus qu'indiscrètes dans les parties les plus reculées de la maison des citoyens, et que personne ne pouvait songer à permettre des investigations persécutrices; il a demandé en conséquence que l'article fût de nouveau renvoyé à l'examen de la commission, qui verrait s'il ne serait pas possible, par exemple, de ne punir l'acheteur que quand il serait surpris en flagrant délit d'achat...

M. *Crémieux* a parlé à peu près dans le même sens: « Vous avez à décider, a-t-il dit, si parce que vous ne pouvez pas atteindre celui qui aura vendu, il faut arriver à la punition de celui qui aura acheté du gibier pour arriver à la constatation du délit, le suivre en quelque sorte jusque sur la table de l'individu qui a du gibier (Non! non!); rechercher jusque-là l'origine de ce gibier, car si vous voulez des complices, il faut les atteindre tous; et prenez-y garde, ce n'est pas seulement celui qui achète sur la place publique, qui est complice, mais celui qui l'a sur sa table; vous viendrez donc à la table d'un individu pour constater un délit. »

M. *de la Plesse* a répondu: « Messieurs, si la mesure proposée était encore inexpérimentée, je concevrais des inquiétudes, quoique peu fondées; mais je l'ai déjà dit à la Chambre, des arrêtés analogues ont été pris dans plusieurs villes; quel a été leur effet? La vente a-t-elle cessé? Eh! mon dieu non; le braconnier n'est plus allé au marché exposer publiquement la preuve de son délit; il s'est adressé à l'aubergiste, au conducteur des voitures publiques, et, après avoir vendu clandestinement le gibier qu'il avait apporté bien caché, bien soustrait à l'œil de la police, il a disparu aussitôt.

« Eh bien, sera-ce faire une inquisition odieuse que d'entrer chez l'aubergiste qui étalera derrière les carreaux de sa fenêtre le perdreau qu'il viendra d'acheter?

« Sera-ce faire une visite domiciliaire que d'inspecter, à son arrivée dans la capitale, la voiture publique qui y aura transporté le gibier acheté sur la route?

« Sera-ce enfin violer les lois protectrices du domicile des citoyens que d'entrer dans ces lieux de

de transporter (1) et de colporter du gibier pendant le temps où la chasse n'y est pas permise.

En cas d'infraction à cette disposition, le gibier sera saisi, et immédiatement livré à l'établissement de bienfaisance le plus

---

dépôt où ce même gibier attend des acheteurs, et de les prendre pour complices d'un acte qualifié délit par une loi formelle?

« Non, Messieurs, rassurez-vous, et croyez bien que nos officiers de police sauront concilier les droits justement chers aux habitants avec l'exécution de leurs devoirs, avec la recherche des délits, que vous voulez justement punir dans un intérêt d'ordre et de bien public.

« Je persiste dans mon amendement, et je supplie la Chambre de l'adopter comme le complément nécessaire, indispensable d'une sanction sans laquelle votre loi serait morte, et sans force aucune dès son origine. »

M. *Maurat-Ballange* a ajouté : « C'est une grande erreur de croire, qu'il est nécessaire pour constater les délits, de faire des procès-verbaux dans tous les cas; il y a une foule de cas où le délit peut être constaté autrement que par un procès-verbal; il peut l'être par la preuve testimoniale. Si le ministère public acquiert la certitude de l'existence d'un délit, et s'il peut prouver l'existence de ce délit autrement que par une perquisition, je le demande à ceux qui s'opposent à l'amendement de M. de la Plesse, dans ce cas même ne pourra-t-il pas poursuivre, tout en respectant le domicile? C'est précisément le cas qui se présente le plus ordinairement. »

Sur ces observations, l'amendement, mis aux voix, a été adopté.

Les dernières explications données par M. Maurat-Ballange déterminent clairement quelle est la portée de la prohibition de la loi; elles dictent au ministère public les règles de conduite qu'il devra suivre; il poursuivra l'achat dans tous les cas, et par tout moyen de preuve : mais il devra respecter le domicile, et s'abstenir de toute inquisition persécutrice.

Au surplus, et par surcroît de précautions, M. de Golbéry a proposé et fait admettre le paragraphe additionnel qui est le troisième de l'article, et qui porte :

« La recherche du gibier ne pourra être faite à « domicile que chez les aubergistes, chez les mar« chands de comestibles, et dans les lieux ouverts « au public. »

M. *de la Plesse* a vivement combattu cette disposition; il a prétendu qu'elle avait pour objet de faire tomber complétement celle qu'il avait proposée.

« En effet, a-t-il dit, les individus chez lesquels on veut permettre de faire des perquisitions n'auront jamais le gibier chez eux; ils auront des maisons tierces dans lesquelles ils le déposeront, et où l'on ne pourra pas exercer. Ainsi, c'est un moyen indirect de revenir sur ce que la Chambre a voté hier, et il n'est pas de la dignité de la Chambre de discuter un tel amendement.

Les prévisions de M. de la Plesse pourront bien se réaliser; mais il allait évidemment trop loin en disant que l'amendement de M. de Golbéry faisait complétement tomber le sien, il ne fait que l'expliquer; il était à craindre que les perquisitions à domicile entraînassent des abus, et c'est pour ce motif que ce moyen de preuve a été interdit; mais la prohibition de l'achat reste entière du reste; et comme le disait M. Maurat-Ballange, si le ministère public acquiert la certitude de l'existence d'un délit, et s'il peut en prouver l'existence autrement que par une perquisition, par la preuve testimoniale par exemple, il pourra le poursuivre, tout en respectant le domicile.

C'est ce qu'a exprimé M. *le garde des sceaux*, en disant dans son second exposé des motifs à la Chambre des Pairs :

« Les nouvelles mesures qui ont été adoptées auraient pu servir de prétexte à des visites domiciliaires, et donner lieu à des inquisitions vexatoires. Pour prévenir cet inconvénient, l'art. 4 a reçu un paragraphe additionnel, portant que la recherche du gibier ne pourra être faite à domicile que chez les aubergistes, chez les marchands de comestibles, et dans les lieux ouverts au public.

Toutefois si le fait indiqué par M. de la Plesse se réalisait, si l'aubergiste, le marchand de comestibles avait un dépôt dans une maison particulière, je crois que la perquisition dans cette maison serait licite. Ce qu'on n'a pas voulu permettre, c'est que le domicile de celui qui aurait acheté du gibier pour sa consommation personnelle, fût soumis à des recherches toujours fâcheuses. Mais le marchand qui achète dans l'intention de revendre, dans un but de spéculation, n'est pas protégé par la disposition de la loi : les perquisitions dans son domicile sont autorisées, et l'on doit considérer comme faisant partie de son domicile tout local qu'on lui loue ou qu'on lui prête pour exercer l'industrie réprouvée par la loi.

Sans doute il serait possible que les agents chargés de la constatation des délits dont il est question, abusassent de l'interprétation que je propose de donner à la loi. Ils pourraient, sous prétexte qu'une personne est complice de l'aubergiste ou du marchand de comestibles, avoir la prétention de s'introduire dans sa maison et d'y faire des recherches. Cet inconvénient est moins grave qu'on ne pourrait le penser. Il y a dans l'exécution des lois beaucoup de choses qu'il faut nécessairement laisser à la prudence de ceux qui en sont chargés, et croire qu'ils sauront discerner ce qui est l'accomplissement de leur devoir de ce qui serait un excès de zèle ou même un abus de pouvoir.

En un mot, le simple citoyen qui aura acheté du gibier sera puni, si le fait est prouvé; mais pour l'établir, on ne pourra point faire des recherches dans son domicile.

Quant au marchand, à l'aubergiste qui achète pour revendre, il sera également puni si le fait d'achat est prouvé contre lui; et, pour arriver à la preuve, on pourra faire des perquisitions dans tous les lieux où il aura placé le gibier objet de sa spéculation.

(1) Le mot *transporter* a été introduit ici par la Chambre des Députés, sur la proposition de M. *Leseigneur.*

Suivant les orateurs qui ont soutenu cet amendement, il était à craindre que le transport ne servît à déguiser le colportage du gibier et à en favoriser la vente secrète. L'interdiction absolue du transport était le seul moyen de rendre la loi efficace.

En sens contraire, on a soutenu que l'interdiction du transport était inconciliable avec la disposition de l'art. 2. Si vous donnez, a-t-on dit, au propriétaire le droit de chasser dans ses possessions closes et attenant à une maison d'habitation, il

voisin, en vertu, soit d'une ordonnance du juge de paix, si la saisie a eu lieu au chef-lieu de canton, soit d'une autorisation du maire, si le juge de paix est absent, ou si

faut qu'il puisse transporter le gibier qu'il aura tué de sa maison de campagne à sa maison de ville.

Mais on a répondu : Il est évident que ce n'est pas à la qualité de propriétaire possédant un terrain clos qu'on accorde le droit de chasse. C'est uniquement à raison de l'impossibilité de pénétrer dans son habitation que vous ne vous opposez pas à ce qu'il chasse en temps prohibé. Eh bien ! le privilége ne doit s'exercer que dans le cercle resserré dans lequel la nécessité l'a circonscrit ; il ne doit pas aller au-delà.....

En dehors de ce qui est commandé par des considérations puissantes, pourquoi la loi n'obligerait-elle pas le propriétaire à rentrer dans le droit commun? Sans cela, vous faites une loi de privilége.

La commission de la Chambre des Pairs n'hésita pas à adopter l'innovation introduite par la Chambre des Députés. M. *Franck-Carré*, dans son rapport, a fait très-bien ressortir les motifs de cette détermination.

Plusieurs difficultés se présentent sur l'application de la disposition qui interdit le transport du gibier en temps prohibé.

Premièrement, le transport est-il un délit propre, punissable dans tous les cas, et sans que le porteur puisse être admis à prouver que le gibier dont il se trouve nanti vient d'un clos attenant à son habitation ?

M. *Franck-Carré* a déclaré, dans son rapport, que le fait d'avoir le gibier en sa possession et de le transporter, est un délit *sui generis*, autre que le délit de chasse. « C'est le parc, a-t-il dit, et non le propriétaire qui est en dehors du droit commun, ou plutôt l'immunité s'applique à l'enclos, non au propriétaire de l'enclos; voilà pourquoi elle couvre le fait de chasse qui se passe dans le lieu clos, et pourquoi *elle ne peut s'étendre au transport, au colportage, à la vente, qui s'accomplissent nécessairement en dehors du lieu clos, en public.*

Ainsi, le porteur ne pourra se prévaloir de ce que le gibier vient de son clos, et il ne pourra jamais être admis à faire la preuve de ce fait, qui ne serait pas justificatif.

Cependant, M. *Gillon* a émis l'opinion contraire :

« On rencontre, a-t-il dit, un homme porteur de gibier, au temps où la chasse est défendue, cet homme, par cela seul, est punissable ; c'est l'époque de l'interdiction de la chasse qui rend répréhensible l'action de transporter le gibier. Le rapprochement de ces deux circonstances fait et constitue sa culpabilité : il n'y a rien autre à examiner que ces deux circonstances. La logique la plus déliée, la parole la plus ingénieuse sont impuissantes contre cette conséquence, qu'il y a délit dans la coïncidence des deux faits. Cependant on résiste, on se récrie. Mais, dit-on, comment donc le propriétaire de l'enclos, qui aura chassé légitimement, échappera-t-il à une poursuite? Si on le rencontre transportant de sa maison des champs à son habitation de ville le gibier qu'il a tué, comment se soustraira-t-il à la punition? *En prouvant que ce gibier n'a pas été acheté par lui, mais qu'il l'a abattu sur sa propriété enclose.* D'abord ce cas est rare, en comparaison des cas nombreux de transport de gibier faits par des braconniers, des maraudeurs, des traficants de gibier.

Or, pour un cas exceptionnel, pourrions-nous consentir à renoncer à une règle sage et ferme, qui est réclamée pour des circonstances très-fréquentes? J'ajoute que le propriétaire pour lequel on fait un appel si instant à ma sollicitude, a un moyen fort simple de se mettre à couvert de toute recherche inquisitoriale et à l'abri de toute poursuite judiciaire. C'est de prendre de l'autorité locale une attestation qui constate la vérité. Si notre désir de punir ceux qui transportent le gibier passe dans la loi, il est évident qu'une telle attestation sera le moyen le plus simple comme le plus sûr, pour le propriétaire de l'enclos, de n'être pas poursuivi au sujet du gibier trouvé en sa possession par l'employé de l'octroi, par exemple, qui, à l'entrée de la ville, visite sa voiture. (C'est vrai !) Cette précaution vaudra mieux que d'assigner des témoins, qui déposeront du fait heureux de chasse dans son enclos, lorsqu'il sera traduit devant le tribunal au sujet de ce gibier trouvé en sa possession au temps défendu. Ainsi, le propriétaire n'est pas exposé à la persécution par cela qu'on punira le transport. »

Ainsi M. Gillon était d'avis que le propriétaire peut être admis à prouver que le gibier qu'il transporte vient de sa propriété close, mais la Chambre n'a pas adopté cette opinion, et l'on voit sans cesse la discussion s'appuyer sur le principe opposé. En effet, le plus grand reproche adressé à l'amendement de M. Leseigneur par ses adversaires a été qu'il ôtait au propriétaire tout moyen d'apporter à la ville le gibier qu'il aurait légalement tué dans sa maison de campagne.

« Un propriétaire, disait M. *Vatout*, va le dimanche chasser dans son parc à quatre lieues de Paris ; il chasse selon la faculté que vous lui avez accordée par votre art. 2 ; il tue quelques pièces de gibier ; qu'en fera-t-il? Voilà ce que je demande. (Exclamations !) Il est seul dans sa maison de campagne.

« Il ne peut pas manger son gibier. S'il le donne à son voisin, M. Gillon dira : Il y a là un vendeur et un acheteur ; il faut verbaliser contre ces deux *braconniers*.

« S'il l'envoie à Paris, à ses amis, M. de Morny dira : Ses amis s'appellent Chevet ou Corcelet ! Il ne le donne pas, il le vend ! Enfin, s'il veut le rapporter chez lui, on l'arrête à la barrière !..... En vérité, c'est entendre d'une manière singulière la liberté ! »

M. *Glais-Bizoin* a répondu : « Il mangera son gibier sur son domaine ; il le consommera sur place ; il invitera ses amis de campagne ! »

Ainsi, on doit tenir pour certain que le propriétaire, porteur du gibier tué dans son clos, ne pourra s'excuser sur ce que ce gibier lui vient d'une cause légitime. Le rapport supplémentaire de M. *Lenoble* à la Chambre des Députés confirme cette interprétation de la manière la plus expresse.

« Le projet de loi que vous avez voté, y est-il dit, ne prononçait dans aucun cas la saisie du gibier. Le motif avait été celui-ci : c'est que le résultat d'une poursuite, entrevu d'une manière générale, peut être un acquittement, et que la restitution du gibier est impossible.

« A l'égard du chasseur, cette considération subsistera toujours; car, en supposant que la saisie du gibier soit praticable sur sa personne, sans qu'il en résulte une lutte, ce qui est contestable, il est certain que les circonstances d'un fait complexe

la saisie a été faite dans une commune autre que celle du chef-lieu. Cette ordonnance ou cette autorisation sera délivrée sur la requête des agents ou gardes qui au-

---

comme celui de chasse peuvent être appréciées par les tribunaux sous un point de vue tout autre que par le rédacteur du procès-verbal, et qu'un acquittement peut en être la suite.

« Mais à l'égard des personnes auxquelles sont applicables les prohibitions portées dans le paragraphe 1er de l'art. 4, il faut reconnaître que, dans aucun cas, *il ne pourra y avoir acquittement.* Pour elles, la possession du gibier, constatée hors du domicile, est toujours un délit. Le fait seul de l'existence du gibier, dans ce cas, constitue le délit d'une manière absolue, *et il n'y a pas lieu d'admettre une excuse, même celle qui s'appuierait sur la provenance légitime de ce gibier.* »

On a demandé, en second lieu, si le gibier étranger pourra être transporté en France, dans le temps où la chasse est interdite.

J'ai déjà exprimé mon opinion à ce sujet. (Voy. *suprà*, notes, p. 107.)

M. *Delespaul* a trouvé qu'il pourrait s'élever des difficultés à cet égard.

« D'après les explications qui ont été consignées à la page 3 du rapport supplémentaire de M. Lenoble, a-t-il dit, il me paraît hors de doute que la disposition qui prohibe le transport du gibier pendant le temps où la chasse n'est pas permise, devra être appliquée par les tribunaux, même dans le cas où il s'agirait de gibier de provenance étrangère, introduit en France moyennant les droits de douane.

« M. le rapporteur a dit, en effet, qu'aucune excuse ne pourrait être admise par les tribunaux, même celle qui s'appuierait sur la provenance légitime du gibier. Inutilement donc, pour se mettre à couvert soit d'un procès-verbal, soit d'une saisie, l'introducteur du gibier étranger représenterait-il la quittance constatant que le droit a été payé, l'excuse sera repoussée. Pourtant, Messieurs, comment concilier ces deux idées, en apparence si contradictoires, l'introduction facultative en France du gibier étranger, moyennant un droit, la saisie de ce même gibier à la frontière dès qu'il aura franchi le rayon? Voilà la difficulté.

« Les états de douanes font voir qu'en 1840, par exemple, il est entré pour 156,000 fr. de gibier étranger. Il n'y a pas d'époque fixée pour l'entrée de ce gibier; il arrive en tout temps, en toute saison, sous la seule condition d'acquitter le droit.

« Il y a donc défaut d'harmonie entre notre législation douanière et la disposition sur laquelle nous sommes appelés à voter. Je ne propose aucun amendement; je me borne à signaler la difficulté au gouvernement, et à l'inviter à prendre des mesures nécessaires pour la faire cesser. »

M. *le garde des sceaux* a répondu : « Il n'y a pas de contradiction; la loi que nous discutons établit un droit nouveau. Eh bien! on l'appliquera. »

M. *Luneau* a ajouté : « Il est évident, comme vient de le faire observer M. le garde des sceaux, que la prohibition du gibier étranger n'existera pas pendant le temps où la chasse sera permise; seulement, on ne pourra l'introduire en France pendant le temps où la chasse sera interdite. Or, d'après les états de douanes, si l'on veut les compulser, on verra que presque tout le gibier étranger, qui est introduit en France, arrive pendant que la chasse est ouverte. Donc, il n'y a pas à s'alarmer de la disposition. Le gibier étranger sera introduit comme par le passé; seulement, il sera prohibé pendant le temps où la chasse sera interdite. »

Enfin, une troisième difficulté se présente. La chasse est ouverte dans un département, et fermée dans un département voisin; pourra-t-on transporter dans ce dernier le gibier tué dans celui où la chasse est encore ouverte?

J'ai déjà établi que le texte tranche cette question; mais M. *de Montozon* a signalé l'inconvénient qui, selon lui, résulterait de l'interdiction du transport sous ce rapport.

« La chasse, a-t-il dit, ne s'ouvre pas et ne se ferme pas dans tous les départements à la même époque. Ainsi, par exemple, dans le département auquel j'appartiens, la chasse est prohibée à compter du 1er janvier, et on a raison de le faire, parce que c'est pendant les mois d'hiver que le braconnage détruit particulièrement le gibier, pendant les temps de neige. Dans le département de la Seine, au contraire, et dans beaucoup d'autres, la chasse n'est fermée qu'au mois de mars. On pourra donc expédier de Paris du gibier pour le département du Pas-de-Calais, par exemple, et on ne pourra pas en envoyer dans le département du Nord. »

« On pourra manger légalement du gibier à Arras, et on ne pourra le faire à Lille. Il faudra donc que dans tous les bureaux de messageries il y ait le tableau des époques d'ouverture et de fermeture de la chasse dans les divers départements. Pour savoir où il est permis ou défendu d'envoyer du gibier, vous tomberez, vous le voyez, si vous interdisez le transport d'une manière absolue, dans une foule d'inconvénients qui produiront des contradictions choquantes, des vexations intolérables, sans pouvoir atteindre, encore à ce prix, je le répète, le but que vous avez en vue. »

M. *Havin* a répondu : « Je n'ai qu'un mot à dire pour répondre à M. de Montozon, c'est que ses observations s'appliquent à toute la loi. (Oui! oui!) »

Cette réponse est juste, l'interdiction de transporter le gibier, celle de le vendre, de l'acheter, etc., sont toutes mises sur la même ligne par la loi; et, soit qu'il s'agisse de leur étendue, soit qu'il s'agisse de leur application, tout ce qu'on peut dire de l'une doit se dire aussi de l'autre; c'est bien ainsi que l'entend M. Lenoble dans la partie de son rapport supplémentaire, que j'ai rapportée plus haut. « Dans toutes les prohibitions portées au paragraphe 1er de l'art. 4, dit-il, il n'y a pas lieu d'admettre une excuse, même celle qui s'appuierait sur la provenance légitime du gibier.

« Le gibier tué dans un département où la chasse est permise ne pourra donc être ni transporté, ni acheté, ni vendu dans le département voisin où la chasse sera prohibée. »

Lors de la discussion de l'art. 9 à la Chambre des Députés, on a demandé ce qu'on fera d'un lapin que l'on aura tué comme animal malfaisant; sera-t-il permis de le vendre? M. *Crémieux* a répondu : « Non, vous serez obligé de le manger, vous l'avez voulu ainsi. »

Mais celui qui l'aura tué ne pourra-t-il pas le porter du lieu où il l'a tué jusque dans sa maison?

Il paraîtrait bien rigoureux de répondre négativement, c'est là au surplus une circonstance exceptionnelle et dont les tribunaux ne pourront être

ront opéré la saisie, et sur la présentation du procès-verbal régulièrement dressé (1).

saisis fréquemment. Au surplus, s'ils le sont, on sera, je crois, fondé à plaider devant eux que le lapin réputé animal malfaisant et qui, par ce motif, aura été tué sans qu'il y ait délit de chasse, devra être encore considéré comme tel dans le transport jusqu'à la maison de celui qui l'aura tué. On n'a pas à craindre que l'on abuse de cette décision ; d'une part, on ne pourra en argumenter qu'autant qu'il s'agira d'animaux dont la destruction sera autorisée comme animaux malfaisants ; en second lieu, le transport pour ceux-ci ne sera point autorisé d'une manière indéfinie ; la présomption sera contre celui qui en sera trouvé porteur ; et, pour échapper à l'application de la peine, il sera obligé de prouver qu'il ne faisait que parcourir l'espace entre le lieu où il avait tué l'animal et sa maison.

On a demandé à la Chambre des Pairs si la prohibition s'applique au gibier vivant : la réponse a été et devait être affirmative. Déjà des saisies ont été faites et des condamnations prononcées.

Il faut décider de la même manière pour le gibier cuit. L'aubergiste ou le marchand de comestibles essaierait inutilement d'établir, sous ce rapport, une distinction. La loi ne l'admet point, et elle a eu raison de ne point l'admettre, car elle aurait par là donné le moyen d'éluder facilement ses dispositions.

(1) Ce paragraphe a été présenté par M. le comte *Beugnot* en ces termes : « En cas d'infraction, le gibier sera saisi. Le procès-verbal de saisie sera présenté immédiatement au juge de paix, ou, à son défaut, au maire qui pourra ordonner que le gibier sera livré à l'établissement de bienfaisance le plus voisin.

Il a développé sa proposition en disant : « La Chambre remarquera que ce n'est pas un amendement à la loi que je lui présente. C'est une lacune que je lui fournis le moyen de combler. Il est évident que si le gibier n'est pas saisi lorsqu'il y aura eu infraction au premier article de la loi, les délits se multiplieront à l'infini. Ainsi, un marchand qui aura exposé une pièce de gibier et qui aura ainsi commis une infraction, se verra exposé à un procès-verbal. Mais, après ce procès-verbal, si nous ne prenons pas un moyen de lui retirer l'instrument du délit qu'il a entre les mains, ce délit se perpétuera à l'infini, jusqu'à l'instant de la destruction définitive du gibier. Eh bien ! je propose, immédiatement après le procès-verbal, d'opérer la saisie du gibier, qui sera ensuite présenté à l'officier public chargé d'examiner s'il faut ou non valider la saisie ; s'il déclare la saisie valide, il n'est pas possible de laisser au délinquant le moyen de continuer son délit ; j'ai cru dès lors qu'il était sage et naturel d'ordonner le dépôt du gibier à l'établissement de bienfaisance le plus voisin, hospice ou bureau de charité. Ce dernier point sera déterminé par les circonstances locales.

« Je prie la Chambre de remarquer qu'il ne s'agit pas ici du gibier saisi sur le chasseur ; dans aucun cas, il ne pourra l'être, ainsi qu'un article subséquent l'indique. Il ne s'agit que du gibier saisi dans les cas prévus par l'art. 4, c'est-à-dire quand il y a mise en vente, transport ou colportage.

« Je crois que si mon amendement n'était pas introduit dans la loi, dans certains cas elle serait inefficace, et, dans d'autres, elle donnerait lieu à des injustices flagrantes. »

M. *le rapporteur*, au nom de la commission, a donné son assentiment à la proposition de M. le comte Beugnot. « Voici nos motifs, a-t-il dit : lorsque nous avons examiné la question de savoir s'il fallait saisir le gibier en cas de contravention, nous avons été d'abord arrêtés par la loi de 1790. Cette loi punissait les délits de chasse, mais elle défendait expressément de désarmer les chasseurs ; vous comprenez quel avait été le motif de cette disposition. On avait voulu éviter les rixes qui auraient pu avoir lieu entre le chasseur et le garde. Eh bien ! ce motif avait paru le même lorsqu'il s'agissait d'enlever au chasseur le gibier placé dans son carnier : le chasseur pourra vouloir défendre son gibier comme il aurait défendu son fusil. Il y a donc impossibilité que le garde saisisse le gibier du chasseur. M. le comte Beugnot ne demande pas cela ; il demande qu'on dispose qu'en cas des délits spécifiés dans l'art. 4, c'est-à-dire que, dans le cas de mise en vente, de vente, de colportage ou de transport, par conséquent dans des cas où des inconvénients dont nous venons de parler ne sont pas à craindre, il puisse y avoir saisie. La commission s'était déjà occupée de cette question ; elle avait trouvé que cette disposition pouvait être fort utile, mais qu'elle présentait quelques difficultés d'exécution.

« L'utilité de la disposition me paraît incontestable, comme le disait tout à l'heure M. le comte Beugnot ; il est impossible que vous laissiez entre les mains du délinquant l'instrument du délit. Si les agents chargés de la recherche de ces infractions trouvaient chez un marchand de comestibles une grande quantité de gibier, pour une valeur, par exemple, de 4 à 500 fr., est-il possible de laisser chez ce marchand une telle quantité de gibier, dont la valeur dépasserait le taux de l'amende qui doit le frapper? Non, car ce marchand aurait intérêt à le vendre ; vous l'exposeriez à la tentation. Il y a plus : en lui laissant le gibier, vous l'exposez à ce que d'autres agents viennent constater de nouveau le délit, et lui fassent payer une seconde amende.

« Mais, Messieurs, si la mesure proposée est utile, elle est d'une exécution difficile, et c'est là ce qui a arrêté votre commission.

« Il ne suffit pas de saisir le gibier. Qu'en fera-t-on ? Dans le cas ordinaire, on dépose le corps du délit au greffe, puis la justice intervient au bout de quinze jours ou un mois ; elle prononce son jugement, et, s'il y a condamnation, la confiscation de l'objet saisi est ordonnée. Mais il ne peut pas en être de même du gibier, le gibier tué se détériore, se détruit de lui-même, et un mois après la saisie le corps du délit n'existe plus. »

« Il s'agissait donc de résoudre cette difficulté. M. le comte Beugnot a trouvé la solution. La voici : Le procès-verbal de saisie sera immédiatement présenté à un magistrat judiciaire ou administratif, le maire ou le juge de paix. Ce magistrat pourra ordonner que le gibier soit livré à l'établissement de bienfaisance le plus voisin.

« Ainsi, M. le comte Beugnot, par l'intervention du magistrat, donne satisfaction à toutes les craintes, à tous les scrupules. Alors, il n'appartient plus à celui qui a fait la saisie de disposer du gibier, il faudra qu'il se présente chez le maire ou chez le juge de paix, qui ordonnera l'envoi du gibier à l'établissement de bienfaisance le plus voisin.

« Par ces motifs, votre commission donne son

La recherche du gibier ne pourra être faite à domicile que chez les aubergistes, chez les marchands de comestibles et dans les lieux ouverts au public (1).

Il est interdit de prendre ou de détruire (2), sur le terrain d'autrui, des œufs et des cou-

---

assentiment à la proposition de M. le comte Beugnot. »

Sur la rédaction de M. le comte Beugnot, on s'était demandé : si le juge de paix aurait la faculté d'ordonner ou de ne pas ordonner l'envoi du gibier saisi à l'établissement de bienfaisance. M. *de Boissy* fit observer que le sujet avait de la gravité et qu'il était bon d'ajourner le vote jusqu'à ce que la commission se fût réunie pour l'examiner.

M. *Teste* a appuyé cette proposition. « Je suis convaincu, a-t-il dit, et j'aurais pu le vérifier promptement, qu'il y a des dispositions analogues à celles proposées par M. le comte Beugnot, dans le Code de la pêche fluviale. Je ne sais pas si la proposition de M. le comte Beugnot s'harmonise complétement avec les dispositions de ce Code, qui ont trait à la saisie du poisson, et je voudrais avoir le temps de vérifier cela. »

La proposition fut donc renvoyée à la commission, qui s'en occupa aussitôt; et M. le rapporteur fit ainsi connaître le résultat de son travail :

« M. le comte Beugnot, dit-il, a proposé un amendement à ajouter après le paragraphe 1er de l'art. 4. Votre commission a déclaré qu'elle donnait son assentiment à cet amendement ; mais des observations ont été faites, et l'on a critiqué la rédaction. L'honorable M. Teste a demandé que cette rédaction fût mise en harmonie avec une disposition analogue du Code de la pêche fluviale. Votre commission s'est livrée à ce travail, et voici la rédaction qu'elle a l'honneur de vous proposer, et qui reproduit à peu de chose près l'article du Code sur la pêche fluviale.

« En cas d'infraction (il s'agit d'infraction à « l'art. 4) à cette disposition, le gibier sera saisi et « immédiatement livré à l'établissement de bienfaisance le plus voisin, en vertu d'ordonnance « du juge de paix si la saisie a eu lieu au chef-lieu « de canton, ou, dans le cas contraire, d'après « l'autorisation du maire de la commune. Ces ordonnances ou autorisations seront délivrées sur « la réquisition des agents ou gardes qui auront « opéré la saisie, et sur la présentation du procès-« verbal régulièrement dressé. »

M. *Teste* a demandé que les ordonnances fussent déclarées exécutoires sur minute.

M. *le garde des sceaux* a ajouté : « On dit : « En « vertu d'ordonnance du juge de paix, si la saisie « a eu lieu au chef-lieu de canton ; » je crois qu'il faudrait dire : « En cas d'absence du juge de paix, « par le maire. »

M. *le rapporteur* a répondu : « Nous avons copié littéralement l'article de la loi sur la pêche fluviale. »

M. *le président* a dit : « La commission adhère à la modification proposée par M. le garde des sceaux. »

Le paragraphe a été adopté.

La saisie, il faut bien le remarquer, n'est autorisée qu'au cas d'infraction à la prohibition de mettre en vente, de vendre, d'acheter, de transporter et de colporter du gibier. Cette mesure n'est donc pas applicable au chasseur porteur du gibier qu'il vient de tuer. Cependant, on pourrait dire qu'il transporte ce gibier; mais l'art. 25 défend de saisir et de désarmer les chasseurs. Cette disposition, empruntée à la loi de 1790, a été inspirée par la crainte qu'une collision ne s'engageât entre le chasseur et l'agent de la force publique, et qu'une lutte avec un homme armé n'eût des conséquences funestes. Les mêmes dangers certainement se présenteraient si l'on voulait saisir sur le chasseur le résultat de sa chasse. Mais ne doit-on pas distinguer entre celui qui est encore en chasse, et celui qui, après avoir cessé de chasser, revient chez lui, portant le gibier qu'il a tué? Je crois qu'en effet cette distinction doit être faite; mais beaucoup de circonspection sera nécessaire dans l'application. Tant que le chasseur sera dans les champs ou sur les routes, tant qu'il lui sera possible de soutenir qu'il est encore en chasse, il me semble que la saisie ne sera pas possible : si, au contraire, il est déjà revenu dans la ville, s'il est dans une voiture qui le ramène à son domicile, si, en un mot, les circonstances sont telles qu'évidemment la chasse ait cessé, je ne vois pas pourquoi on n'appliquerait pas la disposition qui ordonne la saisie. D'ailleurs, la crainte de provoquer une lutte doit être moins grave dans les cas qui viennent d'être indiqués. Enfin, on voit, dans l'art. 25, que le législateur ne fait pas tout céder à cette considération.

Qu'arriverait-il, si, après la saisie effectuée et la livraison faite à l'établissement de bienfaisance, le prévenu d'avoir vendu ou colporté du gibier était acquitté, et s'il résultait des termes du jugement ou de l'arrêt que le fait de la vente, du transport ou du colportage était licite au moment où il avait lieu? La perte du gibier donnerait-elle droit à une indemnité ou à une action en dommages-intérêts, et contre qui cette action pourrait-elle être exercée? Évidemment, ce ne serait pas contre l'établissement de bienfaisance, qui a été purement passif, et qui s'est borné à recevoir ce qu'on lui donnait. La réparation ne pourrait être demandée qu'à l'auteur de la saisie ou au magistrat qui l'aurait sanctionnée; mais, à moins qu'il n'y eût forfaiture caractérisée, ce qui ne se présentera pas vraisemblablement, aucune action ne pourra être exercée contre le fonctionnaire dont le zèle excessif, l'ignorance ou la legereté aura eu les conséquences fâcheuses dont je viens de parler.

(1) Ce paragraphe, comme je l'ai déjà dit, a été admis par la Chambre des Députés, sur la proposition de M. de Golbéry. Voy. p. 109.

(2) Le projet de loi disait : « Il est interdit de mettre en vente, de vendre, de colporter, de prendre ou de détruire, etc.... » M. *de Morny* a proposé, à la Chambre des Députés, de supprimer les mots : « mettre en vente, vendre et colporter, » et de donner au paragraphe la rédaction actuelle.

« En voici, a-t-il dit, la raison : Lorsqu'on est venu interdire, par l'article précédent, la vente et l'achat du gibier, on faisait bien, et surtout on pouvait le faire d'une manière absolue ; mais remarquez qu'il n'est pas possible d'interdire, d'une manière absolue, la vente des œufs, parce qu'il y a beaucoup de fermiers qui élèvent des œufs pour les vendre aux propriétaires. C'est un commerce, à tout prendre, très-licite. Et vous détruisez complétement ce commerce-là, et ce commerce-là concourt au but que votre loi se propose, c'est-à-dire à l'entretien et à la reproduction du gibier en France.....

« Or, je vous demande comment vous pourrez

vées de faisans, de perdrix et de cailles (1).

5 (2). Les permis de chasse seront délivrés, sur l'avis du maire et du sous-préfet (3), par le préfet du département dans

distinguer ceux qui vendront les œufs qui proviendront des poules qu'ils élèveront de ceux qui vendront des œufs pris chez autrui. La seule chose que vous pouvez faire, c'est d'empêcher la destruction et la prise de ces œufs sur le terrain d'autrui ; car c'est alors la propriété du possesseur du champ.

« Je crois que l'article ainsi amendé sera parfaitement efficace. »

M. *Vatout* a ajouté qu'il arrive de l'étranger un grand nombre d'œufs qui servent à reproduire le gibier en France ; qu'en conséquence, si on empêchait la vente et le colportage, on empêcherait aussi l'introduction de ces œufs qui ont pour but de propager le gibier.

M. *Genoux* a dit, en outre : « Lorsque ceux qui fauchent les prairies artificielles trouvent des œufs de perdrix ou de cailles, habituellement ils les vendent ; si vous les empêchez de les vendre, ils les détruiront. »

L'amendement de M. de Morny a été adopté.

Mais il ne faut pas conclure des paroles de M. Genoux que ceux qui fauchent des prairies artificielles appartenant à autrui puissent y prendre des œufs. Le paragraphe le défend expressément.

M. *Donatien-Marquis* a soutenu que le paragraphe était inutile, parce qu'on ne peut pas plus prendre des œufs qu'autre chose sur le terrain d'autrui.

M. *le garde des sceaux* a répondu qu'il fallait bien que le paragraphe subsistât, pour qu'il y eût une peine attachée à l'infraction.

(1) M. *Delespaul* a proposé d'ajouter : *d'oiseaux autres que les oiseaux de proie et les petits de toute espèce de gibier.*

« Pourquoi, a-t-il dit, la protection du paragraphe final, qui est maintenant en discussion, n'est-elle accordée qu'à trois espèces de volatiles : les faisans, les cailles et les perdrix ? Quelle raison y aurait-il de ne pas l'étendre à tout ce qui est gibier ? J'avoue, Messieurs, que je n'en aperçois aucune.

Que se passe-t-il ? On conduit dans les champs, dans les bois, des chiens dont l'unique occupation, pendant que le maître travaille, est de chercher et d'étrangler le gibier qui n'est pas d'âge à se défendre par la fuite, de fureter dans les sillons pour y découvrir et dévorer les jeunes lièvres. Pourquoi ne pas comprendre dans l'interdiction tout ce qui est gibier, non seulement les petits lièvres, mais les couvées d'oiseaux, de quelque espèce que ce soit ? »

On a répondu que le but auquel M. Delespaul voulait parvenir était déjà atteint par l'art. 9, qui autorise les préfets à faire des arrêtés pour prévenir la destruction des oiseaux. « Cette disposition, a dit M. *Barrillon*, donne le moyen d'assurer la conservation des couvées tout aussi bien que celle des oiseaux. Et il est inutile d'insérer dès à présent, dans l'article en discussion, une interdiction déjà prévue par le projet. »

M. Delespaul a retiré son amendement sur cette explication. Mais, dans la discussion sur l'art. 9, il l'a reproduit sans plus de succès.

Est-ce à dire qu'il sera permis de prendre ou détruire les petits levreaux, les jeunes faons, etc. ? Evidemment non. Les petits des animaux sont *gibier* comme les animaux eux-mêmes, et l'on ne pourra les chasser ou les détruire par aucun moyen dans le temps où la chasse est prohibée. Or, ce n'est guère qu'à cette époque que les animaux mettent bas, et la chasse ne s'ouvre que lorsque leurs petits ont déjà assez de force pour s'enfuir. Reste la faculté accordée aux préfets de prévenir la destruction des oiseaux.

(2) Voy. l'exposé des motifs sur cet article.

(3) M. *de Boissy* a demandé si le préfet serait lié par l'avis du maire ou du sous-préfet. « Ne pourra-t-il pas arriver, a-t-il dit, que le maire fasse un rapport inexact sur un individu qui ne sera pas son ami, qui l'aura blessé ou qui lui aura fait un procès ? Ne pourra-t-il pas arriver aussi que le préfet, qui ne peut pas connaître chacun des individus qui demandent des permis de chasse, soit influencé par le rapport du maire ; dans ce cas qu'arrivera-t-il ? Le préfet refusera-t-il à un individu qui a de grandes propriétés le droit de chasser chez lui ? J'accorde, sans doute, une grande autorité à l'avis du maire et du sous-préfet, mais je voudrais que le préfet eût la faculté d'accorder le permis contrairement à cet avis du maire, car, encore une fois, je ne voudrais pas que celui qui a le droit de chasser sur une grande étendue de propriété fût dans la dépendance d'un maire. »

M. *le comte Roy* a répondu : « L'art. 5 ne dit pas : *seront délivrés conformément* à l'avis du maire et du sous-préfet, mais *sur* l'avis du maire et du sous-préfet. Or, tous les jours il arrive que sur des propositions faites par tels et tels, et après l'avis des *autorités inférieures* donné dans tel ou tel sens, le préfet ou le ministre décide autrement. Ici, par cela seul qu'il n'y a pas *conformément à l'avis*, mais simplement *sur l'avis*, le préfet sera toujours juge et fera ce qu'il croira convenable. »

M. *le comte de Tascher* a désiré que la commission lui dît si le préfet, après l'avis du maire et du sous-préfet, pourra refuser.

« La commission répond, a dit M. le rapporteur : Non seulement *pourra*, mais *devra* dans certains cas. »

M. *le chancelier* a ajouté : « Un avis demandé n'est jamais obligatoire. Ainsi, l'avis du maire et celui du sous-préfet, contraires ou favorables, ne lieront point le préfet. »

Lors de la discussion à la Chambre des Députés, M. *Durand* (de Romorantin) a demandé qu'on réservât ces mots, *sur l'avis du maire ou du sous-préfet*, jusqu'à ce que la Chambre eût adopté ou rejeté l'art. 6. « Si le préfet, a-t-il dit, n'avait plus le droit de refuser le permis de chasse, et il ne l'a plus d'après l'amendement de la minorité de la commission adopté par la majorité, je demanderais alors la suppression des mots, *sur l'avis du maire ou du sous-préfet* ; car je ne concevrais pas qu'on exigeât un avis qui ne pût avoir aucune influence sur la délivrance ou la non délivrance du permis de chasse. »

M. *Crémieux* a fait remarquer que la réponse à cette objection se trouvait dans l'art. 6 lui-même. « Cet art. 6, a-t-il dit, qui semble à notre honorable collègue avoir aboli l'avis qui devait être demandé au maire ou au sous-préfet, ne l'abolit nullement ; car il signale sept ou huit catégories de personnes auxquelles le préfet peut refuser le permis de chasse. Or, pour savoir si le demandeur se trouve dans une de ces catégories, qui est-ce qui peut l'apprendre ? C'est le maire, c'est le sous-préfet. »

« Plus nous restreindrons le droit du préfet de

lequel celui qui en fera la demande aura sa résidence ou son domicile (1).

La délivrance des permis de chasse donnera lieu au paiement d'un droit de quinze francs (15 fr.) au profit de l'Etat, et de dix francs (10 fr.) au profit de la commune, dont le maire aura donné l'avis énoncé au paragraphe précédent (2).

---

refuser arbitrairement le permis de chasse, plus nous fixerons de catégories, plus il sera nécessaire que le préfet soit entouré de lumières, qu'il ne peut tenir que du sous-préfet ou du maire. »

Sera-t-il nécessaire de prendre à la fois l'avis du maire et celui du sous-préfet? Ou bien, au contraire, suffira-t-il de prendre l'avis de l'un ou de l'autre, au choix du postulant?

La conjonction *et* qu'emploie l'art. 5 est assez significative, et ne permet guère de penser que l'avis du maire seul puisse suffire. Cependant, M. Crémieux paraissait supposer le contraire, en disant : « Cet art. 6, qui semble à notre honorable collègue avoir aboli l'avis qui devait être demandé *au maire ou au sous-préfet*.... » Mais il faut remarquer que M. Crémieux répondait à M. Durand (de Romorantin) qui avait lu l'art. 5 de la manière suivante : « Les permis de chasse seront délivrés sur l'avis du maire *ou* du sous-préfet. » Il est évident que ces deux orateurs ne se sont servis de la disjonctive *ou* que par inadvertance.

(1) On a hésité quelque temps sur le point de savoir par quel préfet serait délivré le permis de chasse. Le projet de loi donnait compétence au préfet du département de la résidence; la Chambre des Pairs a attribué ce droit au préfet du domicile; enfin, la commission de la Chambre des Députés a proposé de s'en rapporter au préfet du lieu de la résidence ou du domicile. Voici comment M. *Lenoble*, dans son rapport, a exposé les motifs de cette détermination :

« Les permis de chasse sont délivrés sur l'avis du maire de la commune du domicile de celui qui le demande; ils sont délivrés par les préfets, sur l'avis du sous-préfet. Ce sont les termes de l'art. 5. Mais votre commission ne peut manquer de vous faire observer que l'obligation de se pourvoir près le maire du domicile pourra, en pratique, faire naître des difficultés, occasionner des retards, sans but utile bien apparent; car s'il est vrai qu'un citoyen est bien connu dans le lieu de son domicile, il est vrai aussi que, dès l'instant où il a une résidence séparée de son domicile, il sera suffisamment connu dans cette résidence pour que le maire de la commune puisse s'expliquer sur son compte. D'un autre côté, on ne peut disconvenir que la taxe de 10 fr., ajoutée au prix du permis de chasse, l'a été en vue de l'intérêt des communes pauvres, par conséquent des communes rurales, et que la mesure proposée aurait pour résultat d'en faire profiter les villes. Ces considérations ont déterminé votre commission à admettre que l'avis préalable du maire pourra être donné indistinctement, et dans le lieu du domicile et dans le lieu de la résidence, au choix de celui qui le demandera, et que la taxe de 10 fr. profitera à la commune dont le maire aura donné l'avis. Elle vous propose un amendement dans ce sens. »

(2) De nombreux amendements ont été proposés sur ce paragraphe.

M. *Rémilly* a présenté la rédaction suivante : « La délivrance des permis de chasse donnera lieu au paiement : 1° du droit de 15 fr. au profit de l'Etat; 2° d'une taxe spéciale de 5 fr. par chien au profit de la commune du domicile du permissionnaire; 3° et d'un droit de 5 fr. au profit des communes rurales les plus nécessiteuses du département où aura été délivré le permis. Le produit de ce droit sera réparti annuellement par le conseil général du département, sur la proposition du préfet. »

M. *Rémilly* a surtout insisté sur la nécessité d'un impôt sur les chiens de luxe, que, a-t-il dit, « on réclame en France depuis trente ans, et qui est déjà établi en Angleterre et en Belgique. »

M. *le garde des sceaux*, tout en reconnaissant qu'il y a de bonnes raisons en faveur de cette proposition, a fait observer que c'était une véritable question d'impôt qui pourrait se discuter à l'occasion du budget, et qui devrait nécessairement s'étendre, non pas seulement aux chiens de chasse, mais à tous les chiens de luxe.

M. *Richons des Brus* a demandé la suppression du droit de 10 fr., attribué aux communes dont le maire aura donné l'avis.

L'impôt de 15 fr. au profit de l'Etat lui a paru suffisant, et il ne voit aucune raison plausible d'en élever le prix.

M. *de la Plesse* a proposé d'établir un droit de 10 fr. au profit de l'État, et de 10 fr. au profit des communes. Il est à craindre, selon lui, que si l'on élève le prix des permis de chasse à 25 fr., cette augmentation de prix n'en fasse considérablement diminuer le nombre.

M. *Mortimer Ternaux* a demandé qu'on attribuât le nouveau droit de 10 fr. au département dont le préfet aurait délivré le permis de chasse, et que cette recette fût comprise dans celles de la section 2 du budget départemental.

« Les départements, a-t-il dit, ont à pourvoir à un grand nombre de dépenses dans l'intérêt de l'agriculture. Il est nécessaire de leur créer des revenus. »

M. *Lahaye-Jousselin* a pensé que les sommes attribuées aux communes devraient être réunies en une seule masse, dans chaque département, pour être ensuite partagées par les préfets à raison de la contenance des communes.

M. *Roul* a demandé aussi la réunion de ces sommes, pour qu'elles fussent ensuite distribuées par les préfets selon l'étendue du territoire cultivé des communes.

De cette manière, suivant lui, on ferait arriver tout naturellement l'indemnité là où est le préjudice.

M. *Luneau* a proposé un sous-amendement à celui de M. Roul, dans le but d'en faciliter l'exécution. Il a demandé que le produit des 10 fr. fût centralisé, et distribué par le préfet, en raison du montant de la contribution foncière.

Enfin, M. *Gillon* a dit qu'on devrait composer, avec le droit de 10 fr. attribué aux communes, un fonds commun dont le préfet réglerait la distribution entre les communes, eu égard à leur besoin, pour le traitement des gardes champêtres, et que, chaque année, le tableau de répartition serait communiqué au conseil général.

Aucun de ces amendements n'a été appuyé d'une manière sérieuse.

M. *Deslongrais* a manifesté la crainte de voir le second paragraphe de l'art. 5 sans application dans la pratique.

Les permis de chasse seront personnels ; ils seront valables pour tout le royaume, et pour un an seulement (1).

6. Le préfet pourra refuser le permis de chasse (2) :

1° A tout individu majeur qui ne sera

« Il faut que vous sachiez, a-t-il dit, que, pour obtenir le premier port d'armes, on donne bien un certificat ; mais, pour obtenir les autres, on produit seulement le port d'armes déjà accordé, et on vous donne le renouvellement. Si vous dites qu'il faut un certificat chaque année, à la bonne heure ! mais on ne le fait pas dans la pratique actuelle. »

M. *Crémieux* a répondu : « Mais c'est dans la loi, on a tort de ne pas l'appliquer. »

(1) M. *Franck-Carré* s'est ainsi expliqué sur le sens et la portée de ce paragraphe :

« Les permis de chasse seront personnels, a-t-il dit ; le projet de loi l'indiquait, votre commission l'a énoncé formellement. Nul ne pourra chasser, sauf dans les lieux clos, s'il n'a obtenu le permis. Cette obligation pèse sans distinction sur tous les chasseurs, à quelque classe qu'ils appartiennent, même aux gardes des particuliers, des communes, des établissements publics, de l'Etat. C'est la condition essentielle de l'exercice de la chasse, de quelque manière que cet exercice se pratique, en quelque endroit qu'on s'y livre, si ce n'est dans un lieu clos.

« Les permis de chasse seront valables pour tout le royaume et pour un an seulement. Ainsi disparaissent les difficultés qui résultaient du point de savoir si la valeur du permis de chasse était limitée au département dans lequel il avait été obtenu, de telle sorte que ces permis ne pussent servir dans d'autres départements qu'au moyen du visa des préfets. Votre commission approuve cette disposition qui supprime des entraves inutiles. » (*Rapport à la Chambre des Pairs.*)

Il a été jugé que les permis de port d'armes n'étant valables que pour un an à dater du jour de leur délivrance, ce jour compte dans ceux de l'année pour laquelle le permis est valable, et que l'année se trouve ainsi accomplie la veille du jour où le port d'armes a été délivré. (Grenoble, 11 novembre 1841, Journal du Palais, 42. 1. 274 ; Cass., 17 mai 1828 ; M. Petit, *Traité du droit de Chasse*, t. 1, p. 310.)

(2) L'art. 6 du projet de loi conférait au préfet un pouvoir discrétionnaire pour refuser le permis de chasse, à la charge de rendre immédiatement compte des motifs au ministre de l'intérieur qui statuerait.

La Chambre des Pairs avait accueilli cette disposition contre l'avis de sa commission, qui, en refusant au préfet un pouvoir discrétionnaire, avait augmenté le nombre des incapacités portées dans les articles suivants.

M. *Franck-Carré* a dit à ce sujet : « La disposition contenue dans l'art. 6 est très-grave, et c'est après de sérieuses discussions que votre commission s'est décidée à la repousser ; elle a pour but de donner au préfet le droit de refuser discrétionnairement les permis de chasse. Assurément nous sommes convaincus qu'un tel pouvoir serait exercé sans abus, alors surtout que le recours est ouvert devant le ministre de l'intérieur contre les décisions des préfets ; mais il nous a été impossible de ne pas trouver cette disposition en contradiction avec les principes de notre droit criminel. Le permis de chasse remplace le permis de port d'armes ; or, dans l'état actuel de notre législation, la privation du droit de port d'armes est une peine écrite dans le Code pénal que les tribunaux seuls peuvent prononcer. Il paraît donc impossible d'accorder à l'administration, quelle que soit la juste confiance qui l'entoure, le droit d'appliquer ainsi une véritable peine sans jugement, sans motifs déclarés, péremptoirement, en un mot. La disposition projetée a peu d'intérêt pour la police de la chasse, car il est rare que le véritable braconnier prenne un permis de port d'armes ; son refuge contre les poursuites n'est jamais dans la légalité, puisqu'il chasse sans droit, sur le terrain d'autrui, souvent en temps prohibé : il trouve, au contraire, sa garantie dans l'absence de tout ce qui peut le faire reconnaître. L'exhibition du permis, qui signalerait au garde son nom et sa demeure, serait donc précisément ce qui l'exposerait à des poursuites. Le permis de chasse est donc un inconvénient, non un avantage pour lui ; il est trop habile pour acheter chèrement un danger de plus. Mais, nous le savons, Messieurs, la pensée de l'art. 6 a été inspirée par un intérêt plus précieux encore que la police de la chasse, c'est un intérêt d'ordre et de sécurité publique. Il serait déplorable que le permis de chasse, qui comprend le permis de port d'armes, fût forcément accordé à tous ceux qui le réclament. Dans une société bien organisée, il n'en peut être ainsi ; il faut, au contraire, que l'autorité publique dénie le droit de porter des armes à ceux qui, par leur conduite habituelle, ont prouvé qu'ils étaient capables d'en abuser. C'est plus qu'un droit, c'est un devoir pour la puissance publique chargée de veiller à la sécurité de tous. Mais, n'est-il pas possible de concilier ce grand intérêt avec les principes que nous avons reconnus tout à l'heure ? Votre commission l'a pensé, Messieurs, et, en vous proposant de repousser l'art. 6 du projet, elle vous demande d'étendre la nomenclature des exclusions portée dans l'art. 7. Ainsi, dans sa pensée, le permis de chasse ne devrait pas seulement être refusé à ceux qui, par jugement, sont déchus du droit de port d'armes et à ceux qui n'ont pas entièrement exécuté les condamnations par eux encourues pour délit de chasse, il devrait l'être également aux condamnés pour vagabondage ou mendicité, pour vol, escroquerie ou abus de confiance, pour rébellion ou violences contre les agents de la force publique. Ainsi, les exclusions seraient écrites dans la loi, et elles donneraient encore une pleine garantie à l'ordre public, sans reposer sur une appréciation tout arbitraire. »

La commission de la Chambre des Députés s'est d'abord rangée à l'avis du gouvernement et de la Chambre des Pairs ; mais ensuite elle a adopté le système actuel, qui permet au préfet de refuser, mais seulement aux personnes comprises dans les catégories qu'indique l'article. On voit que la Chambre est elle-même entrée dans cette voie.

Mais ce n'est qu'après de vives discussions que la disposition a été votée. MM. *Corne*, *Delespaul*, *Durand* (de Romorantin) et *Luneau* ont successivement pris la parole pour la repousser et démontrer qu'il fallait retirer au préfet toute faculté de refuser le permis de chasse.

Ils ont dit que le pouvoir donné au préfet, même limité par les catégories, était un pouvoir

point personnellement inscrit (1), ou dont le père ou la mère ne serait pas inscrit au rôle des contributions (2);

2° A tout individu qui, par une condamnation judiciaire, a été privé de l'un ou de plusieurs des droits énumérés dans l'art. 42 du Code pénal, autres que le droit de port d'armes;

---

arbitraire, et que l'arbitraire ne doit exister dans aucun cas; que, d'un autre côté, l'interdiction du port d'armes est une peine (art. 42 C. pén.), et qu'il n'appartient pas au préfet d'appliquer une peine; que les tribunaux seuls ont ce droit; qu'enfin, il était à craindre que cette faculté arbitraire ne dégénérât en abus.

Voici comment M. le garde des sceaux a répondu à ces objections:

« Je ne concevrais guère, a-t-il dit, le doute que sur le point de savoir s'il ne serait pas plus raisonnable de dire que le préfet *devra* refuser le permis de chasse aux individus compris dans ces catégories, car enfin ces individus peuvent, en général, inspirer d'assez graves soupçons. Néanmoins, je reconnais que ce système serait trop rigoureux, et qu'il y a vraiment des circonstances dans lesquelles il serait trop dur de refuser, d'une manière indéfinie, le permis de chasse. Ainsi, je prends pour exemple les condamnés pour rébellion. Eh bien, on conçoit qu'un individu peut avoir cédé à un premier mouvement d'emportement et avoir été condamné pour un fait de cette nature, sans qu'on doive aller jusqu'à déclarer que cet individu sera désormais privé du droit d'obtenir un permis de chasse; il est donc sage de laisser au préfet le soin d'examiner les circonstances de sa condamnation et la situation ultérieure du condamné. Mais, en revanche, il peut arriver que les faits qui ont motivé la condamnation soient de telle nature que le préfet doive être autorisé à refuser de délivrer un permis de chasse. Ici encore il faut que le préfet puisse apprécier ces circonstances.

« Ce que je dis de cette catégorie, je pourrais le dire des autres, et je ne crois pas qu'on puisse sérieusement redouter les dangers auxquels on fait allusion; car, encore un coup, on ne refusera pas un permis de chasse à des personnes auxquelles on peut l'accorder sans danger, et, enfin, un recours est ouvert devant M. le ministre de l'intérieur contre le refus du préfet. »

Après l'adoption du principe, la Chambre des Députés a passé à la discussion des catégories. Quelques membres ont fait alors observer que le nouvel article n'était pas en corrélation parfaite avec les articles suivants; ils ont demandé le renvoi à la commission. Celle-ci a examiné de nouveau et a proposé la rédaction suivante, sur laquelle la discussion a continué.

Art. 6. Le préfet pourra refuser le permis de chasse:

1° A tout individu majeur non inscrit au rôle des impositions; néanmoins, s'il habite avec son père ou sa mère, leur inscription lui profitera;

2° A l'interdit et à tout individu notoirement connu pour ne pas être sain d'esprit;

3° A tout individu qui, par une condamnation judiciaire, a été privé de l'un ou de plusieurs des droits énumérés dans l'art. 42 du Code pénal, autres que le droit de port d'armes.

4° A tout condamné à un emprisonnement de plus de 6 mois pour rébellion, ou violences envers les agents de l'autorité publique;

5° A tout condamné pour délit d'association illicite, de fabrication, débit, distribution de poudre, armes ou autres munitions de guerre, de menaces écrites ou de menaces verbales avec armes ou sous condition, d'entraves à la circulation des grains, dévastations d'arbres ou de récoltes sur pied, de plants venus naturellement ou faits de main d'homme.

« La faculté de refuser le permis de chasse aux condamnés dont il est question dans les paragraphes 4° et 5° cessera dix ans après l'expiration de la peine. »

« Le projet du gouvernement, a dit M. *de la Plesse*, contenait la réserve de l'appel au ministre de l'intérieur pour les refus faits par les préfets; le paragraphe où était exprimée cette réserve a été retranché comme contenant une disposition qui était de droit commun. Je prie le gouvernement de vouloir bien s'expliquer sur ce point. »

M. *le garde des sceaux* a répondu: La pensée qui a fait supprimer la disposition a été qu'il était même dangereux de l'insérer dans la loi, parce que dans toutes les lois où elle ne se trouverait pas, on pourrait croire que la faculté n'existe pas. Cette faculté est de droit, elle n'a pas besoin d'être écrite dans l'article.

Il était bon, a dit M. *Delespaul*, que cette explication fût donnée.

(1) M. *Luneau* a fait remarquer qu'il y a des villes où le conseil municipal, usant de la faculté qui lui est accordée par la loi, rachète une partie des impositions personnelles et mobilières, et où, par conséquent, un grand nombre de citoyens, quelquefois la moitié de la population, n'est pas portée au rôle des contributions, et qu'ainsi elle serait comprise dans la première catégorie.

MM. *Crémieux* et *Dupin* ont dit: « C'est une erreur, ils sont toujours portés sur les rôles. Ils ne paient pas, mais ils figurent toujours sur les rôles. »

M. *Pascalis* a ajouté: « Des renseignements ont été pris avec précision à ce sujet par la commission; elle s'est assurée que dans le cas où, par voie d'octroi, on rachète une partie des contributions, les personnes qui y étaient portées précédemment continuent à figurer pour mémoire sur les rôles des contributions. »

Il est donc bien entendu que l'inscription suffit, et que le paiement effectif n'est pas exigé.

(2) Les prestations en nature pour l'entretien des chemins vicinaux seront-elles comptées ou non aux prestataires pour obtenir le permis de chasse?

M. *Delespaul* a adressé cette question à M. Crémieux, l'un des membres de la commission et le rédacteur de l'article.

M. *Crémieux* a répondu: « C'est, d'après la loi, un impôt qui compte même pour entrer dans cette chambre. »

Les orateurs qui avaient repoussé le principe contenu dans les premiers mots de l'article, comme conférant au préfet un pouvoir arbitraire, ont reproduit leurs arguments sur ce paragraphe. Suivant eux, l'arbitraire résulte de ce qu'une foule d'individus ne pourront se livrer au plaisir de la chasse, que selon que le préfet le trouvera convenable. Tels sont, ont-ils dit, les militaires, les commis marchands, les étudiants, et enfin tous ceux qui, n'étant pas inscrits au rôle des contributions, ont perdu leurs parents ou n'habitent pas avec eux. Car, selon le paragraphe de la commission, on ne

3° A tout condamné à un emprisonnement de plus de six mois pour rébellion ou violence envers les agents de l'autorité publique;

4° A tout condamné pour délit d'association illicite, de fabrication, débit, distribution de poudre, armes ou autres munitions de guerre; de menaces écrites ou de menaces verbales avec ordre ou sous condition; d'entraves à la circulation des grains; de dévastations d'arbres ou de récoltes sur pied, de plants venus naturellement ou faits de main d'homme;

5° A ceux qui auront été condamnés pour vagabondage, mendicité, vol, escroquerie ou abus de confiance (1).

---

peut profiter de l'inscription de ses père et mère qu'autant qu'on habite avec eux.

M. *le garde des sceaux* a répondu à ces objections : « On a pensé, a-t-il dit, qu'il y a des individus non inscrits au rôle des contributions auxquels il peut être nécessaire de refuser des permis de chasse; voilà la pensée de tout le monde.

« Vous établissez des délits et des pénalités, vous voulez apparemment que ceux contre lesquels les peines et les dommages et intérêts seront prononcés puissent satisfaire aux condamnations prononcées contre eux.

« Ceux qui ne sont pas inscrits au rôle des contributions peuvent-ils offrir cette garantie, et n'est-il pas évident, en général, que l'individu qui jouit de ses droits, qui est arrivé à sa majorité, qui a une position personnelle, doit nécessairement être inscrit au rôle des contributions, ou qu'il ne présente pas les garanties dont je viens de parler?

« Maintenant on fait une objection; on a dit : Prenez garde, la généralité des expressions vous conduira à dire que les fils de famille qui n'habiteront pas avec leurs père et mère ne pourront pas obtenir de permis de chasse. Eh bien, pour satisfaire à cette objection, la commission vous a proposé de décider que les contributions du père ou de la mère profiteraient à l'individu majeur qui ne serait pas inscrit lui-même au rôle.

« Voulez-vous une autre rédaction? vous pourriez dire : Néanmoins l'inscription au rôle du père ou de la mère profitera, etc. Vous pourvoirez encore de cette manière à la difficulté. »

« Vous voyez donc que si nous voulions examiner chacun des cas en particulier, si nous voulions parler non seulement du père ou de la mère, mais du grand-père et de la grand'mère, il y aurait vraiment impossibilité de faire une loi de cette nature, et cette impossibilité ne se présenterait pas seulement pour la loi actuelle, mais pour toutes les lois d'une certaine étendue. »

La discussion a continué, et M. *Crémieux* a proposé un amendement qui consistait à intercaler dans l'art. 6, après le premier paragraphe, la disposition suivante :

« La faculté de refus cessera si la demande du permis de chasse est appuyée par un Français, majeur, porté au rôle des contributions, et qui, dans ce cas, sera soumis à la responsabilité prévue par l'art. 27 de la loi.

« L'exception portée au paragraphe 1er n'est pas applicable aux officiers de terre et de mer. »

La majorité de la commission a repoussé cette proposition, en disant que l'individu porté au rôle de la contribution, autre même que la contribution foncière, de la contribution personnelle, s'il jouit, d'après le paragraphe proposé, de la faculté de se faire délivrer à lui-même un port d'armes, ne peut pas, par une responsabilité illusoire, conférer cette faculté à tous les citoyens d'un département.

M. *le rapporteur* a enfin présenté la rédaction suivante : « A tout individu majeur qui ne serait point personnellement inscrit, ou bien dont le père ou la mère ne serait pas inscrit au rôle des contributions. »

M. *Glais-Bizoin* a proposé d'ajouter : « les ascendants. »

M. *le président* ayant indiqué cette proposition, plusieurs voix ont répondu (Non! non!). Et M. *le rapporteur* a déclaré que la commission persistait dans sa rédaction.

Après que le paragraphe a été mis aux voix et adopté, M. *Glais-Bizoin* a insisté pour savoir si le mot *ascendants* serait compris dans le paragraphe.

M. *le président* lui a répondu : « Non, la commission a dit qu'elle maintenait sa rédaction. »

M. *Glais-Bizoin* a prétendu qu'il serait de la bonne foi de la Chambre de statuer sur l'addition du mot *ascendants*.

M. *le président* a répondu : « J'ai proposé la question au rapporteur, il s'y est opposé. Il m'est impossible, maintenant que le paragraphe est voté, de substituer un mot à un autre mot. »

M. *Glais-Bizoin* a alors proposé, comme paragraphe additionnel, d'ajouter à l'article ces mots : *et autres ascendants*.

« La commission s'y oppose! » a dit M. le rapporteur.

« La commission devrait au moins dire par quels motifs elle a exclu les ascendants, a répliqué M. *Glais-Bizoin*; car il m'est impossible de pouvoir comprendre, et je ne suis pas le seul dans ce cas, comment, en admettant l'autorisation du père ou de la mère, on n'admet pas celle du grand-père ou de la grand'mère. »

Mais M. *Vivien* a fait remarquer qu'il n'y avait aucun précédent duquel il résultât qu'on pût, après un paragraphe voté, y ajouter un mot. Et il a demandé, avec raison, la question préalable, qui a été adoptée.

Ensuite les deux dispositions de l'amendement de M. Crémieux ont été mises aux voix et rejetées.

(1) La commission avait d'abord placé ce paragraphe au nombre des catégories de l'art. 8.

M. *Vivien* a fait observer que l'interdiction à toujours du droit de chasse pourrait être une pénalité exorbitante à l'égard de personnes qui, ayant été frappées d'une condamnation plus ou moins grave dans leur jeunesse, ont racheté cette première faute par une vie exemplaire; qui même, dans l'armée, ont pu acquérir un grade et reconquérir l'estime de leurs concitoyens.

Dans la discussion, on a présenté divers systèmes de transaction et de tempérament; et enfin la commission a tenté de concilier les diverses opinions, en proposant de reporter le paragraphe de l'art. 8 à l'art. 6.

« La commission voit, en effet, a dit M. *Crémieux*, que frapper d'une interdiction absolue, perpétuelle, des hommes qui ont été condamnés, et qui peuvent venir plus tard ou à repentir ou dans un état meilleur, c'était évidemment dépasser les limites de la loi. Elle s'est, d'ailleurs, déterminée par cette considération si puissante,

La faculté de refuser le permis de chasse aux condamnés dont il est question dans les paragraphes 3, 4 et 5 cessera cinq ans après l'expiration de la peine (1).

7. Le permis de chasse ne sera pas délivré :

1° Aux mineurs qui n'auront pas seize ans accomplis (2);

---

qu'il n'y a pas moyen de se réhabiliter, d'après nos lois actuelles, pour un délit, tandis qu'on peut se réhabiliter pour un crime.

« Dans cet état, voici ce qu'elle a pensé.

« Nous avons voté l'art. 6 ; mais évidemment, tant que la loi n'est pas finie, nous pouvons présenter des additions et des amendements. Nous vous proposons donc d'apporter, à la suite du paragraphe 5 qui a été voté, sur le pouvoir facultatif accordé au préfet, un paragraphe 6, ainsi conçu :

« A ceux qui ont été condamnés pour vagabon-« dage, mendicité, vol, escroquerie ou abus de « confiance. »

« Il en résulterait que, pendant cinq ans, le préfet aurait le droit de refuser le permis à ces individus. »

La commission de la Chambre des Pairs avait ainsi rédigé le paragraphe :

« A ceux qui auront été *définitivement* condamnés pour vagabondage, etc. »

M. le baron *Delort* a demandé à la commission pourquoi elle avait employé ces mots : *définitivement condamnés* ; et M. *le garde des sceaux* a répondu : « Il faut que le jugement soit devenu définitif, et non sujet à appel ou pourvoi. »

Dans la suite des transformations que le paragraphe a subies, le mot *définitivement* a disparu.

Est-ce à dire qu'on ait voulu revenir sur l'idée qui avait présidé à la rédaction primitive ? Il n'y a aucune raison de le penser ; le mot n'a été retranché que par un oubli, et si la commission de la Chambre des Députés avait entendu changer ce dont on était formellement convenu dans la Chambre des Pairs, elle n'eût pas manqué de s'expliquer sur ce point.

(1) Le paragraphe de la commission portait : « ..... cessera *dix* ans après l'expiration de la peine. » M. *Delespaul* a proposé de mettre cinq ans au lieu de dix, afin que cette disposition fût en harmonie avec l'art. 17 du projet, qui propose cinq ans, dans un cas analogue.

Cette modification a été acceptée par la commission et par la Chambre.

Si ce dernier paragraphe ne disait pas, en termes formels, que la faculté de refuser le permis de chasse cessera cinq ans après l'expiration de la peine, cette faculté aurait duré indéfiniment ; la rédaction ne peut laisser de doute à cet égard. Cette observation est importante ; il semble tout naturel d'en conclure que la faculté ne cesse après l'expiration du délai qui est indiqué, que dans les cas et pour les personnes expressément déterminés par la loi : qu'ainsi, le préfet ne pourra plus refuser le permis de chasse aux condamnés, dont il est question dans les n. 3, 4 et 5, cinq ans après que la peine aura été subie ; mais que, relativement aux condamnés dont s'occupe le n. 2, il n'en sera pas de même, et que toujours, quelque temps qui se soit écoulé depuis l'expiration de la peine, le préfet pourra refuser le permis de chasse, puisque les condamnés du n. 2 ne sont pas compris dans le paragraphe final.

Cette opinion, à laquelle, il faut en convenir, le texte est favorable, ne me semble pas devoir être suivie ; bien plus, je ne crois pas même que la peine de la privation des droits énumérés en l'art. 42 du Code pénal doive se prolonger, comme les autres, cinq ans après son expiration, en ce qui touche la faculté de refuser le permis de chasse. Qu'on veuille bien remarquer, en effet, que les peines dont il est question dans le n. 2 consistent dans la privation de certains droits qui sont placés sur la même ligne que le droit de port d'armes ; en outre, le temps durant lequel la privation est encourue est fixé par le jugement ou l'arrêt de condamnation. Or, voici ce qui arriverait : celui qui aurait été privé du droit de port d'armes pendant une certaine période, pourrait, aussitôt que cette période serait expirée, exiger un permis de chasse ; l'art. 8 ne laisse aucun doute à cet égard ; et à ceux qui auraient été privés de droits se rattachant d'une manière moins immédiate au droit de chasse, on pourrait refuser le permis, pendant cinq ans, à compter du jour où la privation des droits aurait cessé. Certainement, ce serait un résultat étrange, et qu'il est impossible d'admettre. En outre, presque tous les articles du Code pénal qui prononcent ou autorisent à prononcer la privation des droits énumérés dans l'article 42, ajoutent que cette privation ne commencera à courir que du jour où la peine principale aura été subie (Cod. pén., art. 86, 197, 388, 401, 405, 406 et 410). En conséquence, si la disposition finale de l'article dont je m'occupe était appliquée aux cas dont il est question dans le n. 2, les peines se succéderaient et se prolongeraient indéfiniment. Ainsi un emprisonnement aurait été prononcé avec privation des droits pendant dix ans ; d'abord, évidemment, il ne pourrait être question de permis de chasse tant que durerait l'emprisonnement ; puis, pendant les dix ans de privation qui courraient seulement du jour où l'emprisonnement aurait cessé, la délivrance du permis de chasse serait facultative, et enfin le permis pourrait être encore refusé pendant cinq ans à compter de l'expiration des dix. Ce serait, il faut en convenir, trop de rigueur. M. Camusat Busseroles et M. Championnière pensent aussi que, malgré l'omission du n. 2 dans le dernier paragraphe, il faut décider que pour les condamnés dont parle ce n. 2, comme pour ceux dont il est question dans les n. 3, 4 et 5, le permis ne peut plus être refusé lorsque cinq ans se sont écoulés depuis l'expiration de la peine. Je vais plus loin qu'eux, ainsi que je l'ai fait remarquer, et je crois que, dès que la privation des droits énumérés en l'art. 42 du Code pénal a cessé, la faculté de refuser le permis de chasse cesse également. J'ajoute aux raisons que j'ai déjà données, que la nature même de la peine justifie mon opinion. On comprend très-bien que l'on n'accorde pas un permis de chasse à une personne le lendemain du jour où elle est sortie de prison, et qu'à la peine corporelle qu'elle a subie on fasse succéder une certaine incapacité; qu'en d'autres termes, l'incapacité soit la conséquence de la peine corporelle ; mais que, lorsque la peine elle-même est une incapacité, supposer qu'après son expiration commence une autre espèce d'incapacité, c'est prêter au législateur une combinaison dont il n'y a pas d'exemples et qui répugne à la nature même des choses.

(2) « Le permis de chasse, a dit M. *Lenoble* dans

2° Aux mineurs de seize à vingt et un ans (1), à moins que le permis ne soit demandé pour eux (2) par leur père, mère, tuteur ou curateur (3), porté au rôle des contributions (4);

3° Aux interdits (5);

---

son rapport, entraîne le droit de porter une arme; mais cette arme ne peut être remise sans danger dans les mains de ceux qui n'ont pas le discernement de leurs actes; c'est le conseil de la prudence. Les mineurs de seize ans sont présumés par la loi ne point avoir de discernement, il ne peut donc leur être délivré de permis de chasse; c'est la disposition du projet, votre commission l'approuve.

« Il est convenable, indispensable même, disait aussi M. *Franck-Carré* à la Chambre des Pairs, dans des vues d'ordre public, de ne pas permettre qu'un enfant ait une arme dans les mains, non seulement dans son intérêt personnel, mais dans l'intérêt de la sûreté publique. »

Tels sont les motifs qui ont fait refuser d'une manière absolue au mineur de seize ans la faculté de chasser. M. *Vatry* a proposé de substituer l'âge de dix-huit ans à celui de seize : suivant lui, il y a imprudence à confier des armes à feu à des jeunes gens qui ont encore beaucoup d'inexpérience; et élever de deux ans l'âge auquel il sera permis d'obtenir un permis de chasse, ce sera diminuer d'autant la chance des accidents qui viennent de cette cause.

M. *de Lasteyrie* a demandé au contraire la suppression totale du paragraphe : « Je ne sais pas, a-t-il dit, pourquoi la Chambre refuserait aux enfants de moins de seize ans la permission de chasse avec l'autorisation de leurs parents.

« C'est là le fait de l'autorité paternelle, mais ce n'est pas le fait de la loi, et vous ne devez pas mettre dans une loi sur la chasse un principe d'éducation. »

Ces deux propositions n'ont pas eu de suite.

(1) Quelques membres de la Chambre des Pairs ont attaqué cette disposition et en ont demandé la suppression. M. *Romiguière* a répondu : « L'article n'a pas pour objet d'empêcher le mineur de chasser quand son père le lui permet. Mais il a pour objet de constater que le père le lui permet; c'est un hommage à rendre à l'autorité paternelle, » et M. *Persil* a continué : « Je suis surpris que cette disposition éprouve des difficultés, car ce n'est, en ce qui concerne le port d'armes, que la loi actuelle. Ainsi, quand un mineur de vingt-un ans se présente à la préfecture pour avoir un port d'armes, on exige le consentement de son père. Quand son père l'a donné, il peut chasser comme il l'entend, c'est cette disposition que nous vous présentons. Seulement, comme il ne s'agit plus d'un port d'armes, mais d'une permission de chasse, nous disons que le mineur qui voudra obtenir une permission de chasse sera obligé de représenter à l'autorité le consentement de son père. » Ces réponses montrent quel est l'esprit qui a présidé à la rédaction de l'article.

(2) Le paragraphe de la commission portait : « Aux mineurs de seize à vingt-un ans, à moins que le permis ne soit demandé *par eux* avec l'assistance et l'autorisation de leur père ou tuteur, porté au rôle des contributions. »

M. *de Panat* a proposé de dire : « A moins que le permis ne soit demandé *pour eux* par leur père ou tuteur, porté au rôle des contributions. »

Cette rédaction a été adoptée et elle devait l'être; car, selon les principes de notre droit civil, le mineur non émancipé n'est capable d'aucun acte; il ne peut agir même avec l'assistance de ses parents, il faut que ses parents agissent pour lui.

(3) Le mot *curateur* a été introduit lors de la seconde discussion du projet à la Chambre des Pairs, sur une proposition de M. *de Bussières*. Voici comment il a exprimé sa pensée :

« Je crois qu'il serait utile de dire, au deuxième paragraphe, par leur père, mère, tuteur ou *curateur*; car, si l'on n'ajoutait pas le mot *curateur*, il en résulterait que le mineur émancipé ne pourrait jamais obtenir un permis de chasse. »

M. *Teste* a répondu : « Pourquoi donc? Le mineur sort de la minorité par l'émancipation, et alors la disposition ne lui est plus applicable. »

M. *Persil* a insisté : « Avec la disposition telle qu'elle est, a-t-il dit, le mineur émancipé ne pourrait obtenir de port d'armes. En effet, voici comment elle est conçue : ..... « Aux mineurs de seize « à vingt-un ans, à moins que le permis ne soit « demandé pour eux par leur père, mère ou tu« teur. » Ainsi, il résulte de là qu'un mineur de vingt-un ans émancipé ne pourrait pas demander lui-même son port d'armes, il faudrait que quelqu'un le demandât pour lui, c'est-à-dire son curateur..... Il faut mettre ce mot dans la loi. »

(4) Sera-t-il absolument nécessaire que le père, tuteur ou curateur soit porté au rôle des contributions pour que le mineur ait droit au permis de chasse? Le préfet pourrait-il repousser la demande si le mineur était personnellement inscrit, sous prétexte que le père ou tuteur ne le serait pas?

Evidemment non. Les termes de notre article n'ont pas pour but d'établir un principe nouveau; ils se réfèrent à la règle établie dans l'article précédent; ils doivent donc être interprétés dans le même sens. Ainsi, comme dans l'art. 6, l'inscription personnelle suffit, et à défaut de cette inscription personnelle, on peut profiter de l'inscription de son père, tuteur ou curateur.

M. *Vivien* a très-bien dit :

« Je ne crois pas qu'il soit nécessaire de répéter, dans ce paragraphe, les mots « porté au rôle des « contributions. »

« On a établi une règle générale sur ce point, il est inutile de la répéter. »

M. *Ressigeac* a fait remarquer que le mineur pourrait être porté au rôle et non pas le tuteur.

« Alors, raison de plus! » a répondu M. *Vivien*.

(5) La commission avait introduit un paragraphe ainsi conçu :

« A l'interdit ou à tout individu qui notoirement n'est pas sain d'esprit. »

On a reproché à cette disposition de manquer de précision et de clarté, et elle a été rejetée après une courte discussion.

M. *Vivien* a proposé de nouveau d'intercaler dans l'article seulement les mots : *aux interdits*.

M. *Amilhau* a dit : « Le paragraphe est inutile, l'interdit n'a pas le droit de demander. »

Mais M. *Crémieux* a fait remarquer que son tuteur pourrait demander pour lui.

Le paragraphe a été adopté.

J'avoue que je regrette que l'amendement de la commission n'ait pas été accueilli. On sait qu'il peut y avoir des gens qui ne soient pas sains d'esprit, qui soient en état de démence, et dont l'interdiction n'est pas prononcée. (V. loi du 30 juin 1838.) Que fera le préfet au cas où un individu,

4° Aux gardes champêtres ou forestiers des communes et établissements publics, ainsi qu'aux gardes forestiers de l'Etat et aux gardes-pêche (1).

dans cette position, lui demande un permis de chasse? S'il refuse, il se met en opposition avec la présente loi; s'il accorde, il compromet la sûreté publique. Pour sortir de cet embarras, le préfet pourrait, il est vrai, user de la faculté, que lui donne l'art. 19 de la loi du 30 juin 1838, de faire détenir celui dont l'état d'aliénation compromettrait l'ordre public ou la sûreté des personnes. Il échapperait par-là à l'obligation de délivrer le permis de chasse.

(1) « Si l'on examine, a dit M. *Lenoble*, dans son rapport, en quoi consistent les devoirs des gardes, on reconnaît bientôt que la surveillance de tous les instants qui leur est imposée, ne peut se concilier avec l'exercice du droit de chasse. D'un autre côté, les gardes qui ont la passion de la chasse ont, par la nature de leurs fonctions, toute facilité et tous les moyens de la satisfaire; aussi, remarque-t-on que ceux d'entre eux qui s'y livrent sont comptés parmi les braconniers de leur commune. Les gardes forestiers sont constamment armés, et il serait à désirer que l'administration forestière fît choix pour eux d'une arme dont ils ne pussent se servir pour aller à la chasse. Mais la facilité d'en substituer une autre sera trop grande, la tentation de le faire sera trop forte, pour que l'abus cesse avant le jour où la chasse sera interdite aux gardes. C'est pour créer cette interdiction que votre commission vous propose d'inscrire dans la loi qu'il ne pourra être accordé de permis de chasse aux gardes. »

Tels sont les motifs de l'interdiction contenue au paragraphe 4. M. *Gillon* en a déterminé la portée, et, par un amendement, il a proposé de placer les *gardes-pêche* dans la même catégorie que les gardes champêtres :

« A bon droit vous refusez, a-t-il dit, le permis de chasse aux agents préposés à la police rurale, qui auraient souvent la tentation soit d'en abuser à cause de la facilité même qu'ils auraient à faire chasse fructueuse, soit de chercher querelle aux citoyens, qui, porteurs aussi de permis, opposeraient une fâcheuse concurrence à la recherche du gibier. Tels sont les *gardes champêtres*; vous avez pris le mot dans son acception la plus large, c'est-à-dire que vous entendez par là tous les gardes préposés à la surveillance de la police rurale et à la conservation des biens et des fruits de la campagne; ainsi, par exemple, les *gardes messiers*, qu'on institue par accident, suivant l'abondance de certains fruits de la terre, les *gardes vignes* aussi, qui ne remplissent que de courtes fonctions. Dans le même ordre d'idées, et toujours marchant vers le même but, vous avez inscrit encore les *gardes forestiers*. Mais vous oubliez les gardes-pêche. Préposés qu'ils sont à empêcher la pêche dans de vastes cours d'eau, de fréquentes tentations s'offrent à eux aussi de s'emparer du gibier qui recherche les eaux, ou du gibier de terre qu'ils rencontrent dans les courses continues qu'ils font de leurs demeures aux lieux soumis à leur surveillance. Une assimilation parfaite ne peut être refusée par vous entre les gardes forestiers et les gardes-pêche.

« J'entends resserrer ce dernier mot dans son sens le plus étroit, c'est-à-dire que je n'enveloppe dans la prohibition que les simples gardes-pêche, tout comme vous n'avez voté la défense que pour les simples *gardes forestiers* (*voix nombreuses :* C'est vrai!); car le *brigadier-garde*, le *garde à cheval*, ont le droit entier de demander et d'obtenir le permis de chasse. La perte et le retour de ce droit arrivent comme dans le surplus des cas de l'art. 6 et dans toutes les hypothèses de l'art. 8, c'est-à-dire que celui-là qui avait un permis de chasse cesse de plein droit de le posséder le jour où il devient garde forestier ou garde-pêche; et, réciproquement, le garde recouvre le droit d'avoir le permis le jour où il devient garde-chef ou brigadier, le jour aussi où il rentre dans la vie purement privée. Je propose de terminer le n. 3 de l'art. 6 par ces mots : et les gardes-pêche. Il va sans dire que ce sont les gardes-pêche de l'Etat seulement; mes explications l'ont assez dit. »

L'amendement a été adopté sans opposition sérieuse, et le mot *gardes-pêche* est passé dans la loi.

On avait proposé d'ajouter encore : *et aux préposés, sous-brigadiers et brigadiers des douanes.*

La Chambre des Députés a repoussé cet amendement.

« S'il est dangereux qu'ils chassent, a dit M. *Portalis*, c'est à l'administration à en faire l'objet d'une mesure, mais cela ne peut pas être dans la loi. L'exclusion du permis de chasse relativement aux gardes forestiers et aux gardes champêtres des communes a dû se trouver dans la loi, parce que les gardes forestiers sont précisément chargés de réprimer les délits de chasse; mais ce qui concerne les douaniers ne peut pas se trouver ici. »

M. le *baron de Brigode* a reproduit l'amendement de la Chambre des Pairs, et M. le *garde des sceaux* a répondu :

« Décider d'une manière absolue que les employés ou certains employés de cette administration seraient privés du droit d'obtenir un permis de chasse, ce serait une disposition considérable, et qui, par cela même, devrait être fondée sur de graves raisons. Or, ces raisons n'existent pas, car l'assimilation que l'honorable préopinant a voulu établir pèche par sa base. On comprend que les gardes champêtres et les gardes forestiers pourraient être tentés d'abuser, dans l'exercice même de leurs fonctions, de la faculté de chasser; mais cette crainte disparaît quand il s'agit des employés des douanes. »

« Du reste, les instructions nécessaires seront données, je crois même qu'elles l'ont été déjà, pour prévenir tout abus; il y a là, ce me semble, de quoi rassurer suffisamment l'honorable auteur de l'amendement et les honorables membres de la Chambre. »

Sur ces explications, M. de Brigode a retiré son amendement.

On vient de voir que l'interdiction du permis de chasse ne frappe que les gardes de l'Etat, des communes et des établissements publics, et qu'elle ne s'adresse nullement aux gardes des particuliers. M. *Barillon* a demandé, lors de la discussion de l'art. 11, si ces gardes pourraient conserver leurs armes sans se munir d'un permis de chasse.

« Vous avez décidé, et avec beaucoup de raison, a-t-il dit, que les gardes forestiers de l'Etat, des communes et des établissements publics ne pourraient pas obtenir de permis de chasse. Ce n'est certes pas pour les dispenser d'acquitter un droit ou un impôt; mais vous avez voulu faire entendre qu'ils ne devaient pas chasser, et que, préposés à la conservation du gibier, ils ne pouvaient, en aucun cas, être autorisés à le détruire.

8. Le permis de chasse ne sera pas accordé (1) :

1° A ceux qui, par suite de condamnations, sont privés du droit de port d'armes;

2° A ceux qui n'auront pas exécuté les condamnations prononcées contre eux pour l'un des délits prévus par la présente loi (2);

3° A tout condamné placé sous la surveillance de la haute police.

9 (3). Dans le temps où la chasse est ouverte, le permis donne, à celui qui l'a

---

« La disposition de l'art. 10 ne s'applique pas, bien entendu, aux gardes des particuliers, puisque la chasse ne leur est pas interdite par la loi, et qu'ils ne relèvent, à cet égard, que du propriétaire dont ils sont les agents directs. Sous la législation actuelle, sous l'empire de la loi de 1790 et du décret de 1812, l'administration n'a pas de règles parfaitement uniformes sur la nécessité du permis de port d'armes pour les gardes des particuliers. Dans quelques départements on exige qu'ils en soient munis, dans d'autres on ne l'exige pas. C'est donc un impôt levé sur le propriétaire, dans certains cas; dans certains autres, c'est une remise que rien ne justifie.

« Il faut cependant, vous le sentez, que les gardes particuliers, comme les gardes de l'État et des établissements publics, soient armés; ils doivent détruire les animaux nuisibles ou malfaisants; ils sont constamment en face des malfaiteurs; ils peuvent avoir besoin de recourir à leurs armes pour leur défense personnelle, et vous n'avez pas voulu les priver du droit de porter une arme avec eux. C'est sur ce point que je réclame une explication, et je demande, en outre, si, sous la législation nouvelle, les gardes des particuliers seront tenus de se munir de permis de chasse ou s'ils en seront dispensés. Il est important que les propriétaires sachent s'il y a obligation pour eux de pourvoir leurs gardes du permis de chasse, et je prie M. le garde des sceaux de vouloir bien m'éclairer à cet égard. »

M. *le garde des sceaux* a répondu : « Il est évident que, s'ils doivent chasser, ils devront prendre un permis de chasse; s'ils ne doivent pas chasser, ils n'auront pas besoin de permis de chasse. Mais, d'un autre côté, ils auront le droit de porter leurs armes. »

M. *Barillon* a repris : « C'est cette explication que je désirais obtenir de M. le garde des sceaux; il est convenu que les gardes conserveront leurs armes, et, quant aux permis de chasse, ils ne seront requis que pour les faits de chasse proprement dits. »

(1) « Je ne peux pas comprendre, a dit M. *d'Haubersaert*, faisant allusion à la rédaction du premier alinéa de l'art. 7 et de l'art. 8, je ne peux pas comprendre la différence qu'il y a à ne pas *délivrer* et ne pas *accorder* un port d'armes. Je prie, en conséquence, la commission de vouloir bien venir au secours de mon intelligence. »

M. *Muteau* a répondu : « La même prohibition ne pouvait pas frapper dans les mêmes termes des catégories différentes. »

M. *Crémieux* a ajouté : « On a employé un mot plus poli, moins grave, selon les catégories d'individus, voilà tout. »

(2) M. le baron *de Brigode* a fait observer, à la Chambre des Pairs, que les tribunaux accueillent avec la plus grande facilité le prétexte d'indigence allégué par la plupart des braconniers de profession, qui ne sont cependant pas assez indigents pour se priver des armes, filets, engins et autres ustensiles assez chers, à l'aide desquels ils exercent le braconnage. On sait, dit-il, que, dans le but d'éviter des frais qui retombent à la charge du trésor, on punit rarement d'emprisonnement les braconniers qui, après ces condamnations sans résultat, rentrent dans leurs foyers plus audacieux qu'auparavant, y bravent et insultent les gardes et encouragent, par leur exemple, les délits de même nature. . . . .

« . . . . . . Sur ce point, a-t-il ajouté, j'entendrais volontiers les explications de M. le garde des sceaux. »

M. *le garde des sceaux* a dit : « Les explications que j'ai à donner sont très-simples : c'est qu'il y a une loi qui, sans doute, doit être exécutée comme le sont toutes les lois et qui prévoit le cas dont il s'agit.

« La contrainte par corps est la conséquence du défaut de paiement de l'amende. Cette contrainte doit être exercée pendant un temps qui est déterminé par la loi, et la mise en liberté ne peut avoir lieu que quand ce temps est écoulé. Je crois donc que la loi suffit pour rassurer complétement l'honorable pair. »

Si l'une des incapacités absolues ou facultatives, indiquées dans les art. 6, 7 et 8, venait à atteindre un individu qui déjà précédemment aurait obtenu un permis de chasse, produirait-elle son effet sur-le-champ? L'affirmative me paraît incontestable, et cet individu surpris chassant devrait être puni comme s'il n'avait pas de permis. Il est évident que le permis n'est que le signe de l'aptitude ou du droit; si l'aptitude ou le droit est enlevé, le permis n'a plus de valeur.

(3) Si l'on compare les dispositions de cet article avec celles des art. 8 et 9 du projet du gouvernement (*Exposé des motifs*, pages 89 et 90), on voit combien de modifications a subies le système qui avait été proposé d'abord. La plupart de ces modifications ont été admises sur la proposition des commissions des deux chambres. Il importe de rapporter ici les explications que les rapporteurs ont données à cet égard.

« Il nous reste à vous rendre compte, Messieurs, a dit M. *Franck-Carré*, des dispositions réglementaires qui s'appliquent aux divers modes et procédés de chasse. C'est là un point essentiel que la loi de 1790 avait complétement négligé, et dont l'absence dans notre législation est la cause principale des abus dont on se plaint si vivement et avec tant de raison.

« Le projet de loi consacre une pensée vraie, dont votre commission s'est emparée pour en tirer la conséquence avec plus de rigueur encore que le projet lui-même. C'est que la chasse proprement dite ne se pratique que de deux manières, avec le fusil ou avec les chiens, à tir ou à courre; il n'y a pas de propriétaire ou possesseur d'un droit de chasse qui exerce ce droit autrement. Les filets, les panneaux, les collets sont des instruments de braconnage, non seulement parce qu'ils sont essentiellement destructeurs, mais parce que leur emploi, toujours caché, constitue plutôt l'industrie que l'exercice de la chasse. En prenant cette idée pour point de départ, le projet de loi renvoyait au règlement d'administration publique la désignation des engins et instruments qui devaient être prohibés. Mais il est évident, Messieurs, qu'un tel règlement ne serait jamais efficace; car, non seulement il est impossible d'établir la nomenclature indéfinie des procédés de chasse mis actuellement en usage sur tous les points de la France; mais cette nomenclature fût-elle écrite dans la loi, serait bientôt dépassée par l'esprit inventif ou plutôt par le génie malfaisant du braconnier. Le moyen certain, mais aussi le seul moyen d'arriver au but, c'est de procéder dans la loi par voie d'autorisation et non par voie d'interdiction; de prohiber comme moyens de chasse tous les procédés du braconnage, de n'avouer et de ne reconnaître que les moyens généralement admis et pratiqués par ceux qui exercent en réalité le droit de chasse. C'est à cette pensée, Messieurs, que votre commission s'est arrêtée; toutefois, en vous proposant de n'autoriser que la chasse au fusil ou à l'aide des chiens, elle a compris qu'une exception était nécessaire à l'égard d'une espèce particulière de gibier, en raison des dégâts que cette espèce cause aux propriétés rurales et forestières; enfin, et ceci est plus grave, votre commission ne pouvait oublier que la chasse des oiseaux de passage constitue, dans certains départements de la France, une véritable industrie que la loi ne peut détruire, qu'elle doit au contraire protéger. Cette chasse, qui se fait en grand, sans pouvoir être jamais une cause de destruction, doit tenir une place à part dans la législation et être l'objet de règles spéciales. Le passage de certains oiseaux a lieu dans le temps prohibé; d'un autre côté, ce n'est pas habituellement avec le fusil que de telles chasses peuvent se faire; les instruments et engins propres à ces sortes de chasse varient de pays en pays, comme les oiseaux même qu'ils sont destinés à prendre. Sous ce rapport, il était impossible de spécifier dans la loi les modes et procédés de chasse si divers dont l'emploi pourrait et devrait être autorisé. Le projet qui, d'une part, interdit la vente du gibier en même temps que la chasse pendant le temps prohibé, qui, de l'autre, n'autorise que deux modes de chasse pour le gibier qui reste en France d'une manière permanente, et qui, par cette double disposition, détruit le braconnage sans gêner l'exercice légitime du droit de chasse, pose le principe de règles toutes différentes pour le gibier de passage. Il charge les préfets des départements de prendre des arrêtés pour déterminer l'époque de la chasse des oiseaux de passage, les modes et procédés de cette chasse: ainsi se trouve conciliée l'interdiction exigée pour la conservation des récoltes et du gibier, avec les licences réclamées par les intérêts divers d'un assez grand nombre de départements.

« Il était également indispensable de déterminer les espèces d'animaux malfaisants que le propriétaire, possesseur ou fermier pourra détruire sur ses terres et de régler les conditions de l'exercice de ce droit. Le projet de loi laissait ce soin aux ordonnances portant règlement d'administration publique; nous avons pensé que les espèces d'animaux malfaisants étant diverses, suivant les divers lieux, il est préférable d'abandonner les dispositions qui devaient régir cette matière aux arrêtés des préfets.

« Enfin, depuis longtemps on réclamait, dans l'intérêt de l'agriculture, contre la destruction des oiseaux. Les insectes nuisibles se multiplient d'une manière désastreuse, et il est reconnu que la chasse qui se pratique par les oiseleurs, surtout dans les environs des grandes villes, est la cause la plus puissante de cette calamité. Le projet de loi donne aux préfets le droit de prendre les mesures qu'ils jugeront nécessaires pour prévenir la destruction des oiseaux.

« Votre commission a cru qu'il était également utile d'attribuer aux préfets le droit d'interdire l'emploi des chiens levriers; cette chasse, dans les pays de plaine, est essentiellement destructive; nous n'en prononçons point l'interdicton absolue, nous laissons aux préfets le soin de statuer à cet égard. »

La commission proposa la rédaction suivante, qui fut accueillie par le gouvernement et par la Chambre des Pairs:

« Art. 9. Dans le temps où la chasse est ouverte, le permis donne à celui qui l'a obtenu le droit de chasser de jour, à tir et à courre, sur ses propres terres et sur les terres d'autrui avec le consentement de celui à qui le droit de chasse appartient.

« Tous autres moyens de chasse, à l'exception des furets et des bourses destinées à prendre le lapin, sont formellement prohibés.

« Néanmoins, les préfets des départements, sur l'avis des conseils généraux et sur l'approbation du ministre de l'intérieur, prendront des arrêtés pour déterminer:

« 1° L'époque de la chasse des oiseaux de passage et les modes et procédés de cette chasse;

« 2° Le temps pendant lequel il sera permis de chasser dans les marais et sur les étangs;

« 3° Les espèces d'animaux malfaisants que le propriétaire, possesseur ou fermier pourra détruire sur ses terres et les conditions de l'exercice de ce droit.

« Ils pourront prendre également des arrêtés 1° pour interdire la destruction des oiseaux; 2° pour interdire l'emploi des chiens levriers et la chasse pendant les temps de neige. »

La commission de la Chambre des Députés approuva cette rédaction, sauf quelques restrictions de peu d'importance.

« Sous l'empire de la loi de 1790, a dit *M. Lenoble*, rapporteur, lorsque la chasse est ouverte, les chasseurs ont le choix des moyens de chasse; l'expérience a prouvé jusqu'où pouvaient aller les inventions de l'industrie pour organiser l'abus, puisque les moyens employés par le braconnage amènent la destruction complète du gibier. La loi proposée devait porter remède à cet état de choses, et elle l'a fait en n'admettant que deux modes de chasse, celui à tir et celui à courre. Elle a voulu que la chasse ne pût avoir lieu que pendant le jour, autant par motif de sûreté publique que dans l'intérêt d'une surveillance utile; et, quoiqu'elle n'ait pas défini le temps *de jour*, il est certain qu'elle s'est servie de ce mot dans sa signification la plus usuelle, la plus large, en laissant aux tribunaux le droit de déclarer, suivant les cas et les circonstances, si le fait avait eu lieu la nuit ou le jour.

« Il n'est pas inutile, au surplus, de faire remarquer que, dans la loi de 1790, la chasse dans les bois et celle dans les terres, se trouvaient réglées par des dispositions séparées, et qu'alors le mot *terres* avait une signification restreinte. Il n'en sera plus ainsi, et, dans le sens et l'esprit du projet de loi, le mot *terres* désignera les propriétés de toute nature.

« Le projet de loi, en n'admettant d'autre mode

obtenu, le droit de chasser de jour (1), à tir et à courre (2), sur ses propres terres, et sur les terres d'autrui avec le consentement de celui à qui le droit de chasse appartient (3).

Tous autres moyens de chasse, à l'excep-

---

de chasse que celui à tir ou à courre, à l'exception de ce qui concerne la chasse du lapin, pouvait rendre impossible la chasse des oiseaux de passage, qui ne se fait utilement que par des procédés particuliers : d'un autre côté, l'époque du passage de ces oiseaux pouvait coïncider avec celui pendant lequel toute chasse est défendue ; il fallait donner au préfet le droit de restreindre ou de lever ces prohibitions. Le projet de loi le fait dans les deux premiers paragraphes de la première partie de l'art. 9. Toutefois, comme le fait de chasse ne peut être exercé que sur le gibier dont la présence accidentelle motive l'exception, votre commission vous propose une rédaction qui modifie le deuxième paragraphe en ce sens :

« L'art. 15 de la loi du 30 avril 1790 donnait aux propriétaires, possesseurs ou fermiers, le droit de repousser, même avec les armes à feu, les bêtes fauves qui se répandraient dans leurs récoltes, et celui de détruire le gibier dans leurs terres chargées de fruits, en se servant de filets ou engins dont l'usage ne pût nuire aux fruits de la terre. Votre commission, en examinant le paragraphe 3 de l'art. 9, n'a pas cru y trouver la consécration du droit qui appartient à tous, d'employer tous moyens pour défendre leur propriété, ou du moins elle y a vu une équivoque qu'il lui a paru utile de faire cesser, en adoptant une rédaction nouvelle.

« Elle a distingué entre le cas où le propriétaire emploie les moyens qui lui paraissent le plus convenables pour détruire les animaux qui dévastent sa chose, et celui où il veut recourir aux moyens de les chasser. Dans ce dernier cas, elle a admis que les arrêtés des préfets rendus dans les formes réglées par l'art. 9 devaient intervenir ; mais, dans le premier, elle a pensé que les dispositions écrites dans la loi de 1790 devaient être rappelées, et elle a modifié le paragraphe dans ce double but.

« La destruction des oiseaux est présentée depuis longtemps comme une calamité ; les agronomes l'indiquent comme la cause de cette reproduction sans cesse croissante des insectes qui dévorent les fruits de la terre. Il est un terme moyen entre la destruction des oiseaux et la chasse des oiseaux, et ce sera aux préfets à prendre des arrêtés pour concilier le droit de chasser les oiseaux avec le besoin de prévenir leur destruction. »

(1) La chasse de nuit est interdite ; mais quand y aura-t-il chasse de nuit ? Faudra-t-il regarder comme telle *la chasse à l'affût* qui se pratique le soir au moment où la nuit tombe, et le matin à l'instant où le jour commence à paraître ?

M. le marquis *de Boissy* a dit à ce sujet : « J'appellerai l'attention de la Chambre sur un mot qui se trouve dans ce paragraphe, et qui pourrait avoir des conséquences ; il faudrait, je ne dis pas retrancher ce mot, mais l'accompagner d'une explication pour éviter l'interprétation.

« Il est dit dans le paragraphe : « *le droit de chasser le jour.* »

« Tout le monde sait qu'on ne chasse pas seulement que le jour, mais qu'il y a encore une sorte de chasse qu'on appelle *l'affût*. Qu'on me pardonne cette expression technique.

« Cette chasse est très-permise ; mais, d'après le projet de loi, elle deviendrait un délit.

« C'est là-dessus que je solliciterai de la commission une explication qui empêchât de rechercher ceux qui se livreraient à l'exercice très-licite, jusqu'à présent, de l'affût. »

M. *le rapporteur* a répondu : « La commission a entendu prohiber d'une manière absolue la chasse pendant la nuit, mais elle a compris que très-souvent la chasse à l'affût avait lieu dans un temps très-rapproché de la nuit, soit le matin, soit le soir, mais qui n'est pas la nuit. Vouloir aller plus avant et définir ce qu'est la nuit, a paru impossible à la commission. Elle a cru qu'il fallait, en posant le principe de l'interdiction de la chasse pendant la nuit, laisser les appréciations de fait aux tribunaux, c'est ce qui se pratique dans toutes les matières de fait, et notamment dans tous les cas où la circonstance de nuit est considérée comme aggravante. Dans le Code pénal, la loi n'a pas défini ce que c'était que la nuit, elle a abandonné ce point à l'appréciation des juges du fait. »

M. le marquis *de Boissy* a pensé qu'on pourrait retrancher les mots *de jour*.

M. *le président* a fait remarquer que si l'on retranchait ces mots, il n'y aurait pas d'indication que la chasse est interdite de nuit.

M. le baron *Feutrier* a fait observer que, lorsque des individus sont surpris en chasse de nuit par les gardes, c'est surtout à ce moment que les crimes arrivent.

M. *le rapporteur* a ajouté : « C'est précisément pour cela que nous avons interdit la chasse de nuit. »

(2) M. *Delespaul* a proposé d'ajouter : « et à l'oiseau. »

Suivant lui, l'art de la fauconnerie, depuis longtemps oublié, vient de renaître en France. M. le baron d'Offémont s'est, à grands frais, procuré plusieurs faucons, éperviers, gerfauts, etc., et il est parvenu à les dresser pour ce genre de chasse.

« En présence de tant d'efforts pour relever un art si honoré jadis en France, a-t-il ajouté, en présence des résultats mêmes auxquels il paraît être arrivé déjà, je demande s'il est ou non dans la pensée des auteurs du projet de loi que l'on continue de jouir dorénavant de la faculté de chasser, soit au faucon, soit à l'autour, soit à l'épervier, soit enfin à l'un des oiseaux de proie dont on se servait dans les temps anciens pour la chasse au vol. »

Le renvoi à la commission a été demandé par quelques membres et par l'auteur de la proposition.

Mais M. *le rapporteur*, au nom de la commission, s'est opposé d'abord au renvoi, et, relativement à la question du fond, il a répondu en lisant le premier paragraphe de l'art. 9, qui ne permet que de chasser de jour, à tir ou à courre. « Voilà, a-t-il dit, ma réponse. »

M. *Delespaul* a répliqué : « C'est un refus non motivé, *sic volo, sic jubeo*. »

L'amendement n'a pas été appuyé.

Ainsi, la chasse à l'oiseau sera prohibée. Il faut pourtant convenir qu'il n'y avait pas à craindre que le mode fût trop fréquemment employé et ne devînt une cause de destruction pour le gibier.

(3) Un second amendement de M. Delespaul avait pour objet d'intercaler entre le premier et le second paragraphe les dispositions suivantes :

« Si ces terres ne sont pas dépouillées de leurs fruits, le chasseur pourra seulement y faire passer ses chiens.

tion des furets et des bourses destinés à prendre le lapin (1), sont formellement prohibés.

Néanmoins, les préfets des départements, sur l'avis des conseils généraux, prendront des arrêtés pour déterminer :

1° L'époque de la chasse des oiseaux de passage (2), autres que la caille (3), et les modes et procédés de cette chasse;

2° Le temps pendant lequel il sera permis de chasser le gibier d'eau, dans les marais, sur les étangs, fleuves et rivières (4);

« Le chasseur aux chiens courants pourra suivre ses chiens partout; il ne pourra pas faire usage de ses armes sur le terrain d'autrui, et sera responsable du dommage.

« Le propriétaire du fonds conservera la faculté de faire rompre les chiens. »

« Entendre autrement la chasse aux chiens courants, disait M. *Delespaul*, c'est la rendre impossible. »

M. *Delangle* a répondu : « . . . . M. Delespaul me semble ignorer que les chiens font beaucoup plus de tort aux fruits et aux moissons que les chasseurs eux-mêmes. Il vaudrait beaucoup mieux autoriser les chasseurs à traverser les champs que les chiens. D'ailleurs, si on admettait que les chiens pussent s'introduire dans les terres couvertes de fruits, il n'y aurait plus de braconniers, il n'y aurait plus que des chiens passant innocemment sur les terres de tout le monde. . . . . Nous savons tous très-bien que lorsque nous suivons nos chiens sur le terrain d'autrui, certainement nous ne tirons pas, nous craignons d'être aperçus; mais que dans le cas où nous ne voyons pas de gardes à notre portée, nous ne nous gênons pas. Il y aurait donc de grands inconvénients à autoriser les chasseurs à lancer leurs chiens sur le terrain d'autrui...... Je lis encore : « Le propriétaire du fonds conservera la faculté « de faire rompre les chiens. » Nous savons qu'il est bien difficile, pour ne pas dire impossible, de faire rompre les chiens; je repousse donc de toutes mes forces l'amendement de l'honorable M. Delespaul. »

Cet amendement n'a pas été appuyé. Voy., du reste, art. 11, *in fine*; et ce qui a été dit ci-dessus dans les notes sur l'art. 1er relativement au consentement du propriétaire.

(1) M. le comte *de Beaumont* a demandé la suppression de ces mots : *destinés à prendre le lapin*, comme inutiles.

M. *le rapporteur* a répondu que ces mots avaient pour but de rendre le sens plus net et plus clair, de bien expliquer que la licence ne s'applique qu'aux filets exclusivement destinés à prendre le lapin.

M. *de Beaumont* a fait remarquer que ces mots, destinés à prendre le lapin, pourraient empêcher qu'on ne chassât de cette manière les animaux nuisibles, tels que le blaireau et le renard.

« Il y a, a dit M. *le rapporteur*, un paragraphe spécial, le paragraphe 3 de ce même article, qui s'applique aux animaux malfaisants. . . . . Le blaireau est un animal essentiellement malfaisant, il est donc compris dans la disposition du paragraphe 3. »

M. de Beaumont a déclaré qu'il n'insistait plus.

(2) M. *Burcaux de Puzy* a fait observer que le préfet sera fort embarrassé pour fixer l'époque de la chasse des oiseaux de passage. « Car, a-t-il dit, elle varie toujours d'une année à l'autre; elle dépend des circonstances atmosphériques. Si vous voulez que le préfet fixe d'avance et à toujours l'époque de cette chasse, il arrivera presque constamment que cette époque ne sera pas celle du passage des oiseaux. Si, au contraire, vous voulez que le préfet fixe, chaque année, l'époque de la chasse des oiseaux de passage, il ne peut le faire que lorsqu'il sait que les oiseaux sont arrivés; et, quand son arrêté paraîtra, les oiseaux seront presque toujours partis. »

M. *Pascalis*, au nom de la commission, s'est contenté de répondre : « Il est dit que le préfet pourra prendre des arrêtés pour fixer l'époque de la chasse des oiseaux. Tous les chasseurs savent que l'émigration des oiseaux a lieu à des époques fixes; que, par conséquent, il sera possible aux préfets de prendre des arrêtés applicables à ces époques. En général, ces époques coïncident avec le temps où la chasse est ouverte. »

(3) M. *Delespaul* a proposé, à la Chambre des Députés, d'ajouter au paragraphe du projet de loi, les mots suivants :

« La caille ne sera pas considérée comme oiseau de passage. »

« La caille, a-t-il dit, à l'appui de sa proposition, arrive dans les départements du centre du 15 avril au 15 mai. Elle y couve et y reste jusque vers la fin de septembre. La température, plus ou moins douce et calme à l'équinoxe, retarde ou avance son départ.

« Mais les moyens employés depuis quelques années pour prendre au filet les cailles, qui, à leur arrivée d'Afrique, commencent par s'abattre sur le littoral de nos départements méridionaux, rendent ce gibier de plus en plus rare.

« Il y a longtemps que nous sommes privés de cailles dans le nord, même dans le centre on n'en voit guère plus. On les détruit toutes dans le midi, c'est cette position que je veux faire cesser.

« Elle ne cessera que sous une condition, c'est qu'il sera spécifié, dans notre loi, que la caille, qui offre pour la chasse de si grandes ressources, ne sera pas traitée comme oiseau de passage.

« A quoi servirait, d'ailleurs, d'avoir sévèrement prohibé, comme vous l'avez fait hier, la destruction des œufs et couvées de cailles, s'il était permis de leur tendre des piéges dès leur arrivée sur le littoral? »

Malgré l'opposition assez vive de M. Pascalis et de M. Boulay (du Var), l'amendement fut adopté.

Dans la suite, la Chambre des Pairs, sur la proposition de la commission, a remplacé le paragraphe additionnel de M. Delespaul par les mots, *autres que la caille*, qui se trouvent dans notre article.

M. *le rapporteur* a fait remarquer que « c'était un simple changement de rédaction; il nous a paru, a-t-il dit, que la rédaction actuelle rentrait mieux dans la pensée de la loi.

« La caille sera toujours considérée comme un oiseau de passage; seulement, des arrêtés de préfet ne pourront pas statuer en ce qui concerne la caille. »

(4) M. *Franck-Carré* a dit, à cet égard :

« La loi de 1790, par ses art. 13 et 14, avait permis la chasse en tout temps dans les lacs et étangs et dans les bois et forêts, sans chiens courants. Le projet de loi qui vous est soumis n'admet

3° (1) Les espèces d'animaux malfaisants ou nuisibles que le propriétaire, possesseur ou

point l'exception pour les bois et forêts, et il abandonne aux préfets, sur l'avis des conseils généraux et sous l'approbation du ministère de l'intérieur, le soin de la rétablir, s'il y a lieu, pour les marais et les étangs. L'exception introduite par la loi de 1790, pour la chasse dans les bois et forêts, se concevrait à merveille si la loi qui nous occupe n'avait à protéger que les récoltes; mais nous ne pouvons oublier qu'elle doit aussi pourvoir à la conservation du gibier. Or, il est certain, sous ce rapport, que la chasse dans les bois, à l'époque de la reproduction, est tout aussi nuisible que la chasse en plaine. Le projet ne pouvait donc admettre l'exception; il devait maintenir la règle. Il peut en être autrement, mais cela n'est pas encore une nécessité à l'égard de la chasse dans les marais et sur les étangs; voilà pourquoi le projet de loi, au lieu de consacrer formellement l'exception, l'abandonne à l'appréciation de l'autorité administrative. La chasse dans les marais et sur les étangs a plus spécialement pour objet certains oiseaux de passage, et la chasse des oiseaux de passage est nécessairement soumise à des règles spéciales non seulement pour le temps prohibé, mais encore pour les procédés de la chasse. Nous nous en occuperons ultérieurement; mais, comme il est de fait que le gibier qui reste en France niche et se reproduit souvent dans les parties de marais qui ne sont pas inondées, il ne peut appartenir qu'à l'administration locale de décider quelle est l'espèce de chasse qui doit se faire dans tel marais ou sur tel étang, et, par suite, d'en déterminer l'époque. Cela rentre d'ailleurs dans une autre attribution également conférée au préfet par le projet de loi; elle consiste à déterminer l'époque de la chasse des oiseaux de passage en général. Cette attribution appartenait nécessairement à l'autorité locale, puisque les passages varient suivant les espèces et les espèces suivant les lieux. »

Il y a ici deux observations importantes à faire.

Premièrement, les préfets en déterminant d'une manière spéciale l'époque à laquelle on peut chasser les oiseaux de passage, et le gibier d'eau dans les marais, sur les étangs, fleuves et rivières, ne dérogeront point aux règles générales touchant le permis de chasse et le droit de chasser. Ainsi, il faudra pour ces chasses particulières être muni du permis exigé par l'art. 1er et se conformer aux dispositions du même article relatives aux lieux où chacun a droit de chasser.

Secondement, des procédés particuliers pourront être autorisés par le préfet pour la chasse des oiseaux de passage; mais pour la chasse du gibier d'eau, on reste dans les termes généraux de la loi, il n'y a de permise que la chasse au tir et à courre.

Je suis sur ce point en dissentiment avec M. Championnière (Manuel de la chasse); mais il me semble que le texte est formel. Je reconnais toutefois, on le comprend, que si le gibier d'eau est un oiseau de passage, il pourra être chassé par des procédés particuliers.

(1) Ce paragraphe renferme deux dispositions bien distinctes : par la première, les préfets sont autorisés à prendre des arrêtés pour déterminer « les espèces d'animaux malfaisants ou nuisibles que le propriétaire, possesseur ou fermier, pourra en tout temps détruire sur ses terres, et les conditions de l'exercice de ce droit. »

La seconde consacre le droit appartenant au propriétaire ou au fermier de repousser ou détruire, même avec des armes à feu, les bêtes fauves qui porteraient dommage à ses propriétés. »

Si le texte doit être entendu dans le sens qu'il présente naturellement, il y a pour le propriétaire ou pour le fermier un droit absolu, existant par lui-même, qui n'est point une concession de l'administration, qui s'exerce par toutes sortes de moyens, c'est celui de repousser ou de détruire les bêtes fauves qui porteraient dommage aux propriétés; il y a, en outre, une faculté qui peut être accordée par l'administration, et dont l'exercice est réglé par elle : elle consiste pour le propriétaire, possesseur ou fermier, à détruire sur ses terres certaines espèces d'animaux malfaisants et nuisibles.

Ces droits sont-ils en effet différents et distincts?

On doit le croire, puisque le législateur les indique successivement et comme indépendants l'un de l'autre; que d'ailleurs on ne saurait considérer comme une même chose ce qui est une concession faite par arrêté du préfet, et ce qui est présenté comme un droit inhérent à la qualité de propriétaire et de fermier. La rédaction semble même destinée à montrer qu'il y a une différence essentielle, puisque, après avoir énoncé que les arrêtés des préfets indiqueront les espèces d'animaux malfaisants et nuisibles qu'il sera permis de détruire, on ajoute : *sans préjudice du droit de repousser ou de détruire les bêtes fauves, etc.*

Cependant, si l'on examine en quoi consistent au fond la faculté et le droit dont il s'agit, on est tenté de croire qu'il n'y a point entre eux de différence réelle. Ne semble-t-il pas en effet que le droit de détruire les animaux malfaisants ou nuisibles, et le droit de repousser ou de détruire les bêtes fauves qui porteraient dommage aux propriétés sont parfaitement semblables?

Pour éclaircir si véritablement il y a quelque différence entre eux, et en quoi elle consiste, il est indispensable de rappeler les diverses modifications qu'a subies le paragraphe dont je recherche ici le sens.

Le projet du gouvernement contenait la rédaction suivante :

« Des ordonnances royales..... détermineront....

« 3° Les espèces d'animaux malfaisants que le propriétaire, possesseur ou fermier pourra détruire sur ses terres, et les conditions de l'exercice de ce droit. »

« Nous devions reconnaître, a dit à ce sujet M. *le garde des sceaux*, et nous avons reconnu le principe consacré par la loi de 1790, qui permet à tout propriétaire, possesseur ou fermier, de détruire sur ses terres les animaux malfaisants. Mais ce droit de protéger ses récoltes et ses possessions, ce droit de légitime défense, qu'il ne faut pas confondre avec le droit de chasse, dont il diffère essentiellement, doit être exercé suivant les modes et conditions qui ne peuvent pas être réglés par une loi sur la chasse. »

Remarquons ici que la première partie de notre paragraphe n'est, sauf l'addition des mots : *en tout temps*, que la reproduction textuelle de ce paragraphe 4° du projet, lequel, suivant M. le ministre, ne faisait que consacrer le principe de légitime défense établi par la loi de 1790.

La commission de la Chambre des Députés a proposé une modification, et voici comment M. *Lenoble*, rapporteur, en a expliqué l'intention :

« La commission de la Chambre n'a pas cru

trouver dans le projet la consécration du droit qui appartient à tous d'employer tous les moyens pour défendre leur propriété, ou du moins elle y a vu une équivoque qu'il lui a paru utile de faire cesser en adoptant une rédaction nouvelle.

« Elle a distingué entre le cas où le propriétaire emploie les moyens qui lui paraissent les plus convenables pour détruire les animaux qui dévastent sa chose, et celui où il veut recourir au moyen de les chasser. Dans ce dernier cas, elle a admis que les arrêtés des préfets, rendus dans les formes réglées par l'art. 9, devaient intervenir; mais, dans le premier, elle a pensé que les dispositions écrites dans la loi de 1790 devaient être rappelées, et elle a modifié le paragraphe dans ce double but.

La commission proposa la rédaction suivante :

« 3° Les espèces d'animaux malfaisants que le propriétaire, fermier ou possesseur, autres que l'usager, pourra *chasser* sur ses terres ou sur les terres d'autrui avec le consentement du propriétaire, sans préjudice du droit appartenant au propriétaire et au fermier de repousser ou de détruire, même avec des armes à feu, les bêtes fauves qui détruiraient ses propriétés. »

Dans les paroles de M. le rapporteur qui viennent d'être citées, se trouve indiquée la nuance qui existe entre les deux dispositions. En effet, *chasser* des animaux malfaisants ou nuisibles est autre chose que *repousser* ou *détruire* des bêtes fauves qui nuiraient aux propriétés. Dans un cas, il y a chasse, c'est-à-dire recherche et poursuite des animaux; de plus, la nature seule des animaux autorise l'action du propriétaire ou du fermier; dans l'autre, il y a seulement destruction des animaux, et cette destruction n'a lieu que lorsqu'un dommage a été causé aux propriétés.

Mais des modifications nouvelles ont été introduites; elles ont été accompagnées d'explications qu'il faut faire connaître.

M. *de la Plesse* avait proposé un amendement qui consistait à rédiger ainsi le paragraphe :

« Les espèces d'animaux malfaisants, les conditions et formalités des chasses ou battues dans les bois et sur les terres appartenant à l'État, aux communes et aux particuliers, sans préjudice du droit qu'a le propriétaire ou possesseur de repousser ou détruire, même avec des armes à feu, les bêtes fauves qui ravageraient ses propriétés. »

Et M. *Boudet* avait, de son côté, proposé la rédaction suivante :

« Les espèces d'animaux malfaisants que le propriétaire, possesseur ou fermier pourra ou devra détruire ou chasser, soit sur son terrain, soit sur le terrain des autres propriétaires, possesseurs ou fermiers avec ou sans leur consentement. »

Ces deux amendements n'ont pas été pris en considération, et le paragraphe de la commission a eu seul les honneurs de la discussion. M. *Crémieux* en a fait connaître l'esprit par de longs développements :

« D'après le projet de loi, a-t-il dit, non seulement la chasse se trouvait interdite au propriétaire d'un clos non attenant à une habitation, mais encore on nous interdisait, sur nos propriétés, le droit général et absolu de détruire les animaux malfaisants; il fallait que le préfet vînt nous donner ce droit, nous dire quels étaient les animaux malfaisants et déterminer quelles étaient les conditions de l'exercice de ce droit. Nous ne pouvions admettre un pareil système, une pareille violation du droit de propriété. La destruction des animaux malfaisants doit être permise au propriétaire dans le cas où il s'agit d'expulser, de repousser ces animaux de sa propriété. Maintenant votre loi ne veut pas qu'il chasse ces animaux malfaisants. Nous y consentons dans les propriétés non closes, non attenantes à une habitation. Le préfet aura donc le droit de déclarer quels sont les animaux malfaisants que le propriétaire, possesseur ou fermier pourra chasser sur ces terrains-là.

« Ainsi on pourra chasser, même en temps prohibé, les animaux malfaisants sur les propriétés non closes, non attenant à l'habitation, mais il faudra l'autorisation d'un règlement du préfet, nous y consentons.

« Maintenant, à côté de ce droit, il y a un autre droit pris dans la loi de 1790, et dans laquelle nous l'avons copié, droit naturel d'ailleurs et qui n'est pas contestable, c'est le droit pour le propriétaire de détruire tout animal malfaisant, quel qu'il soit, en tout temps, quand il menace ou attaque sa propriété.

« Veuillez, Messieurs, saisir l'esprit de ce paragraphe :

« 1° Le droit de chasse; 2° le droit de destruction des animaux malfaisants. Si vous ne vous livrez qu'au plaisir de la chasse, le préfet pourra vous autoriser, par des arrêtés réglementaires, à détruire, par la voie de la chasse, les animaux malfaisants qui paraîtraient dans vos propriétés, et il réglementera ce droit.

« Mais le droit qui nous appartient, à nous propriétaires, de détruire les animaux malfaisants qui viendraient ravager nos récoltes, nul ne peut le réglementer, le restreindre. . . . . Nous n'avons abrogé que la loi de 1790 et les décrets de 1812. Nous n'avons pas abrogé les décrets relatifs à la louveterie, ni les anciens arrêtés, ni les décrets de l'an 13; tout cela existe, le préfet a toujours le droit d'ordonner la battue; nous avons voulu garantir les deux droits : l'un naîtra de la permission des préfets, il pourra être exercé même en temps prohibé, c'est un droit de chasse; il devrait être interdit; mais, comme il s'agit d'animaux malfaisants, le préfet, sur l'avis du conseil général, lève l'interdiction. Le second droit, c'est le droit de détruire, sur nos propriétés, les bêtes fauves et nuisibles qui les ravagent ou les attaquent. Ce droit est au propriétaire, nul ne peut ni le ravir, ni le limiter; encore une fois, c'est le droit naturel. Les deux parties de l'article sont donc bien coordonnées. »

M. *Dessaigne* a repoussé à la fois et le paragraphe du gouvernement et celui de la commission. Suivant lui, il aurait fallu s'en tenir purement et simplement à l'art. 15 de la loi de 1790; il s'est exprimé ainsi :

« Que vous a dit M. le rapporteur pour repousser la demande en suppression? Qu'il fallait distinguer entre le droit de destruction du gibier qui n'est pas contesté dans le droit commun et le droit de le chasser qui pouvait être déterminé par un arrêté du préfet.

« Mais, comme vous l'a dit M. Peltereau de Villeneuve, il est évident qu'à l'instant même où un animal malfaisant paraîtra dans une propriété, on peut être entraîné à le chasser immédiatement et non seulement à le détruire. Eh bien! si l'arrêté du préfet n'est pas rendu, on sera en contravention avec la loi. Mais, je vous le demande, trouverez-vous un tribunal qui punisse de telles infractions?

« Il me semble que le droit de détruire les animaux malfaisants existe dans le droit commun ; la commission l'a reconnu en employant les mots : « sans préjudice. » J'ai bien compris qu'on avait voulu modifier cette disposition en ajoutant les bêtes fauves ou tous autres animaux malfaisants ou nuisibles, mais cela me paraît incomplet, insuffisant.

« Je crois qu'il faut laisser les choses dans l'état où elles sont, et en référer purement et simplement à l'art. 15 de la loi de 1790. »

M. *Crémieux* a répondu : « Nous avons copié l'article de la loi de 1790; si nous en avons excepté les mots « *en tout temps* », c'est que nous avons pensé qu'il était inutile de les mettre : c'est de droit.

« Mais, dites-vous, quelles sont les espèces d'animaux malfaisants que j'aurai le droit de détruire? Je réponds : tous les animaux qui pourraient nuire à vos propriétés, et qui, à ce titre sont malfaisants.

« Mais si vous voulez même chasser des animaux malfaisants qui attaquent actuellement vos récoltes et qui pourraient nuire aux propriétés, vous aurez le droit de les *chasser* ; seulement, comme la chasse est interdite, il vous faudra l'autorisation du préfet. Est-il possible d'aller plus loin et plus avant? »

Plusieurs membres ont ensuite fait à la commission quelques objections de détails, et enfin, M. *Hébert* a repris, à titre d'amendement, la rédaction primitive du gouvernement; il importe de rapporter les motifs qu'il a donnés à l'appui de sa proposition.

« Je crois que la plupart des difficultés qui s'élèvent en ce moment sur cet article, a-t-il dit, viennent de ce que la commission, en modifiant cette partie du projet du gouvernement, s'est servie d'une expression qui a une signification équivoque, et que, pour consacrer le droit du propriétaire à l'égard des animaux malfaisants, qui n'est que le droit de détruire, d'expulser, elle s'est servie d'une expression qui indique l'exercice de la chasse........

« Je crois qu'il eût été plus simple et plus naturel de rester à cet égard dans les termes de la loi de 1790, ou plutôt dans ceux dont s'était servi le gouvernement dans la rédaction première.

« L'article disait : « 3° Les espèces d'animaux « malfaisants que le propriétaire, possesseur ou « fermier pourra détruire sur ses terres et les con- « ditions de l'exercice de ce droit. »

« De là il serait résulté que, hors le cas de destruction de l'animal, le permis de chasse eût été nécessaire ; mais, pour détruire un animal nuisible, on n'a pas besoin de permis de chasse, car il s'agit là de la défense de la propriété. De là il serait résulté que la grande chasse, la chasse aux loups et aux sangliers aurait été réglementée par la loi de 1790.

« Je prie donc la Chambre de vouloir bien revenir purement et simplement à la disposition qui avait été proposée par le gouvernement, et qui n'était autre que celle de la loi de 1790. On aura fait au droit prohibitif de la chasse l'exception naturelle qui devait y être faite, c'est-à-dire qu'on aura conservé aux propriétaires le droit de détruire sur leur propriété les animaux qui y portent préjudice, et qui, par l'arrêté du préfet, auront été classés dans la catégorie des animaux malfaisants, car ici l'arrêté du préfet est nécessaire. Il ne faut pas que, sous le nom d'animaux malfaisants, on puisse faire infraction aux lois sur la chasse. Il y a certaines contrées de la France où il existe des animaux considérés comme malfaisants qui n'existent pas dans d'autres contrées; c'est pour cela que les préfets sont investis du droit de faire ce règlement. . . . . Je demande donc formellement qu'on s'en tienne à l'article du gouvernement.

M. *de Mornay* a répondu : « La proposition du gouvernement différait de celle de la commission, en ce sens que le gouvernement voulait, comme l'a dit M. Hébert et suivant la loi de 1790, une autorisation pour détruire les animaux nuisibles. Nous avons pensé, dans la commission, que ce moyen était insuffisant, parce que chacun de nous comprendra qu'un grand dommage, qu'une perturbation pourrait être portée à la propriété par l'animal malfaisant avant que l'on eût préalablement obtenu l'autorisation nécessaire du préfet. C'est pour obvier à cet inconvénient, qui est très-grand, selon moi, que nous avons voulu dans le projet de la commission donner en tout temps au propriétaire le droit de défendre sa chose. »

M. *Dessaigne* a ajouté : « Je n'admets ni pour moi ni pour personne qu'il appartienne au préfet de déterminer l'espèce d'animaux malfaisants que j'aurai le droit de détruire sur mes terres ; c'est un droit inhérent à la propriété, personne ne peut porter atteinte au droit qu'a chacun de détruire sur sa propriété tout animal malfaisant.

« Je vais plus loin, non seulement on ne peut enlever à personne ce droit, mais on ne peut conférer au préfet le droit de régler les conditions de l'exercice de ce droit, c'est-à-dire déterminer que le propriétaire ne pourra les détruire pendant la nuit, et employer tel moyen de destruction et non pas tel autre, sans la permission du préfet, qui peut apporter toutes les restrictions qu'il croit convenables. Messieurs, il me semble impossible que la Chambre s'associe à cette proposition. »

Malgré ces raisons, l'amendement de M. Hébert a été adopté ; M. *Crémieux* a proposé, au nom de la commission, une disposition additionnelle :

« Pour concilier l'article que vous venez de voter, a-t-il dit, avec celui auquel la commission tenait beaucoup avant votre vote, je viens vous proposer d'ajouter au paragraphe voté les derniers mots du paragraphe de la commission. Ils conserveront évidemment les droits du propriétaire, que la Chambre ne veut pas lui ravir. Je demande donc qu'après le paragraphe qui vient d'être voté, on ajoute :

« Sans préjudice du droit appartenant, etc. »

M. *Hébert* a répondu : « Cela n'a pas besoin d'être écrit dans la loi. »

M. *Crémieux* a répliqué : « Cette disposition se trouve dans la loi de 1790, que nous abolissons par notre loi. Si vous ne laissiez pas répéter dans la loi l'article de celle de 1790, vous ne manquerez pas de dire : la loi est abolie, le droit n'existe plus. »

M. *Vivien* s'est opposé à l'addition proposée par M. Crémieux. « Je maintiens, a-t-il dit, que cette disposition serait une abrogation implicite de celle qui vient d'être votée.

« Et d'abord, je ne comprends pas la distinction que l'on veut établir entre les animaux malfaisants, dont les catégories devront être dressées par le préfet, et les animaux nuisibles que le propriétaire aurait le droit de détruire, sans même qu'ils fussent indiqués par un arrêté du préfet.

« Je crois que la disposition qui vient d'être votée par la Chambre est parfaitement sage et satisfait à tout.

« Quel est le problème à résoudre? Il est certain que, nonobstant la prohibition d'ordre public et d'intérêt agricole, s'il est permis de s'exprimer ainsi, prohibition établie par notre loi, il faut que le propriétaire ait le droit de détruire les animaux malfaisants qui viendraient porter atteinte à sa propriété. Mais à côté de ce droit, se trouve la nécessité d'empêcher que, sous prétexte de détruire les animaux malfaisants, on ne viole les dispositions de la loi. »

« Or, si l'on se contentait de dire dans la loi que le propriétaire pourra en tout temps détruire les animaux nuisibles qui porteraient dommage à sa propriété, toutes les garanties de la loi disparaîtraient; il n'y aurait plus de loi, car le propriétaire viendrait toujours dire qu'il n'a pas chassé, qu'il a seulement détruit des animaux malfaisants qui nuisaient à sa propriété. Que fait la loi? Elle déclare implicitement que le propriétaire a le droit de détruire en tout temps les animaux malfaisants; mais, pour empêcher l'abus, elle ajoute que la liste des animaux sera dressée par l'autorité publique. Pourquoi? Parce que vous ne pouviez mettre cette nomenclature dans votre loi, et qu'il fallait bien la renvoyer à l'administration. De cette manière, vous conciliez le droit du propriétaire en même temps que vous assurez l'observation des dispositions de votre loi. Je crois donc que l'article, tel qu'il est, suffit et qu'il n'y a rien à y ajouter. »

M. *le garde des sceaux* a dit :

« Je partage complétement l'opinion de l'honorable M. Vivien sur le sens qu'il faut donner au paragraphe adopté tout à l'heure. Il est évident qu'il ne faut pas, sous le prétexte de détruire des animaux malfaisants ou nuisibles, permettre la chasse des animaux qui ne le seraient pas; l'intervention du préfet est donc naturelle et nécessaire. Je crois également qu'il faut conserver les expressions de l'article, parce que ces expressions ont en vue les moyens à l'aide desquels la chasse pourra être faite, et qu'ainsi, non seulement on pourra employer le fusil, qui est le moyen ordinaire, mais même aussi certains instruments de chasse, qui, bien que prohibés en règle générale, pourront être permis dans ces cas extraordinaires.

« Maintenant que nous sommes d'accord sur l'utilité de ces expressions adoptées par la Chambre, je ne concevrais pas qu'on s'opposât à l'addition proposée par M. Crémieux au nom de la commission. Pourquoi refuserait-on de déclarer que le propriétaire, quand il verra sur ses terres des animaux malfaisants, pourra les détruire? Mais le droit du propriétaire paraît même s'étendre beaucoup plus loin, et, en supposant qu'il y ait là quelque chose de surabondant......

M. *Vivien* a interrompu en disant : « Ce n'est pas surabondant, c'est contradictoire! »

« Non, a dit M. *le garde des sceaux*, cela n'est pas contradictoire, et je crois au contraire que cette addition complète la disposition. Je me réunis donc à la commission pour demander qu'elle soit adoptée. »

« Je ne m'explique pas, a répondu M. *de Morny*, qu'on n'ait pas pris en considération les observations de M. Vivien. Le règlement du préfet sera permanent ou accidentel, et, par ce règlement, le propriétaire et le fermier auront le droit, sur leur terrain, de tuer les bêtes malfaisantes et nuisibles qui dévasteront la propriété. Je ne conçois pas comment le dernier article infirme plutôt le commencement de la loi qu'il ne le fortifie. . . . .

. . . . Le règlement du préfet donnera le droit de destruction d'une manière permanente ou accidentelle. La disposition additionnelle a été adoptée.

Si la contradiction que M. Vivien a signalée n'existe pas, il faut convenir que la nuance est bien faible entre les deux dispositions. Dans la rédaction de la commission dont j'ai parlé plus haut, la première disposition contenait le mot *chasser*, qui contribuait à établir une différence avec la seconde, où on se servait des mots *repousser* et *détruire*; mais maintenant, on ne parle dans les deux hypothèses que de détruire et repousser. »

M. *le garde des sceaux* avait été frappé de la nécessité de modifier cette rédaction. Il a dit en présentant de nouveau la loi à la Chambre des Pairs :

« Le paragraphe qui a pour objet les arrêtés par lesquels les préfets détermineront les espèces d'animaux malfaisants que le propriétaire, possesseur ou fermier pourra détruire sur ses terres, ainsi que les conditions de l'exercice de ce droit, a été complété par une disposition additionnelle ainsi conçue : « *Sans préjudice du droit appartenant au propriétaire ou fermier de repousser ou de détruire, même avec des armes à feu, les bêtes fauves qui porteront dommage à ses propriétés.* »

« Le motif de cette disposition est de faire cesser le reproche qui était adressé à cette partie du projet de loi, d'entraver le droit naturel et légitime appartenant à tout individu de protéger sa propriété contre les bêtes fauves.

« La manière dont l'ensemble du paragraphe est rédigé laisse quelque chose à désirer. Une légère modification dans ses termes sera nécessaire. »

Mais cette modification n'a pas été proposée.

Il faut donc prendre la rédaction comme elle est, et chercher à indiquer la pensée qu'elle exprime.

Je crois que la première partie s'applique au cas où il s'agit de détruire les animaux malfaisants ou nuisibles *par leur nature*, encore qu'ils ne nous portent aucun préjudice dans le moment de la chasse.

La seconde partie est relative au cas où il s'agit de détruire ou repousser les animaux nuisibles, alors seulement qu'ils nous portent préjudice.

Dans le premier cas, on *attaquera*, on chassera les animaux nuisibles pour opérer leur destruction.

Dans le second cas, au contraire, on *se défendra* contre ces mêmes animaux, on les repoussera des récoltes par tous les moyens possibles, en se fondant sur le dommage qu'ils causeront actuellement.

Cette interprétation rentre dans le système que la commission avait présenté, et que j'ai déjà expliqué, système qui n'a pas été complétement abandonné, puisque M. Hébert n'a présenté sa proposition que comme *sous-amendement* à celle de la commission. Que si l'on objectait que ce n'était point ainsi que l'entendait M. Hébert, qu'il voulait, au contraire, reproduire la loi de 1790, on répondrait que la Chambre, en votant la seconde partie du paragraphe sur la proposition de M. Crémieux, a nécessairement modifié le sens de la première, et l'a modifié suivant les idées que M. Crémieux avait longuement développées.

M. *Franck-Carré* me semble du reste avoir adopté cette interprétation, quand il a dit, dans son rapport supplémentaire :

« En imposant aux préfets le devoir de prendre des arrêtés pour déterminer les espèces d'animaux malfaisants ou nuisibles que le propriétaire, posses-

fermier (1), pourra en tout temps détruire sur ses terres (2), et les conditions de l'exercice de ce droit (3), sans préjudice du droit appartenant au propriétaire ou au

seur ou fermier pourra, en tout temps détruire sur ses terres, et, pour régler l'exercice de cette faculté, vous n'aviez point entendu priver le propriétaire ou fermier du droit incontestable de repousser ou détruire les bêtes fauves qui porteraient dommage à ses propriétés. La Chambre des Députés a voulu que ce droit fût écrit dans la loi. Nous ne pouvons qu'adopter cette disposition. Ainsi, les animaux nuisibles ou malfaisants ne pourront être détruits que suivant les conditions déterminées par les arrêtés des préfets, *sauf le cas où ils porteraient dommage aux propriétés.* Ce sera donc au propriétaire ou fermier, s'il se place en dehors des conditions de l'arrêté, à prouver le fait du dommage, puisque ce fait seul l'autorise à enfreindre ces conditions. »

Cependant M. le garde des sceaux, dans sa circulaire, voy. *suprà*, semble repousser la distinction ; mais il me paraît impossible de ne pas l'admettre.

(1) M. le marquis *de Boissy* a proposé à la Chambre des Pairs de substituer aux mots : *le propriétaire, possesseur ou fermier*, les mots : *le propriétaire ou ses ayants-droit.*

Il a déclaré qu'il ne comprenait pas ce que l'on voulait dire par ces mots : « le propriétaire, possesseur ou fermier.

« Ces trois mots pourraient, ce me semble, a-t-il ajouté, être remplacés par deux, en disant : « le « propriétaire ou son représentant. » Voici pourquoi : c'est que je ne vois pas ici que les gardes soient compris dans les expressions de la loi, et vous ne pouvez pas, lorsqu'il s'agit de chasse, exclure les gardes. Mais si vous mettez : « le propriétaire « ou son représentant, » vous comprendrez tout aussi bien le garde que le fermier et celui que l'on appelle possesseur. »

M. *le rapporteur* a répondu : « Le garde, c'est le propriétaire lui-même, puisqu'il le représente directement. »

M. *de Boissy* a insisté.

M. *le rapporteur* a ajouté : « Le garde est le représentant direct du propriétaire, et quand nous mettons le propriétaire nous mettons le garde, puisque le garde représente directement, essentiellement le propriétaire.

« Au surplus, ces trois mots : le propriétaire, le possesseur ou fermier, sont les trois mots consacrés par la loi de 1790 précisément pour le cas qui nous occupe, celui de la destruction des animaux malfaisants.

« Nous avons cru qu'il était convenable de reproduire les termes de l'ancienne loi, qui n'ont jamais été critiqués, qui n'ont jamais donné lieu à des difficultés. Ces mots ont été écrits dans la loi pour consacrer le principe du droit de détruire les animaux malfaisants sous les conditions prévues et déterminées ; nous avons emprunté ces expressions à la législation de 1790, et nous demandons qu'elles soient conservées.

M. *de Boissy* a demandé enfin ce que veut dire le mot *possesseur.*

M. *le rapporteur* a répondu : « Il désigne l'usufruitier, par exemple.

(2) Le paragraphe proposé par la commission était ainsi rédigé : « Les espèces d'animaux malfaisants que le propriétaire. . . . . pourra chasser sur ses terres ou sur les terres d'autrui *avec le consentement du propriétaire.* »

M. *Boudet* a vivement attaqué cette dernière disposition. Suivant lui, il est, au contraire, de toute nécessité que l'on puisse détruire ou chasser les animaux nuisibles, soit sur son terrain, soit sur les terrains des autres propriétaires, possesseurs ou fermiers avec ou sans leur consentement. J'ai rapporté plus haut l'amendement qu'il avait présenté dans ce sens.

« Il y a des cas, a-t-il dit, n'appartenant pas à la louveterie, qui sont prévus par mon amendement et qui ne le sont pas par celui de la commission. Ainsi, je suppose qu'une bête fauve s'approche d'une ferme et qu'elle soit poursuivie, il faudra que la poursuite s'arrête, en temps prohibé, sur la limite des terres du fermier, lorsqu'il sera de l'intérêt de tout le monde, de la population entière, de toute la commune, de détruire cet animal malfaisant. Cependant, lorsqu'il n'y aura pas de battues ordonnées par l'administration, le propriétaire dont les bestiaux auront été attaqués, dont la ferme aura été menacée, sera obligé de s'arrêter dans sa poursuite à une limite, à une haie, à un fossé, et ne pourra aller au-delà.

« Cela résulte évidemment de l'article de la commission, qui porte *et avec le consentement du propriétaire.*

« Si vous n'avez pas ce consentement, vous ne pouvez pas aller plus loin. Qu'on me démontre que, dans l'article de la commission, il y a possibilité, dans un cas tel que celui-là, de dépasser la propriété de celui qui poursuit, et je retire mon amendement ; mais, si l'on ne me le démontre pas, je persisterai à soutenir que l'article est insuffisant. »

L'amendement de M. Boudet a été rejeté ; et ces mots, *sur ses terres*, qui sont restés dans l'article, font supposer que la poursuite des animaux nuisibles est interdite sur les terres d'autrui.

Sans doute, je ne pourrai pas, sans le consentement de mon voisin, parcourir son héritage pour y rechercher les bêtes fauves qui s'y seraient retirées et qui ne porteraient de préjudice qu'à lui seul.

Mais, si j'ai chassé une bête fauve au milieu de mes récoltes, et si je l'ai poursuivie et tuée sur les terres d'un propriétaire voisin, pourra-t-il porter plainte contre moi?

Je ne le pense pas. Son consentement se présume jusqu'à ce qu'il porte plainte (art. 26), et si la loi lui permet de porter plainte, c'est qu'elle suppose qu'il a souffert un préjudice, que l'on a violé son droit de chasse. Mais sera-t-il recevable à porter plainte quand le fait qu'il me reproche lui est aussi avantageux qu'à moi-même, quand je l'ai délivré d'une bête fauve qui menaçait son propre héritage, et qu'il était de son intérêt comme du mien que notre ennemi commun fût détruit?

(3) Faudra-t-il être muni d'un permis de chasse pour détruire les animaux nuisibles?

Lors de la discussion du paragraphe de la commission, M. *His* a fait la question, et M. *Crémieux* a répondu : « Il est bien entendu que, pour chasser le gibier, il faut un permis de chasse, tandis qu'il n'en faut point pour détruire et repousser les animaux malfaisants. »

M. *de Morny* n'a pas trouvé cette explication suffisante. « Il faut, a-t-il dit, que le gouvernement veuille bien s'expliquer et répondre à la question de l'honorable M. His, qui est très-importante.

fermier de repousser ou de détruire, même avec des armes à feu, les bêtes fauves (1) qui porteraient dommage à ses propriétés (2).

Le mot *chasser* permet d'éluder la loi ; il faut savoir si le premier venu, sous prétexte de détruire le lapin, pourra chasser sans permis de chasse et sans port d'armes. »

M. *Crémieux* a répliqué : « J'ai répondu deux fois à l'objection que me fait l'honneur de me proposer M. de Morny dans ce moment. J'ai dit qu'il fallait bien distinguer dans l'article ce que l'article distingue lui-même. Il y a des animaux malfaisants qu'on peut chasser, remarquez le bien, avec l'autorisation du préfet, en temps prohibé, dans les propriétés non closes ou non attenant à une habitation. Toutes les fois qu'il s'agira de cette chasse, soit que vous la fassiez sur votre terrain non clos, dans le temps prohibé, soit que vous la fassiez sur le terrain d'autrui, le préfet devra d'avance, par des règlements, autoriser cette chasse ; c'est une chasse qui exige un permis de chasse. (Il est bon d'observer que l'article de la commission, au lieu du mot *détruire*, employait le mot *chasser*.) Cela n'a rien de commun avec la deuxième partie de l'article relative à la destruction des animaux qui attaquent la propriété ; vous avez le droit de détruire ces animaux sans avoir besoin d'un permis de chasse. »

Cette distinction, proposée par M. Crémieux, est tombée avec la rédaction de la commission qui en était la base ; et M. Hebert a formellement dit que la rédaction du gouvernement, à laquelle il proposait de revenir, ne laisserait point de doute à cet égard : j'ai déjà rapporté son discours. (Voy. p. 128.)

(1) M. *Beaumont* (de la Somme) a demandé que les pigeons fussent compris dans la catégorie des bêtes fauves que le propriétaire ou le fermier peut détruire. « Vous savez, a-t-il dit, combien les pigeons, au moment des semailles, font de tort à l'agriculture ; c'est à tel point que pour certaines graines, entre autres pour les graines oléagineuses, on est obligé dans nos campagnes de mettre des gardiens, et de les y mettre toute la journée pour empêcher l'approche des pigeons : on n'a pas le droit de les tirer. Au moment où l'on sème les graines oléagineuses, je voudrais que le fermier fût autorisé à tirer et à tuer les pigeons qui viennent manger ses semailles. »

M. *le garde des sceaux* a répondu : « Nous faisons une loi sur la chasse; je crois que l'honorable orateur qui vient de prendre la parole contre les pigeons devrait savoir, pourrait savoir que c'est dans la loi sur la police rurale que doivent se trouver ces dispositions.

« Dans la loi actuelle il n'y a rien qui déroge, sous ce rapport, aux lois sur la matière. »

M. *de Beaumont* a répondu que beaucoup de dispositions introduites dans la nouvelle loi existent déjà dans divers règlements d'administration. « Dès lors, je ne vois pas, a-t-il dit, pourquoi on ne comprendrait pas dans la loi actuelle un animal très-destructif. »

M. *Vatout* a aussi demandé que les lapins fussent compris au nombre des animaux malfaisants :

« Je parle sérieusement, a-t-il dit, la loi nouvelle ne le dit pas, et il est de la plus haute importance qu'elle le dise, et même qu'on apporte une modification à l'art. 2 de la loi, c'est-à-dire qu'on laisse aux propriétaires le droit de chasser les lapins pendant toute l'année.

« Au commencement d'avril les lapins sont déjà assez forts pour sortir des bois et se répandre dans les récoltes, où ils causent des dommages quelquefois considérables.

« Il résulte de ces faits qu'il est de toute nécessité que si vous ne faites pas au lapin le même honneur qu'à la caille en lui consacrant un paragraphe spécial, il soit du moins bien entendu que le lapin est classé parmi les animaux malfaisants dont parle la loi. (Oui ! oui !)

« Il ne sera donc pas permis aux préfets de mettre la chasse en doute, car ce serait porter une atteinte réelle aux droits de la propriété, et à la conservation des récoltes. (Très-bien.)

« Je me résume, en demandant que le lapin soit considéré comme animal nuisible, et que le propriétaire ait le droit de le détruire chez lui pendant toute l'année. » (Appuyé.)

M. *Le garde des sceaux* a dit : « Il faudrait substituer les mots *animaux malfaisants* aux mots *bêtes fauves*, et alors la dénomination comprendrait tous les animaux destructeurs des récoltes. »

M. *Dessaigne* a de nouveau reproché à cette expression *bêtes fauves* d'être insuffisante et incomplète.

M. *Crémieux* a répondu : « Mais, dites vous, quels sont les animaux malfaisants que j'aurai le droit de détruire ? Je réponds : *tous les animaux qui pourraient nuire à vos propriétés, et qui, à ce titre, sont malfaisants.* » (Voy. la note 1re, p. 126.)

Il est évident, d'après la discussion qui précède, que les lapins rentrent dans la classe des animaux nuisibles ; mais que faudra-t-il décider à l'égard des pigeons?

La loi du 4-11 août 1789 porte, dans son art. 2 : « Le droit exclusif des fuies et colombiers est aboli ; les pigeons seront enfermés aux époques fixées par les communautés, et, durant ce temps, ils seront regardés comme gibier, et chacun aura le droit de les tuer sur son terrain. »

Ainsi, s'il existe des arrêtés municipaux qui prescrivent la fermeture des colombiers pendant un certain temps, nul doute que pendant tout ce temps l'on ne puisse tuer les pigeons sur son terrain, comme toute autre espèce de gibier.

Je crois aussi que, dans tous les cas, qu'il existe des arrêtés municipaux ou qu'il n'en existe pas, l'on peut toujours détruire les pigeons qui viendraient à se répandre dans les semailles, ou à porter dommage aux récoltes, comme on pourrait le faire des volailles. L'art. 12 de la loi du 28 septembre-6 octobre 1791 décide en effet que : « si ce sont des volailles, de quelque espèce que ce soit, qui causent le dommage, le détenteur ou le fermier qui l'éprouvera pourra les tuer, mais seulement sur les lieux au moment du dégât. » (Arrêt de la Cour de cassation du 1er août 1829 Sirey, 29. 1. 369 ; Dalloz, 29. 1. 317.)

Hors ces cas, il est bien certain que l'on ne peut, même sur son propre fonds, tirer sur les pigeons d'autrui, ni les prendre avec des trappes, des filets, de la glu, ou de toute autre manière. Voy. Merlin. *Rép.*, v° *Colombier*, et Toullier, t. 4, n. 6, à la note.

Voir aussi mes notes sur l'art. 2 de la loi des 4, 6, 7, 8 et 11 août 1789.

(2) M. *Delespaul* a proposé d'ajouter ici un paragraphe additionnel, qui avait pour but d'autoriser les préfets à prendre des arrêtés pour interdire l'emploi de la *chanterelle*. « Il n'y a pas, a-t-il dit, de chasse plus destructive que celle qui se fait

Ils pourront prendre également des arrêtés :

1° Pour prévenir la destruction des oiseaux (1) ;

avec la chanterelle ; sera-t-elle ou non interdite ? »

Plusieurs voix : « Elle l'est. »

M. *Delespaul* a repris : « Comment, elle l'est ! En vertu de quelle disposition ? »

M. *Crémieux* a répondu : « En vertu de plusieurs. D'abord, la chasse au filet étant interdite, vous avez beaucoup moins à craindre de la chasse à la chanterelle, et si, pendant le temps où la chasse est permise, on ne peut empêcher celle que vous craignez, le paragraphe de l'art. 9 donne au préfet le droit de prendre des arrêtés pour empêcher la destruction des oiseaux. Cette chasse si désastreuse pourra donc être interdite. Votre amendement devient donc inutile. »

L'art. 12, n. 6 punit d'une amende de 50 à 200 fr. et même d'emprisonnement, ceux qui auront chassé avec appeaux, appelants ou *chanterelles*. Voy. ci-après, p. 146.

(1) M. le baron *de Daunant* a fait observer qu'il lui paraissait inutile d'autoriser le préfet à prendre des arrêtés contre la destruction des oiseaux, car la défense de les chasser au filet et par tout autre mode que la chasse au fusil a été prononcée d'une manière absolue par le deuxième paragraphe de l'article qui nous occupe. « Le préfet, a-t-il ajouté, n'a donc qu'à tenir la main à ce que cette disposition soit exécutée, et non à prendre de nouveaux arrêtés. »

M. *le rapporteur* a répondu : « Dans l'intérêt de l'agriculture, il avait été réclamé de toutes parts, et par un assez grand nombre de conseils généraux notamment, qu'on prévînt la destruction des oiseaux. Eh bien ! pour donner plus de garantie, indépendamment des dispositions générales de la loi qui sont dans les art. 1er et 9 que vous avez votés, et qui interdisent tout procédé de chasse autre que le fusil et les chiens, il nous a paru utile de donner, dans tous les cas, aux préfets le droit de prendre des arrêtés pour prévenir la destruction des oiseaux. C'est d'autant moins faire disparaître les interdictions générales de la loi, que la disposition a pour but de donner au préfet les moyens d'accroître encore ces interdictions générales en ce qui concerne les oiseaux. Ainsi, la chasse des oiseaux ne peut se faire que dans les termes des art. 1er et 9 de la loi, à moins qu'il ne s'agisse d'oiseaux de passage ; et, de plus, les préfets auront le droit de prendre des arrêtés pour prévenir la destruction des oiseaux, de quelque manière qu'elle ait lieu. »

M. le marquis *de Barthélemy* a demandé s'il serait interdit de pratiquer à l'avenir un mode de chasse qui existe en Provence, et qu'on pourrait appeler *la chasse des dames*.

« C'est, dit-il, ce qu'on appelle la chasse des *taises*. Les taises ne sont autre chose que des allées de broussailles. Au milieu de ces allées, on place des filets. Les dames vont faire du bruit dans les broussailles, et font jeter dans les filets les petits oiseaux qui s'y trouvent. ......

« Je ne puis croire, ajoute-t-il, que l'intention de la commission ait été de prohiber le mode de chasse dont je parle, cependant j'en voudrais recevoir l'assurance. »

M. *le rapporteur* a répondu : « En ce qui concerne les oiseaux de passage, les préfets des départements prendront des arrêtés pour déterminer l'époque de la chasse, les modes et les procédés de cette chasse ; cela répond à tout.

« S'agit-il de la chasse du gibier sédentaire, si je puis parler ainsi, des oiseaux du pays, l'art. 9 donne la règle : vous pouvez chasser à tir ou à courre ; rien de plus.

« S'agit-il des oiseaux de passage, les préfets prendront des arrêtés pour déterminer les modes et les procédés de cette chasse. »

M. le marquis *de Barthélemy* a repris : « En sorte que les arrêtés de préfecture pourront déterminer le mode de chasse ; c'est tout ce que je voulais savoir. »

Quelques voix : « Pour les oiseaux de passage. »

Cette discussion peut laisser quelque incertitude sur le sens de la loi. En règle générale, pour les oiseaux sédentaires, suivant l'expression de M. le rapporteur, la chasse au fusil est la seule permise. Mais les préfets pourront encore, si ce mode de chasse leur paraît trop destructif, le prohiber. Cela est évident, puisqu'ils sont armés d'un pouvoir discrétionnaire et absolu, que la loi leur donne le droit de prendre toutes les mesures qu'ils jugeront convenables pour prévenir la destruction des oiseaux.

Dira-t-on que ce droit est limité par le principe qui permet de chasser au tir ? Je ne le pense pas ; car la loi ainsi entendue n'aurait pas de sens. En effet, les petits oiseaux ne peuvent être chassés désormais qu'au tir. Après avoir établi cette règle, on ajoute que les préfets pourront prendre des arrêtés pour prévenir la destruction des oiseaux. On suppose donc évidemment qu'ils pourront défendre la chasse au tir, ou apporter à cette chasse certaines restrictions. Autrement, je le répète, la disposition n'aurait pas de sens. Ils pourront aussi, il est vrai, défendre de prendre les nids d'oiseaux, mais cela ne sera-t-il pas un peu puéril ?

M. Championnière, *Manuel de la chasse*, rappelle un règlement de la Table de Marbre de Paris, du 13 avril 1600, portant défense à toutes personnes, même munies de la permission du propriétaire, de chasser et prendre à la glu, pipée, feuilles, avec harnais, filets et engins, ou autrement, *les menus oiseaux de chant et de plaisir*, soit linottes, chardonnerets, pinsons, serins, tarins, fauvettes, rossignols, cailles, alouettes, merles, sansonnets et autres semblables, depuis la mi-mars jusqu'à la mi-août. Mais ce règlement exceptait de la prohibition « les jeunes oiseaux de l'année en âge compétent « pour nourrir, lesquels pourront être pris et dé- « nichés dans les héritages des particuliers proprié- « taires, par leur congé et permission. » — Si donc les préfets défendent de dénicher *les oiseaux en âge compétent pour nourrir*, ils seront plus sévères que la Table de Marbre.

M. le marquis *de Barthélemy* s'est trompé s'il a pensé que les explications qui lui ont été données signifiaient que les préfets pourraient, par des arrêtés, permettre la chasse des *taises*. Il est certain, au contraire, qu'ils ne le pourront pas, car désormais il n'y a plus que deux modes de chasse possibles : le *tir* et le *courre*. Sans doute, aux termes du n. 1, § 3, du présent article, il y a pour les préfets droit de déterminer les procédés de chasse des oiseaux, mais, comme on l'a fait remarquer à M. Barthélemy, c'est seulement des *oiseaux de passage*.

En faisant ressortir les véritables intentions de la loi, il me semble que je justifie ce que j'ai dit précédemment de son excessive sévérité. Il est d'abord fort douteux que les oiseaux soient pour l'a-

2° Pour autoriser l'emploi des chiens levriers (1) pour la destruction des animaux malfaisants ou nuisibles;

---

griculture des auxiliaires aussi utiles qu'on l'a dit. S'ils détruisent les insectes, ils dévorent aussi les récoltes et plusieurs espèces de fruits. En admettant même que leur action ait tous les excellents résultats qu'on indique, il était possible d'empêcher leur destruction sans proscrire, comme on l'a fait, en termes généraux et absolus, tous les procédés de chasse autres que le tir et le courre. Le législateur ne doit pas aller à son but, alors même qu'il est utile, par des moyens trop violents: il faut tenir compte des habitudes, des usages, respecter même ce qui n'est quelquefois qu'un objet de délassement. Rien de tout cela, dans la loi actuelle, n'a été pris en considération; on a converti brusquement en délits des faits qui, de tout temps, ont été tenus pour un exercice bien innocent. On aura toutes les peines du monde à persuader aux populations des campagnes que la loi défend ce qu'elles ont toujours fait; et de deux choses l'une, ou la loi restera sans exécution, ou les nombreuses poursuites dont elle sera la cause la rendront odieuse et vexatoire au plus haut degré. On voulait atteindre les oiseleurs de profession, les braconniers, il fallait prendre des mesures allant à ce but et ne le dépassant pas. Qui empêchait, par exemple, de défendre la vente des oiseaux ou de certaines espèces d'oiseaux? On aurait ainsi atteint l'industrie dangereuse, et on n'aurait pas converti en délit la chasse inoffensive, à laquelle peuvent se livrer des femmes et des enfants.

(1) La commission de la Chambre des Pairs pensa qu'il était utile d'attribuer aux préfets le droit d'interdire l'emploi des chiens levriers. « Cette chasse, dit M. *Franck-Carré*, est essentiellement destructive: nous n'en prononçons point l'interdiction absolue; nous laissons au préfet le soin de statuer à cet égard. »

A la Chambre des Députés, M. *Barillon* proposa de ranger parmi les arrêtés *obligatoires* et *permanents*, sur lesquels le préfet *doit* prendre l'avis du conseil général, ceux qui sont relatifs à l'interdiction de l'emploi des chiens levriers.

C'était supposer que l'emploi des chiens levriers serait interdit d'une manière absolue, puisque le préfet était obligé de prendre, sur l'avis du conseil général, un arrêté qui prononçât cette interdiction. M. *Lenoble* a dit à ce sujet:

« Il résulte de l'amendement qui est proposé que l'emploi des chiens levriers sera interdit. Que la loi le déclare elle-même, je le comprends, mais qu'elle n'impose pas au préfet l'obligation de le déclarer après avoir entendu le conseil général, puisqu'il n'aura pas la faculté de faire autrement.

« La Chambre, a-t-il continué, se rappellera qu'après avoir déclaré dans le paragraphe 1er de cet article que la chasse ne pouvait avoir lieu qu'à tir et à courre, elle a ajouté que tout autre moyen de chasse était interdit. Si l'on croit que la chasse aux levriers ne doive pas faire une exception, il en résultera que la chasse aux chiens levriers n'étant pas nommément indiquée dans le premier paragraphe de l'article, cette chasse tombe dans les prohibitions du second paragraphe, et il suffira de supprimer, dans la fin de l'article en discussion, la disposition relative à l'emploi des chiens levriers. »

Quelques membres ont, au contraire, prétendu que la chasse aux chiens levriers est comprise dans la chasse à courre, et que l'emploi de ces animaux y est même nécessaire dans la chasse aux loups. Une longue discussion s'est engagée sur ce point.

Enfin, M. *Gillon* a proposé un nouveau système. Suivant lui, l'emploi des chiens levriers n'est pas moins funeste aux récoltes qu'au gibier, et l'administration forestière leur a interdit l'entrée de ses forêts (art. 4 de l'ordonn. royale du 20 août 1814). Il ne faut les souffrir que contre les animaux nuisibles, mais hors de là, le maître qui les emploiera sera poursuivi et puni.

« Il n'y a, dit-il, qu'un très-léger changement à faire à la proposition de la commission: au lieu de dire que le préfet pourra prendre des arrêtés pour *interdire* l'emploi du chien levrier, écrivons dans la loi qu'il pourra prendre des arrêtés pour *permettre* l'emploi du chien levrier. (C'est cela!) Quand la tranquillité publique demandera que cet emploi soit autorisé pour la poursuite et la destruction des animaux nuisibles, le préfet signera un arrêté qui en accordera l'autorisation. Règle générale, point de chasse faite au levrier en quelque saison que ce soit. Toute personne qui s'aidera d'un animal de cette espèce pour chercher ou poursuivre le gibier, même sur son propre terrain, et fût-elle munie d'un permis de chasse, est coupable aux yeux de notre loi. Ainsi, le cultivateur qui a en réserve, près de sa charrue, un chien levrier qu'il lance sur le gibier, doit être puni; il doit l'être encore si, de son propre mouvement, le chien est parti pour attaquer le gibier qu'il a saisi, et que son maître est venu relever et emporter; il doit l'être enfin si, traversant les champs, il a laissé son chien se mettre en guette du gibier et le poursuivre. Voilà ce que nous avons vu, au grand détriment de la conservation des récoltes, comme de la conservation du gibier, et voilà ce que nous entendons que la loi interdise et réprime; car, encore une fois, elle ne souffre l'intervention des levriers que par exception, et dans les cas si rares où le préfet aura cru leur secours utile contre les animaux nuisibles. »

Sur cette proposition, M. *Barillon* a modifié ainsi son amendement:

« Le préfet devra prendre des arrêtés, sur l'avis du conseil général, pour déterminer les cas où l'emploi des chiens levriers sera autorisé. »

La discussion a continuée, et M. *Gillon* a donné de nouvelles explications sur son amendement:

« Le préfet, dit-il, selon la proposition de la loi, ne peut prendre des arrêtés que pour interdire l'emploi des chiens levriers. Je demande le contraire, c'est-à-dire que ce magistrat ne puisse prendre d'arrêtés que pour permettre ou autoriser l'emploi des levriers. Ainsi, dans ma pensée, diamétralement contraire à celle du projet de loi, le levrier est repoussé de la chasse; il n'y est toléré que par exception, et pour les cas où le préfet l'aura cru nécessaire, par exemple, pour la chasse des animaux malfaisants. Cela est clair; pourquoi ne pas l'écrire aussi nettement que nous l'entendons? » . . . .

De nouvelles explications furent encore demandées, et M. *le garde des sceaux* répondit: « On comprend très-bien qu'il peut y avoir une règle et une exception.

« Je reconnais, d'après les observations présentées par M. Barillon, que, si l'on se bornait à dire que les préfets pourront prendre des arrêtés pour

9° Pour interdire la chasse pendant les temps de neige (1).

10. Des ordonnances royales détermineront la gratification (2) qui sera accordée aux gardes (3) et gendarmes (4) rédacteurs des procès-verbaux ayant pour objet de

---

interdire l'emploi des chiens levriers, la règle générale serait l'autorisation, et l'interdiction serait l'exception.

« Tandis que, au contraire, je pense que, dans l'intention de la Chambre, la règle générale doit être l'interdiction, et l'autorisation doit être l'exception. » (C'est cela.)

« Eh bien! il me semble que nous arriverons à ce but, que se propose la majorité de cette Chambre en laissant l'économie de la loi telle qu'elle est, et en disant : « Les préfets pourront prendre des ar- « rêtés pour autoriser l'emploi des chiens levriers. » Il sera bien clair qu'à moins d'autorisation expresse du préfet, il y aura interdiction. »

M. *Deslongrais* a demandé qu'on ajoutât : « pour la destruction des animaux nuisibles. » « Si vous mettez, dit-il, *autoriser*, comme règle générale, les préfets pourront dire : nous autorisons l'emploi des chiens levriers. »

M. *Pascalis* a répondu : « Il y a là une erreur. Il est des pays, et je le dis pour l'avoir vu, dans lesquels on fait la chasse à courre avec des levriers. »

Voix diverses : « Il n'y en a pas, les chiens levriers sont muets. »

Le paragraphe, ainsi amendé, a été adopté.

L'expression *levriers* ne s'applique-t-elle qu'aux *levriers de pure race?* Ne comprend-elle pas encore *les levriers croisés*, *les levriers dégénérés*, enfin toutes les espèces qui dérivent de cette classe?

M. *Peltereau de Villeneuve* a provoqué une explication à cet sujet : « Les chiens levriers de pure race, a-t-il dit, ne sont pas les seuls animaux dangereux pour le gibier; il y a encore les croisés levriers qui ne le sont pas moins et qui même le sont davantage. Les levriers, certainement, sont à redouter et à interdire; cependant ils n'ont pas, ainsi qu'on l'a signalé, ils n'ont pas le flair, l'odorat très-fin; ils font bien lever l'animal, mais ils ne peuvent le suivre dans les couverts.

« Il y a un immense inconvénient de la part des races *croisées levriers*, qui joignent le flair à la vitesse, qui ont la finesse de l'odorat des chiens dont ils ont pris l'origine, et qui, par conséquent, présentent un double inconvénient et un double danger. Je demanderai donc qu'on ajoute au mot *levriers* les mots *croisés levriers* ou *dérivés levriers.....* »

M. *Manuel* a répondu : « Si l'on adopte la proposition de l'honorable préopinant, nous allons nous trouver dans la nécessité de nommer des experts pour savoir ce que c'est que des levriers pur sang ou des levriers croisés; nous ne pouvons descendre dans de pareils détails, cela est indigne de la Chambre. (Oui, oui.)

M. *le garde des sceaux* a ajouté : « L'expression générique suffit. » (Oui, c'est vrai.)

M. *Peltereau de Villeneuve* a dit aussi qu'il demeure bien entendu que le mot *levrier* signifie à la fois *levrier pur sang* et *levrier croisé....* (Oui, oui), enfin toutes les espèces qui en sont dérivées. « Il importe qu'on ne puisse venir chicaner un arrêté du préfet, en prétendant que l'on peut chasser avec un chien levrier, parce que ce chien ne serait pas de pure race. Qu'il soit donc bien entendu... (Mais oui, mais oui.) Alors je n'insisterai plus, mais l'explication était nécessaire.

Dans la suite de la discussion, M. *Gillon* est revenu sur ce point, et il a dit : « Dans notre loi qui, avant tout, et par une disposition fondamentale, repousse l'usage des *levriers*, j'entends dire qu'il y aura des incertitudes sur l'acception exacte de ce mot. Sont-ce les levriers pur sang qui sont prohibés dans la chasse ordinaire? N'y souffrira-t-on pas les levriers dégénérés, qui ont perdu dans des alliances bâtardes l'agilité et la force de la race normale? Oh! en vérité, je ne me sens pas le courage de discuter de telles objections. La loi peut avoir des condescendances, mais se dégrader, jamais. (Très-bien! Notre loi parle un langage qui a cours dans toutes les classes de la société, quand elle se sert des mots *chiens levriers*. Ce langage a donc le sens ordinaire, celui attaché à ce mot dans l'acception vulgaire et commune. »

Cette explication de M. Gillon ne contredit en rien celle qu'avait donnée avant lui M. Peltereau de Villeneuve; elle ne fait au contraire qu'en préciser davantage le sens et la portée.

(1) M. *Peltereau de Villeneuve* a fait observer qu'on interdit la chasse pendant les temps de neige, parce que c'est un moyen de détruire le gibier, à la reproduction duquel tout le monde s'intéresse. « Mais, a-t-il dit, il ne faut pas oublier non plus que c'est un moyen infaillible de détruire les animaux nuisibles, parce qu'on les trouve, et on les détourne facilement. Je propose donc qu'on ajoute aux mots : « Pour interdire la chasse pendant les temps de « neige, » ceux-ci : « à l'exception de celle des ani- « maux nuisibles. »

M. *le garde des sceaux* a répondu : « Cela va sans dire. »

(2) M. *de Cambacérès* a demandé la suppression pure et simple de l'art. 10.

« Il ne me paraît pas convenable, a-t-il dit, de maintenir ce qui s'est fait jusqu'ici et d'accorder une gratification aux gardes et gendarmes, qui n'auront fait, après tout, qu'accomplir strictement un devoir. La gendarmerie a rendu et rend chaque jour assez de services pour prouver qu'il n'est pas nécessaire de stimuler son zèle par l'appât d'une récompense pécuniaire. Quant aux gardes champêtres, soyez persuadés que ceux qui comprennent leurs devoirs n'ont pas besoin d'être intéressés à les accomplir, et que ceux qui auront surtout en vue le bénéfice qu'ils peuvent tirer de leur conduite auront toujours plus à gagner à entrer en accommodement avec les délinquants qu'à mériter la gratification promise par le gouvernement. Il ne me semble pas que l'on doive, je le répète, récompenser ainsi les agents de la force publique, lorsqu'ils ne font que remplir un devoir, et qu'ils encourraient une punition s'ils agissaient différemment. »

Cet amendement n'a pas été appuyé. Il me semble qu'il aurait dû l'être.

(3) M. *de Boissy* supposait qu'il s'agissait des gardes particuliers, et il combattait la proposition.

M. *Boullet* lui a répondu : « Il s'agit de gardes champêtres ou forestiers. »

(4) L'art. 23 autorise les employés des contributions indirectes et des octrois à rechercher et à constater les délits prévus par le paragraphe 1er de l'art. 4. Auront-ils droit à la gratification que l'art. 10 accorde aux gardes et gendarmes?

M. le marquis *de Boissy* a fait observer que, si l'on admettait que les employés des contributions pussent verbaliser, il faudrait les comprendre dans

constater les délits (1).

SECTION II. *Des peines* (2).

l'art. 10, comme devant concourir aux gratifications qu'il accorde, et il a demandé le renvoi du vote sur l'art. 10 jusqu'à ce qu'on eût statué sur ce point.

Lorsque la disposition contenue dans l'art. 23 fut adoptée, M. le président dit : « La Chambre a ajourné le vote de l'art. 10 jusqu'après celui de l'article que vous venez d'adopter à l'instant.

« A l'occasion de cet article, il s'agissait de savoir si, après avoir accordé aux employés des contributions la faculté de dresser des procès-verbaux, vous les comprendriez dans l'énumération des agents qui pourraient avoir part aux gratifications. La commission a proposé de ne pas les y comprendre, et elle maintient l'art. 10 tel qu'il était conçu primitivement. »

L'art. 10 a été mis aux voix et adopté. Ainsi, les préposés des contributions indirectes n'auront pas droit aux gratifications.

(1) M. *Lelorgne d'Ideville* avait proposé d'insérer ici un article additionnel ainsi conçu :

« Les communes rurales pourront, au moyen d'une délibération du conseil municipal, homologuée par le préfet, affermer le droit de chasse, *sur les biens communaux* et sur le terrain des propriétaires qui déclareront renoncer à exercer ce droit par eux-mêmes.

« Dans ce cas, le prix de fermage sera appliqué au paiement du garde champêtre, et, s'il y a lieu, au rachat des prestations en nature et autres charges communales.

« Le dégrèvement aura lieu de manière à ce qu'il allége d'autant la part de cotisation attribuée sur les rôles de la commune, à ceux des propriétaires qui auront renoncé à exercer ce droit de chasse. »

Suivant M. d'Ideville et les orateurs qui ont pris parti pour sa proposition, c'était le moyen de faire que le droit de chasse fût efficace, car son exercice est empêché à chaque instant par le nombre excessif des parcelles de propriété; c'était en même temps le moyen d'empêcher le braconnage, car ce honteux métier est surveillé et puni, quand la chasse est aux mains d'un locataire honnête, qui a l'intérêt réel et le moyen sérieux de faire respecter son droit ; c'était enfin le moyen de procurer aux communes pauvres des ressources à l'aide desquelles elles pourront avoir des gardes champêtres suffisamment payés, et desquels on pourra exiger de l'assiduité dans le service qui leur est confié.

Le gouvernement n'a pas cru devoir s'associer au vœu émis par M. Lelorgne d'Ideville : « Une telle disposition, a dit M. *le garde des sceaux*, ne peut trouver place dans une loi sur la police de la chasse, et ce n'est que dans une loi sur l'administration des communes qu'elle trouverait peut-être utilement sa réalisation.

« D'ailleurs, a-t-il ajouté, l'amendement de l'honorable M. Lelorgne d'Ideville est inutile, car ce qu'il demande se pratique déjà dans plusieurs localités, et rien ne s'opposera à ce que cette pratique soit continuée.

« Sous ce double rapport et parce que l'amendement est inutile, et parce qu'il n'est pas à sa place naturelle, je ne crois pas qu'il doive être adopté par la Chambre. »

M. *Gillon* a insisté dans le sens de l'amendement; et de plus, il a fait observer que dans les communes où les propriétaires se portaient, comme à l'envi, à renoncer à leur droit de pêche, pour laisser la commune en tirer profit par une location, un obstacle est venu entraver ces transactions si avantageuses, que cet obstacle est né des exigences de l'enregistrement.

M. *le rapporteur* a répondu que les communes peuvent incontestablement louer le droit de chasse sur les terres qui leur appartiennent, et profiter de la bonne volonté des habitants qui consentent à ce que le droit de chasse sur leurs propriétés soit loué dans l'intérêt communal.

(2) Avant de s'occuper des différentes dispositions que cette section renferme, il est nécessaire d'examiner jusqu'à quel point elles sont soumises à l'influence des principes généraux du droit criminel. La pensée de remonter ainsi aux règles qui doivent diriger les magistrats et les jurisconsultes dans l'application des lois pénales m'a été naturellement suggérée par la discussion qui s'est élevée à la Chambre des Députés, sur la question de savoir si l'intention de l'agent doit être considérée comme un élément essentiel du délit de chasse, ou s'il suffit que le fait matériel existe. »

C'est à l'occasion d'un amendement de M. *Pellereau de Villeneuve* sur le paragraphe 2 de l'art. 11 que la controverse s'est engagée. Voici comment s'est exprimé M. *Delespaul:*

« A la suite de l'incident qui a terminé la séance d'avant-hier, après le vote qui a repoussé l'article additionnel proposé par notre collègue M. Pellereau de Villeneuve, je pense que des explications sont devenues indispensables.

« D'un côté, un honorable membre de la commission, M. Pascalis, avec l'autorité qui s'attache à la position élevée qu'il occupe dans la magistrature, est venu vous dire : « Mais, prenez garde, car « quand il s'agit de délit de chasse, les tribunaux « qui sont appelés à prononcer ont à examiner deux « choses : le fait et l'intention ; il faut que le chasseur ait contrevenu à la loi non seulement par le « fait, mais encore par l'intention. Si donc il est « bien démontré au tribunal que c'est sans la volonté « du chasseur, malgré lui, que ses chiens, entraînés « par l'ardeur de la poursuite, sont allés sur le terrain d'autrui, il n'y a pas délit. »

« L'observation de M. Pascalis eût été sans réplique si, dans un passage de son rapport qui vous a été signalé par M. Pellereau de Villeneuve, M. Lenoble, l'honorable organe de votre commission, n'était venu vous dire précisément le contraire. Voici ses paroles : « On a compris, vous a dit « M. Lenoble, que dans la répression des délits communs le juge avait à déterminer, non seulement « le fait matériel, mais encore l'intention ; tandis « que lorsqu'il s'agit de délit de chasse, le fait seul « constitue la contravention. »

« Vainement M. Pellereau de Villeneuve a conjuré l'honorable rapporteur de venir expliquer à cette tribune, comment il entendait concilier son opinion avec celle de son collègue M. Pascalis.... Les explications n'ont pas été données.

« Aujourd'hui, Messieurs, comme il est impossible de se rendre un compte exact du motif qui a fait rejeter l'amendement de M. Pellereau de Villeneuve, comme, à défaut d'un texte précis, il est essentiel que les tribunaux puissent au moins trouver une règle d'interprétation dans les paroles

11 (1). Seront punis d'une amende de seize

du gouvernement, je viens demander à M. le garde des sceaux si, lorsqu'il a refusé son assentiment à la proposition de l'honorable M. Peltereau de Villeneuve, son refus lui a été dicté par ce motif que l'article proposé lui paraissait inutile, et que le droit commun suffisait. Des explications que je réclame peut dépendre, je ne crains pas de le dire, l'adoption ou le rejet du projet de loi tout entier. »

M. *le rapporteur* a répondu : « En supposant que la commission et l'honorable M. Pascalis ne soient point d'accord sur un point de jurisprudence, je n'entrevois pas, je l'avoue, quelle en serait la conséquence dans le débat actuel.

« Il est vrai que l'opinion du rapporteur, et celle de la commission est qu'en matière de contravention et de delits de chasse, l'intention ne peut être présentée comme une excuse ; mais il n'en résulte pas qu'il n'y ait pas nécessité d'examiner le fait en lui-même, d'en apprécier les circonstances afin de reconnaître si ces éléments constituent un délit. Dans cet examen, le juge recherchera si le fait a été le résultat de la volonté de celui auquel il sera imputé, mais il ne recherchera pas s'il y a eu intention de commettre ou de ne pas commettre un délit. C'est en ce sens que le fait seul constitue la contravention.

« Ainsi, si je voulais citer un exemple, je dirais que, dans le cas où des chiens s'échappant d'un chenil parcourront la campagne, lanceront une piece de gibier, la suivront, il n'y aura pas délit de chasse imputable au propriétaire des chiens, s'il ne les suit pas ou ne les fait pas suivre pour tuer ou prendre le gibier. Pourquoi? Parce que, dans ce cas, il n'y a pas acte resultant de sa volonté, et qu'il n'y a pas de chasse.

« Mais si, dans une circonstance semblable ou toute autre, ce propriétaire, parcourt en chassant la propriété d'autrui croyant parcourir la sienne, son erreur, qui pourtant implique sa bonne foi, par conséquent son défaut d'intention, ne sera pas admise comme une excuse, parce que son fait, résultat d'une volonté libre, est un acte de chasse caractérisé.

« C'est dans ce sens que la commission a exprimé son opinion, c'est dans ce sens qu'elle la maintient. Du reste, l'honorable M. Pascalis n'a pas dit autre chose, puisqu'il a ajouté, comme explication, que, si les tribunaux reconnaissaient que le fait avait eu lieu contre la volonté du propriétaire des chiens ou du chasseur, ils ne condamneraient pas, parce qu'il n'y aurait pas délit de chasse.

« L'honorable M. Delespaul doit donc reconnaître qu'il n'y a rien de contradictoire entre ce qui a été dit par le rapporteur et ce qui a été dit par M. Pascalis; que l'un et l'autre ont été d'accord sur ce point; qu'il fallait examiner le fait, voir s'il présentait les caractères du fait de chasse et s'il avait eu lieu volontairement. Il en résulterait que, dans ce cas, ce ne serait pas l'intention, mais le défaut de volonté dans la perpétration, qui entraînerait avec soi le caractère d'un délit. »

Ces paroles de M. le rapporteur ne font point disparaître la contradiction entre son opinion et celle de M. Pascalis.

Il reconnaît que, pour qu'il y ait délit, il faut que le fait soit volontaire; mais M. Pascalis va plus loin, il exige que le fait soit accompagné d'une intention criminelle. C'est à ce dernier avis que se rangeront tous les jurisconsultes. Si, par une dérogation aux principes généraux, qu'on a toujours eu quelque peine à justifier, les contraventions de police ont été déclarées punissables, alors même qu'il n'y a pas d'intention criminelle de la part de l'agent, jamais cette doctrine n'a été étendue aux délits. Il faut convenir, au surplus, que cette difficulté, si grave en théorie, ne se présentera guère dans la pratique. Il est, en effet, assez difficile de concevoir comment un fait de chasse pourra avoir lieu, sans que celui à qui il sera reproché ait eu intention de chasser. L'exemple qu'on a cité d'une personne chassant sur la propriété d'autrui, en croyant chasser sur sa propriété personnelle, confirmerait au beson ce que je viens de dire : il arrivera, en effet, bien rarement que l'on se trompe ainsi sur la limite de ses propriétés.

Une autre question qui pourra se présenter plus fréquemment, est celle de savoir si les règles générales relatives à la complicité sont applicables en matière de chasse. Je crois que l'affirmative est incontestable, et la Cour de cassation l'a ainsi jugé. (Arrêt du 6 décembre 1839, Sirey-Devill., 40. 1. 77.) Mais il faut convenir que cette solution conduirait souvent à des résultats bien rigoureux. M. Gillon a signalé les circonstances dans lesquelles il serait véritablement absurde de faire des principes de la complicité une application rigoureuse. Qu'il me soit donc permis de reproduire encore ici l'observation que j'ai déjà faite sur le caractère de la présente loi. On sera obligé d'user de grands ménagements dans son exécution, sans cela elle serait intolérable.

(1) Le système du projet (voy. p. 89), accueilli d'abord par la Chambre des Pairs, sauf quelques modifications, a été ensuite complétement abandonné lors de la discussion dans la Chambre des Députés.

La commission avait proposé d'y substituer les dispositions suivantes :

« Seront punis :

« 1° D'une amende de 16 à 50 fr., ceux qui auront contrevenu aux dispositions des arrêtés des préfets pour la destruction des animaux malfaisants ;

« 2° D'une amende de 16 à 100 fr., les fermiers de la chasse dans les bois soumis au régime forestier, qui auront contrevenu aux clauses et conditions de leurs cahiers de charges;

« 3° D'une amende de 20 à 100 fr., ceux qui seront trouvés porteurs ou munis, hors de leur domicile, de filets, engins et autres instruments de chasse prohibés ;

« 4° D'une amende de 50 à 100 fr., ceux qui auront chassé sans permis de chasse, ceux qui auront contrevenu aux dispositions des arrêtés des préfets concernant la chasse des oiseaux de passage et celle du gibier d'eau dans les marais, sur les étangs, fleuves et rivières ;

« 5° D'une amende de 30 à 100 fr., ceux qui auront chassé sur le terrain d'autrui sans son consentement; l'amende pourra être portée au double, si le délit a été commis sur des terres non dépouillées de leurs fruits, ou s'il a été commis sur un terrain entouré d'une clôture continue, faisant obstacle à toute communication avec les héritages voisins, mais non attenant à une habitation ;

« 6° D'une amende de 50 à 200 fr., ceux qui auront chassé sans permis de chasse sur le terrain d'autrui, sans son consentement; si les terres n'étaient pas encore dépouillées de leurs fruits, la peine de l'emprisonnement de trois à quinze jours pourra, en outre, être prononcée;

« 7° D'une amende de 60 à 200 fr., ceux qui auront mis en vente, vendu, colporté, pris ou détruit, sur le terrain d'autrui, des œufs et couvées de faisans, de perdrix et de cailles; ceux qui auront chassé en temps prohibé et ceux qui, dans le même temps, auront mis en vente, vendu ou colporté du gibier; ceux qui auront contrevenu aux dispositions des arrêtés des préfets concernant la destruction des oiseaux et l'interdiction de la chasse en temps de neige;

« 8° D'une amende de 100 à 300 fr., ceux qui auront chassé, soit pendant la nuit, soit à l'aide d'instruments ou engins prohibés; ceux qui auront contrevenu aux arrêtés des préfets concernant l'interdiction de l'emploi des chiens levriers.

« Si le délit a été commis sur le terrain d'autrui et sans le consentement du propriétaire, la peine de l'emprisonnement de huit jours à trois mois pourra, en outre, être prononcée. Les peines seront toujours portées au maximum, lorsque les délits auront été commis par les gardes champêtres et forestiers des communes, ainsi que par les gardes forestiers de l'État et des établissements publics. »

M. *Lenoble*, dans son rapport, avait développé ainsi cet amendement :

« En examinant dans son ensemble l'échelle des peines que le projet de loi établit contre les infractions à ces dispositions, votre commission a dû se préoccuper corrélativement de la question de savoir si l'art. 463 du Code pénal serait applicable aux délits de chasse. On n'a pas contesté qu'en règle générale cet article inséré dans un Code qui contient toute notre législation pénale en ce qui concerne les délits communs, n'est point appliqué dans les matières qui sont régies par des lois spéciales. On a reconnu que, dans la répression des délits communs le juge avait à examiner non seulement le fait matériel, mais encore à apprécier la question d'intention, tandis que, lorsqu'il s'agissait d'un délit de chasse, le fait seul constituait la contravention. Cependant, on a fait observer qu'en dehors de la question d'intention, les circonstances du fait, ses conséquences pouvaient être telles que le délinquant pût y trouver sinon une excuse, au moins un moyen d'atténuation de ses torts, et on a proposé, dans le cas où l'art. 463 ne serait point applicable aux délits de chasse, d'en admettre indirectement les dispositions en abaissant le minimum des peines déterminées par le projet de loi. Cette proposition n'a pas rencontré de contradicteurs, et c'est dans la supposition de l'adoption de l'art. 19 que votre commission a fait à l'art. 11 les modifications dont elle va vous rendre compte. Le paragraphe 1er punissait d'une amende de 15 à 25 fr. l'infraction aux arrêtés des préfets, pris en exécution de l'art. 9. Cette disposition générale pouvait donner lieu à des interprétations diverses, lorsque aurait été agitée la question de savoir dans quelle catégorie devaient être classés certains faits punissables de leur nature, même en l'absence des arrêtés des préfets Votre commission a pensé que les infractions aux dispositions des arrêtés des préfets devenaient des infractions aux prohibitions générales de la loi, et c'est en les considérant sous ce point de vue, qu'elle les a comprises, selon leur gravité, dans les divers paragraphes de l'art. 11.

« La contravention aux arrêtés des préfets relatifs à la destruction des animaux malfaisants est la seule que la commission ait maintenue dans le paragraphe 1er en fixant l'amende au chiffre de 16 à 50 fr.

« Quant au paragraphe 2, la commission a fixé le minimum à 16 fr., tandis que le projet ne proposait que 15 fr. Le motif de ce changement est que c'est seulement à 16 fr. que commence la compétence des tribunaux correctionnels.

« Le minimum de l'amende prononcée par le paragraphe 3 a été porté à 100 fr., parce que votre commission a pensé qu'aucun motif ne peut justifier la conduite de celui qui, hors de son domicile, est trouvé porteur de filets ou engins prohibés. Le fait de les porter doit faire présumer l'intention de s'en servir.

« C'est dans ce paragraphe 4 que votre commission a placé les infractions aux arrêtés des préfets concernant la chasse des oiseaux de passage et celle dans les étangs. C'était le classement adopté par le gouvernement dans son premier projet de loi.

« En ce qui concerne le paragraphe 5, votre commission y a fait quelques modifications qu'elle doit vous expliquer. Elle a abaissé le minimum de l'amende, c'est la conséquence de la détermination en ce qui concerne l'art. 463, et elle a, de plus, supprimé le mot *ensemencées*, parce que ce mot, rapproché de ceux qui le suivent, lui a paru présenter un sens équivoque ou insuffisant. En effet, il résulte des explications échangées devant la Chambre des Pairs que la seule circonstance de l'ensemencement n'est pas le cas prévu, et qu'il est indispensable que cet ensemencement ait produit des plantes qui montrent leurs fruits. Si tel est le sens de la loi, le mot *ensemencées* doit être supprimé, car, autrement, la disposition pénale ne comprendrait que les fruits industriels, et laisserait les fruits naturels, tels que les herbes des prés, sans protection.

« Ce ne peut être à la loi de déterminer à quelle époque des plantes en croissance peuvent être considérées comme fruits. La loi de 1790 s'était servie de ces mots : *entier dépouillement des fruits*, et la jurisprudence avait admis que c'était aux tribunaux chargés de l'application de la loi pénale à décider la question de savoir si les plantes qui couvraient la terre devaient être considérées comme fruits. Il ne sera rien innové à cet égard; les tribunaux devront apprécier les faits, et ils ne manqueront pas, en le faisant, de remarquer que si l'amende peut être portée au double, ce n'est qu'en vue du dommage qui peut être causé au propriétaire par la destruction de ses fruits, et que ce dommage n'est possible qu'autant qu'il y a des fruits.

« Enfin, le projet s'est servi de ces mots : *terrain clos*, tandis que dans l'art. 14 il rappelle la définition de la clôture insérée dans l'art. 2 du projet. Cette différence de diction pouvait faire supposer que le mot *clos* dans l'art. 11 avait une signification autre que dans l'art. 2, et c'est pour lever tout doute que votre commission vous propose de rétablir la définition de la clôture dans la rédaction du paragraphe 5.

« Il était impossible d'indiquer par énumération dans l'art. 2 tous les modes adoptés pour faire des clôtures; la loi n'aurait pas tout prévu, et d'ailleurs elle s'attache au résultat plutôt qu'aux moyens employés pour l'obtenir. Pour qu'il y ait clôture, il faut qu'il y ait isolement complet des propriétés voisines, et que la communication avec elles soit empêchée par un obstacle continu. Mais il arrive

à cent francs (1) :

que des propriétés closes dans ces conditions sont traversées par des chemins, et votre commission a pensé que cette circonstance ne devait pas être considérée comme faisant cesser la continuité de la clôture. C'est l'objet d'un amendement qu'elle propose sur l'art. 2.

« Le minimum des amendes prononcées par les paragraphes 6 et 7 a été abaissé : c'est l'équivalent de la possibilité de l'application de l'art. 463. C'est dans le paragraphe 7 qu'ont été prévues les infractions aux arrêtés des préfets, concernant la destruction des oiseaux et la chasse en temps de neige.

« La chasse avec les chiens levriers, quand elle est poussée jusqu'à l'abus, est le moyen de destruction le plus préjudiciable. Cet abus a été signalé par la presque unanimité des conseils généraux, et il n'est pas douteux que les préfets prendront des arrêtés pour réprimer cette chasse. Mais l'infraction à ces arrêtés devra être sévèrement punie, et c'est par ce motif que votre commission l'a inscrite dans le dernier paragraphe de l'art. 11. »

« Dans le droit commun, les agents chargés de constater les délits encourent le maximum de la peine lorsqu'ils se rendent coupables d'une infraction de la nature de celles qu'ils sont chargés de constater; le projet de loi est muet sur cette question, et il serait douteux que la dispesition du Code pénal pût être invoquée. Votre commission vous propose, par amendement, de reproduire cette disposition à la fin de l'art. 11, en ce qui concerne les gardes. Cette mesure ne paraîtra pas trop rigoureuse, puisque, à cause de la nature de leurs fonctions, ils ne doivent pas se livrer à l'exercice de la chasse. »

Mais le système proposé par la commission, et dont M. Lenoble avait présenté, comme on vient de le voir, le développement, a été abandonné; il a été remplacé par un amendement de M. *Dessaigne*, auquel le gouvernement et la commission ont adhéré, et qui seul a été mis en discussion. Il était ainsi conçu :

« § 1er. Seront punis d'une amende de 16 à 100 fr. :

« 1° Ceux qui auront chassé sans permis de chasse;

« 2° Ceux qui auront chassé sur le terrain d'autrui sans le consentement du propriétaire;

« 3° Ceux qui auront contrevenu aux arrêtés des préfets concernant les oiseaux de passage, le gibier d'eau, la chasse en temps de neige, et aux chiens levriers;

« 4° Ceux qui seront trouvés munis ou porteurs hors de leur domicile de filets, engins ou autres instruments de chasse prohibés;

« 5° Les fermiers de la chasse dans les bois soumis au régime forestier qui auront contrevenu aux clauses et conditions de leurs cahiers de charges;

« § 2. Seront punis d'une amende de 50 à 200 fr. :

« 1° Ceux qui auront chassé en temps prohibé.

« 2° . . . .

Ce paragraphe n'a pas été lu; on a mis en discussion à sa place une rédaction de M. Vivien. (Voy. *infrà*). C'est la rédaction qui est restée dans l'article.

« 3° Ceux qui auront chassé sans le consentement du propriétaire sur un terrain non encore dépouillé de ses fruits ou entouré d'une clôture continue, faisant obstacle à toute communication avec les héritages voisins, mais non attenant à une habitation;

« 4° Ceux qui auront pris ou détruit sur le terrain d'autrui des œufs ou couvées de faisans, de perdrix ou de cailles;

« 5° Ceux qui, en temps où la chasse est prohibée, auront transporté, mis en vente, colporté, vendu ou acheté du gibier.

« La peine de l'emprisonnement de trois jours à un mois pourra, en outre, être prononcée contre ceux qui seront dans les cas prévus aux n° 2 et 3 du présent paragraphe.

« Les peines seront toujours portées au maximum lorsque les délits prévus au présent article auront été commis par les gardes champêtres et forestiers des communes, ainsi que par les gardes forestiers de l'Etat et des établissements publics. »

Sur la proposition de M. Vivien, on a fait des paragraphes 1er et 2e deux articles séparés, qui sont les art. 11 et 12.

(1) M. *Marquis* a demandé la réduction du maximum à 50 fr. pour le cas de chasse sur le terrain d'autrui, sans le consentement du propriétaire.

« Je ne puis comprendre, a-t-il dit, que ceux qui chassent sur le terrain d'autrui soient assimilés à ceux qui chassent sans permis de chasse; il y a dans ce dernier cas violation de la loi, tandis que dans le fait de chasser sur le terrain d'autrui sans le consentement du propriétaire, il peut y avoir erreur et non culpabilité. »

M. *Crémieux* a répondu que M. Marquis ne demandait que la réduction du maximum, et que ce maximum importait peu, car le juge pouvant aller de 16 à 100 fr. punira dans le cas dont il s'agit de 25 à 30.

M. *Gillon* a réclamé de son côté une réduction du minimum; il a prétendu qu'il y a des cas où l'amende de 16 fr. serait beaucoup trop forte, et où les juges devront montrer la plus grande indulgence. Il est entré à cet égard dans des considérations qu'il importe de rappeler :

Il a rappelé que, sous l'ancienne loi, tout propriétaire pouvait, sans se munir d'un port d'armes, faire la chasse aux oiseaux sur son propre héritage, dans un verger ou dans un bois; car il ne faisait pas usage de fusil, il lui suffisait d'employer les piéges ordinaires, comme la glu et les petits instruments connus sous la dénomination de *raquettes*, *sauterelles* ou *lacets*. Aujourd'hui, a-t-il ajouté, ce délassement n'est plus possible sans le permis de chasse qui coûtera 25 fr.; ainsi le veut l'art. 1er de la loi, et encore l'art. 9 qui, en outre de la chasse à courre ou à tir, ne permet que les instruments indiqués par le préfet pour la destruction des oiseaux. Ainsi, qu'un enfant, qu'un vieillard pose autour de la haie qui enferme un jardin, qui longe un chemin public, quelques brins de bois enduits de glu, ou quelques-unes de ces raquettes ou sauterelles, il y a délit de chasse si le père de l'enfant ou le vieillard n'a pas payé le droit de permission de chasse. Il y a pareillement délit de la part du propriétaire qui, sans cette permission, tend de pareils piéges à des oiseaux dans son enclos non attenant à une habitation. Et notez que la jurisprudence constante est : *autant de chasseurs autant de délits* : ainsi l'a jugé l'arrêt de la Cour de cassation du 17 juillet 1823. Toutefois cette règle doit être entendue sainement; à coup sûr, le père de famille porteur de permis de chasse a bien la faculté de faire surveiller et soigner par ses enfants les piéges qu'il tend aux oiseaux, de même le maître par son fermier ou son domestique. Les tribunaux démêleront bien, si les per-

1° Ceux qui auront chassé (1) sans permis de chasse (2) ;

2° Ceux qui auront chassé sur le terrain d'autrui sans le consentement du propriétaire (3).

L'amende pourra être portée au double, si le délit (4) a été commis sur des terres

---

sonnes qui se donnent comme préposés pour autrui, ont ou non dirigé et soigné les instruments de chasse pour une autre personne ou pour elles-mêmes : mais, malgré l'appréciation qu'il est sage et indispensable de laisser aux tribunaux sur les circonstances de fait, toujours notre loi reste précise et inflexible sur ce point, que tout genre de chasse, si futile qu'il soit, est punissable, s'il y a manque d'un permis qui coûte 25 fr. Je sais que cette volonte de la loi vient de ce que, dans les contrées du midi, la chasse aux oiseaux est souvent d'un produit tres-avantageux, et qu'il n'est pas possible de classer des distinctions quant à ce genre de chasse.

M. Gillon a terminé en demandant qu'à côté de la rigueur qui naît de la généralité de la loi, on plaçat comme adoucissement la faculté pour le juge d'abaisser tres-sensiblement la peine, suivant les divers genres de chasse, et suivant les mille circonstances qui peuvent réclamer l'indulgence de la justice.

M. *le garde des sceaux* a répondu :

« Il est évident que si nous voulons examiner chaque cas en particulier, créer des hypotheses à plaisir, nous préoccuper d'un enfant qui tend des piéges aux oiseaux, ou d'un vieillard qui tend des vergettes à la glu, il est évident que nous ne ferons jamais la loi. Que veut-on ? on veut abaisser le minimum à 5 fr. ; mais aujourd'hui, sous l'empire d'une loi que tout le monde attaque, qui n'empêche pas la destruction du gibier, qui produit partout des braconniers, la peine est de 20 fr. Et c'est lorsque vous voulez remédier aux inconvénients de l'état actuel des choses, lorsque vous voulez faire une loi plus efficace, lorsque tout le monde a reconnu l'insuffisance de la pénalité actuelle, qu'on en vient à demander une amende de 5 fr. seulement ! Encore un coup, quand on veut une chose, il faut la vouloir efficacement ; quand on veut atteindre un délit, il faut que la peine soit sérieuse.

M. *Gillon* a insisté de nouveau, et M. *Parès* a répondu :

« Il n'y a pas de difficulté sérieuse. La proposition de M. Gillon peut se résoudre par deux motifs : le premier, c'est que s'il s'agit d'un enfant de moins de seize ans, les tribunaux examineront la question de discernement. Voy. cependant *infrà*, et l'art. 28.

« La deuxième observation, c'est qu'apres la décision de la Chambre sur l'art. 463 du Code pénal, il n'est pas permis de proposer une peine au-dessous de 16 fr. d'amende, attendu que la juridiction correctionnelle ne pourrait descendre au-dessous que par l'application de cet article. »

Le premier paragraphe a été adopté.

Sur ces dernières observations de M. Parès, je dois faire observer qu'il a constamment été jugé jusqu'ici que l'art. 66 du Code pénal, qui permet d'acquitter, pour défaut de discernement, un prévenu qui est âgé de moins de seize ans, ne peut être étendu aux matieres régies par des lois spéciales, et notamment aux délits de chasse. (Arrêts de la Cour de Grenoble, du 12 janvier 1825, Dalloz, 26. 2. 166 : de la Cour de cassation, du 11 août 1836, Sirey-Devilleneuve, 37. 1. 364 ; du 5 juillet 1839, Dalloz, 39. 1. 409 ; Sirey-Devilleneuve, 40. 1. 189 ; de la Cour d'Amiens, du 11 août 1836 ; de la Cour de Douai, du 14 octobre 1836.) — Voy. Petit, *Traité du droit de chasse*, t. 2, p. 129.

(1) Il serait dangereux de chercher à définir ce qui constitue, à proprement parler, la chasse ; et cela ne serait pas extrêmement utile. Tout le monde se fait une idée assez nette de ce qu'il faut entendre par cette expression. Si quelques circonstances extraordinaires jettent du doute sur la question de savoir s'il y a ou non fait de chasse, les tribunaux les apprecieront.

La circonstance, constatée par procès-verbal d'un gendarme, qu'un garde champêtre a été aperçu tenant un fusil abattu dans la main gauche le long d'une propriété, n'est pas suffisante pour le constituer coupable d'un délit de chasse. (Arrêts de la Cour de cassation du 5 août 1839, Dalloz, 40. 1. 388 ; du 5 décembre 1839, Dalloz, 40. 1. 388 ; de de la Cour de Douai, du 5 novembre 1839, Dalloz, 40. 2. 193.)

Le fait par un chasseur, porteur d'un fusil, d'avoir regardé d'un chemin voisin ses chiens chasser dans les terres d'autrui sans les en empêcher ou les rompre dans leur course, constitue un délit de chasse. (Arrêt de la Cour de Rouen, du 17 juin 1831, Dalloz, 40. 2. 193.)

Le fait d'avoir tué d'un coup de bâton un faisan dans un parc royal n'est pas un vol, c'est un simple fait de chasse que punit l'art. 17 de l'ordonnance de 1601 d'une amende de 20 fr. pour la premiere fois. (Arrêt de la Cour de cassation, du 2 juin 1827, Dalloz, 27. 1. 262.)

Le fait par un individu d'avoir tiré du gibier, qui, quoique levé sur sa propriété, se trouvait alors sur le domaine de la liste civile, constitue le délit de chasse prévu et puni par l'art. 20 de l'ordonnance de 1601, et non par l'art. 4, titre 30 de l'ordonnance de 1669. (Arrêt de la Cour de cassation, du 11 avril 1840, Dalloz, 40. 1. 411.)

Voy. art. 30.

(2) Il ne suffit pas, pour être autorisé à chasser, que l'argent pour l'obtention du permis ait été consigné, ou que l'on ait fait des démarches à la préfecture pour l'obtenir, il faut qu'on justifie que le permis avait été délivré au moment où le fait de chasse a eu lieu. (Arrêts de la Cour de cassation, du 24 décembre 1819, Dalloz, 20. 1. 87 ; du 11 février 1820, Dalloz, 20. 1. 524 ; de la Cour d'Aix, du 7 mars 1823, Dalloz, 23. 1. 124 ; de la Cour de Grenoble, du 26 novembre 1823, Dalloz, 23. 1. 521 ; de la Cour de cassation, du 3 mars 1836, Dalloz, 36. 1. 248 ; de la Cour de cassation, du 20 avril 1837, Dalloz, 37. 1. 487.)

(3) Voy. note 1re, p. 138.

(4) Il est bien évident que, dans tous les cas, il n'y aura point de délit, si le chasseur a obtenu le consentement du propriétaire.

« La Chambre doit remarquer, a dit M. le comte *Siméon*, qu'il s'agit seulement de la chasse faite sans le consentement du propriétaire. Du moment que le propriétaire aura donné son consentement au chasseur, il pourra entrer même *dans le terrain qui sera clos*. Par conséquent, il n'y aura plus de délit. »

M. le baron *de Brigode* a demandé si, par les mots *non dépouillés de leurs fruits*, on voulait maintenir une disposition trop rigoureuse de la loi

non dépouillées de leurs fruits (1), ou s'il a été commis sur un terrain entouré d'une

de 1790, qui semblait défendre, même au propriétaire du sol, le droit de chasser sur ses terres, à moins qu'elles ne fussent absolument dépouillées de leurs produits.

« J'en appelle, a-t-il dit, à tous ceux ceux qui se livrent à l'exercice de la chasse, si cette disposition recevait sa pleine et entière exécution, la chasse, dans de nombreuses parties du territoire, ne serait-elle pas interdite à tout le monde?

« Effectivement, elle obligerait à ne chercher le gibier que sur des terres nues, et l'on sait qu'il ne s'y tient pas ordinairement. Dans les pays de petite culture, comme la Normandie, le nord, une partie des départements de l'est et de l'ouest, on cultive des plantes dites *verdures*, telles que des navets, turneps, trèfles, luzernes et foin de plusieurs coupes, ou autres encore qui restent sur pied après l'ouverture de la chasse et fort avant dans l'arrière-saison. C'est là principalement que se retire le gibier; le chasseur, en allant l'y chercher, ne commet aucun dégât nuisible aux propriétaires ou fermiers. En interdire l'entrée, c'est, je le répète, à peu près l'équivalent de l'interdiction de la chasse dans ces contrées.

« On dira peut-être : mais les tribunaux auront égard à ces circonstances particulières. Je serais porté à le croire, si la jurisprudence de la plupart des tribunaux et cours d'appel n'était absolument contraire à cette apparente garantie. »

M. *de Brigode* a cité à l'appui de son assertion un jugement du tribunal de Lille, qui a condamné un nommé Scheneider à 50 fr. d'amende, pour avoir tué un lièvre dans un plan de navets, et cela, malgré l'autorisation formelle du propriétaire.

M. *le rapporteur* a répondu que cette décision se comprenait à merveille; qu'elle n'était que l'exécution littérale de la loi de 1790, et qu'en effet, d'après cette loi, le propriétaire lui-même ne pouvait pas chasser dans sa terre, si cette terre n'était pas dépouillée de ses fruits. . . . . .

« . . . . . C'est très-sciemment, a-t-il ajouté, que nous n'avons pas voulu suivre en cela les errements de 1790. Cette réponse suffira pleinement à calmer les scrupules de M. de Brigode. Que disons-nous à l'art. 11 contre ceux qui auront chassé sur le terrain d'autrui sans l'assentiment du propriétaire? L'amende pourra être portée au double, contre qui, Messieurs? contre ceux qui auront chassé sur le terrain d'autrui sans l'assentiment du propriétaire, si le délit a été commis sur les terres non encore dépouillées de leurs fruits.

« Il est clair qu'il n'y a d'amende possible, et surtout d'amende au double, que contre celui qui *chasse en délit*, sur le terrain d'autrui. Dans ce cas-là, il y a amende, et, si le terrain est encore non dépouillé de ses fruits, l'amende est double.

« . . . . . Nous adoptons le principe contraire à celui qu'avait admis la loi de 1790. La circonstance que la terre était chargée de ses produits ne sera point un délit par elle-même, mais seulement une circonstance aggravante du fait de chasse sur le terrain d'autrui. »

(1) Est-il nécessaire, pour que l'amende puisse être portée au double, que le fait de chasse ait causé un dommage réel aux récoltes?

Le projet du gouvernement portait : « Si les terres étaient *ensemencées* ou chargées de leurs produits, l'amende sera portée au double, » et la commission de la Chambre des Pairs avait remplacé les mots : « *et chargées* de leurs produits, » par ceux-ci : « et non encore dépouillées de leurs fruits. »

M. le duc *de Coigny* a demandé une explication sur la signification de ces expressions.

« J'avoue, a-t-il dit, que je ne comprends pas bien le sens de ces mots, car, de tout temps, la chasse a été permise sur les terres ensemencées. En effet, on ne porte aucun préjudice au propriétaire en passant sur des graines nouvellement semées. Je crois cependant m'expliquer le but de cette exception en songeant que la loi actuelle s'applique aussi bien à la chasse à courre qu'à la chasse à tir. Là, je vois des dommages réels pour les récoltes, quand les chevaux foulent aux pieds un terrain nouvellement ensemencé; mais alors je voudrais qu'on expliquât que cette disposition ne s'applique pas à la chasse à tir. Autrement, il n'y aurait plus moyen de chasser, si vous empêchez de passer sur un terrain où il y a des grains nouvellement semés. »

M. *le rapporteur* a répondu : « Cette question est une de celles sur lesquelles on est obligé de s'en remettre à l'appréciation des tribunaux. Toutefois, il existait, dans les termes du projet, une expression trop large, d'un sens trop général; cette expression est celle-ci : *chargées de leurs produits*. Adopter ces mots, c'était, en réalité, supprimer la chasse, car c'était en restreindre l'exercice aux terres en jachères. Nous avons cru convenable de nous servir des expressions consacrées par la loi de 1790, et nous avons dit : *sur les terres ensemencées et non encore dépouillées de leurs fruits*, de manière à bien faire comprendre que nous n'entendions protéger, par l'aggravation de la peine, que dans les cas où le délit causait un préjudice plus grand. Il ne suffit donc pas que la terre soit ensemencée; ces expressions *et non encore dépouillées de leurs fruits*, supposent qu'il y a déjà des fruits, par exemple que le blé est en tuyau. Ainsi, la question sera toujours une question de dommage, et, par conséquent, une question de fait, abandonnée aux tribunaux. Nous avons adopté les mots de la loi de 1790, parce que nous avons adopté la pensée de cette loi; sous ce rapport, il n'y aura donc point d'innovation. »

M. le duc *de Coigny* a répliqué : « Je crois qu'il eût été plus clair de dire : s'il en résulte un dommage réel pour les récoltes. »

Les choses en sont restées là. La commission de la Chambre des Députés a supprimé le mot *ensemencées* (Voy. p. 137); et lors de la discussion, M. *Delespaul* a proposé d'ajouter au paragraphe ces mots : « Pourvu que ces fruits soient susceptibles d'éprouver un dommage réel par le fait du chasseur. »

« Mon amendement, a-t-il dit, a pour but de faire cesser une divergence qui s'est introduite depuis quelque temps dans les décisions judiciaires. Les unes distinguent entre le cas où la pièce de terre encore chargée de sa récolte peut souffrir un dommage par le fait du chasseur, et celui au contraire où, à cause de la nature même de la récolte dans laquelle la chasse a eu lieu, par exemple des trèfles qui sont en regain, cette récolte n'est susceptible d'en éprouver aucune espèce de dommage. On condamne dans le premier cas, on acquitte dans le second.

« D'autres tribunaux, au contraire, s'attachant strictement à la lettre de la loi, condamnent dans

clôture continue faisant obstacle à toute communication avec les héritages voisins,

toute espèce de cas, de telle sorte que, dans certains départements, où la propriété n'est jamais en jachère, la chasse devient absolument impossible.

« Il est très-essentiel, selon moi, de donner à l'article le plus de précision possible, et de chercher à concilier les intérêts du cultivateur avec l'exercice praticable d'un droit, pour lequel le propriétaire aura payé un impôt assez élevé. C'est à quoi tend mon amendement. A la Chambre des Pairs, la question que je soulève a fait l'objet d'un débat prolongé. Certains orateurs disaient : Pour qu'il y ait délit, il faut une condition, c'est si on a passé sur un champ de blé, par exemple, que le blé fût en tuyau, et que le fait de chasse ait causé un dommage réel aux récoltes. D'autres orateurs ont soutenu le contraire. »

M. *Luneau* : « Je crois qu'il est inutile de voter là-dessus, *c'est dans le droit commun*; si l'amendement mis aux voix était rejeté, voyez la portée du vote : les tribunaux pourraient se croire obligés d'appliquer la loi en sens contraire à la disposition de M. Delespaul. Si tout le monde était d'accord pour adopter la disposition comme étant indispensable, je ne ferais aucune observation ; mais si elle est mise aux voix pour être rejetée, j'indique les inconvénients du rejet. »

M. *Maurat Ballange* : « J'appuie l'amendement ; il me paraît indispensable de l'adopter, il s'ajoute à ces mots : *l'amende pourra être*, etc. Si cette disposition est absolue, il en résultera que toutes les fois que la terre sera couverte de ses fruits, les tribunaux seront obligés de prononcer une amende. Il ne peut entrer dans l'esprit de la Chambre qu'il en soit ainsi, parce que, comme on l'a fait observer, on rendrait la chasse impossible.

« Dans la plupart des pays, ou, pour mieux dire, dans tous les pays, il n'y a pas un jour de l'année où le sol ne soit couvert de produits quelconques, et il est certain qu'il est entré dans la pensée de la Chambre des Pairs que l'article ne fût applicable que dans le cas où il y aurait eu un dommage réel porté aux fruits de la terre. »

M. *le garde des sceaux* : « J'aurais peut-être compris l'amendement avant la proposition de M. Luneau ; mais remarquez que le double de l'amende ne doit pas être nécessairement prononcé ; la faculté de l'amende simple est laissée aux juges ; et lorsque cette faculté existe, est-il nécessaire d'ajouter cette disposition, et surtout dans des termes pareils : *les terrains susceptibles*, *etc*. . . . . . . Il faudrait prouver le dommage, mais il ne s'agit pas ici de dommages et intérêts, mais d'amende. »

L'amendement de M. Delespaul a été rejeté.

M. *de Beaumont* a dit alors : « Il faudrait cependant bien déterminer ce qu'on entend par fruits. Il est évident que si vous chassez dans un champ de pommes de terre, vous ne pouvez pas commettre de dégâts ! »

Le sens de la loi révélé par cette discussion me semble très-clair.

Toutes les fois qu'on chasse sur le terrain d'autrui sans le consentement du propriétaire, il y a délit punissable d'une amende de 16 à 100 fr. Si les terres sur lesquelles on a chassé ne sont pas dépouillées de leurs fruits, l'amende *pourra* être double, c'est-à-dire portée à 200 fr. Maintenant, suffit-il que des plantes dans un état quelconque couvrent encore le sol pour qu'on puisse dire que la terre n'est pas dépouillée de ses fruits ? La jurisprudence a admis sur ce point des distinctions. Ainsi, la Cour de cassation a jugé qu'un champ ensemencé en blé non encore en tuyau, est un terrain chargé sinon de récoltes en maturité, au moins de récoltes en croissance, et qu'il n'est pas permis d'y chasser sans être sujet aux poursuites d'office du ministère public. (Arrêts du 16 novembre 1837, Journal du Palais 1838, t. 2, p. 498 ; Dalloz, 38. 1. 210 ; et du 9 juin 1838, Dalloz, 38. 1. 369.)

Mais elle a jugé que le fait d'avoir chassé dans une pièce de luzerne dont la deuxième coupe a été faite, et qui n'était plus destinée à être fauchée de l'année, ne constitue aucun délit. (Arrêt du 31 janvier 1840, Dalloz, 40. 1. 397 ; Journal du Palais, 1842, t. 2, p. 267.)

La Cour royale de Bourges a décidé de même que le fait d'avoir chassé sur un champ de sainfoin dont la coupe est effectuée depuis quinze jours ne constitue aucun délit. (Arrêt du 25 novembre 1841, Journal du Palais, 1842, t. 2, p. 267.)

D'après la Cour de Grenoble, les produits de la terre non destinés à être récoltés, mais à être enfouis sur les lieux mêmes pour servir d'engrais, ne peuvent être considérés comme une récolte, dans le sens des dispositions de la loi qui défend de chasser dans un champ couvert de récolte. (Arrêt du 11 novembre 1841, Journal du Palais, 1842 t. 1, p. 274.)

Enfin, la Cour royale de Colmar a jugé que le fait d'avoir chassé dans un temps non prohibé sur des champs ensemencés de pommes de terre non encore récoltées, n'est pas de nature à causer le moindre dommage à cette sorte de production de la terre, et, dès lors, ne constitue pas de délit. (Arrêt du 16 novembre 1842, Journal du Palais, 1843, t. 1, p. 384.)

La jurisprudence, comme on le voit, paraît avoir adopté cette règle, que ce n'est qu'autant qu'un dommage matériel est résulté pour les récoltes *du fait* de chasse, qu'il peut y avoir délit dans le sens de la loi de 1790. Cette règle, si juste et si raisonnable, me semble encore devoir être prise pour guide par les juges, dans l'appréciation qui leur est laissée.

Que si l'amendement de M. Delespaul n'a pas été admis, c'est seulement parce que son insertion dans la loi n'a pas été regardée comme indispensable ; mais personne n'a voulu repousser le principe qu'il avait pour but de faire écrire dans l'article. M. le garde des sceaux lui-même, en insistant pour le rejet, s'est borné à dire que l'amendement était devenu inutile depuis qu'il était admis par la Chambre, *que le double de l'amende ne doit pas être nécessairement prononcé*, *et que la faculté de l'amende simple est laissée aux juges*, qui sont appréciateurs des circonstances.

Au reste, dans les discussions qui ont été rapportées plus haut, plusieurs orateurs ont présenté la règle proposée par M. Delespaul comme un principe incontestable.

Ainsi, M. Lenoble a dit dans son rapport : « La jurisprudence avait admis que c'était aux tribunaux chargés de l'application de la loi pénale à décider la question de savoir si les plantes qui couvraient la terre devraient être considérées comme fruits. Il ne sera rien innové à cet égard ; les tribunaux devront apprécier les faits, et ils ne manqueront pas en le faisant de remarquer que si l'amende peut être portée au double, *ce n'est qu'en vue du dommage qui peut être causé au propriétaire par la destruction de*

mais non attenant à une habitation (1).

Pourra ne pas être considéré comme délit de chasse le fait du passage des chiens courants sur l'héritage d'autrui, lorsque ces chiens seront à la suite d'un gibier lancé sur la propriété de leurs maîtres, sauf l'action civile, s'il y a lieu, en cas de dommage (2);

---

ses fruits, et que ce dommage n'est possible qu'autant qu'il y a des fruits. »

On lit également dans le rapport de M. *Franck-Carré* : « Nous avons dit : *non encore dépouillées de leurs fruits*, pour bien faire comprendre que nous n'entendions protéger par l'aggravation de la peine que dans le cas où le délit *causait en effet un préjudice plus grand.* Il ne suffit donc pas que la terre soit ensemencée; ces expressions : *et non encore dépouillées de leurs fruits*, supposent qu'il y a déjà des fruits, par exemple *que le blé est en tuyau. Ainsi, la question sera toujours une question de dommage*, et, par conséquent, une question d'appréciation de fait laissée aux tribunaux.

Cependant, il n'y aurait point ouverture à cassation contre un jugement qui porterait l'amende au double pour fait de chasse sur terres non dépouillées de leurs fruits, quoiqu'en fait il fût constant qu'aucun dommage n'a été causé.

(1) M. *Dessaigne*, dans son amendement, avait rangé le délit de chasse sur des terres closes ou non dépouillées de leurs fruits parmi les catégories de l'art. 12, et il lui appliquait ainsi l'amende de 50 à 200 fr.

M. *Luneau* a fait observer que le minimum de 50 fr. serait trop élevé dans beaucoup de cas, et il a proposé de reporter la disposition à la deuxième catégorie de l'art. 11, en laissant au juge la faculté de porter l'amende au double, suivant les circonstances.

« Le fait d'avoir chassé sur un terrain clos, dans un pays où les propriétés sont en général closes, a-t-il dit, n'est pas plus condamnable que celui de chasser sur un terrain ouvert, quand il n'est pas attenant à une habitation; il peut seulement être passible de dommages et intérêts plus considérables; les tribunaux apprécieront. »

« Relativement au fait des récoltes, je l'ai dit, et je le répéterai, on ignore complétement ce qui se passe. Quand les blés sont coupés, vous avez encore des prairies artificielles, des champs de sarrasins, de mil, etc.; c'est là que se réfugie le gibier. Eh bien! vous voulez que le minimum de l'amende, pour avoir tiré sur du gibier dans une prairie artificielle, soit de 50 fr.? Cela ne se peut pas. C'est vouloir rendre la chasse impossible dans certains départements. Ce que je propose, c'est de dire que ceux qui auront chassé sur le terrain d'autrui, sans le consentement du propriétaire, seront passibles d'une amende de 16 à 200 fr. L'amende pourra être doublée, mais elle pourra ne pas l'être; car, je ne rends pas la disposition obligatoire, si le délit a été commis sur des terres non encore dépouillées de leurs fruits, ou s'il a été commis sur un terrain entouré d'une clôture continue, faisant obstacle à toute communication avec les héritages voisins, mais non attenant à une habitation.

« Ainsi, le juge pourra se mouvoir dans la limite de 16 à 200 fr., tandis que, si vous vous en tenez aux termes de l'amendement de M. Dessaigne, il sera renfermé entre 50 et 200 fr. »

M. *le garde des sceaux* s'est rangé à cet avis.

« M. Luneau, a-t-il dit, demande de reporter au paragraphe 1er la disposition qu'il vient de discuter. Eh bien! il y a un motif qui me paraît péremptoire pour appuyer cette proposition, et ici je reviens sur l'observation que je faisais tout à l'heure, c'est-à-dire que, dans le second paragraphe, il faut maintenir toutes les dispositions qui peuvent s'appliquer aux braconniers. Il me semble, dès lors, qu'il faut supprimer du paragraphe 2 (maintenant l'art. 12) la disposition dont vient de parler l'honorable M. Luneau, et alors vous n'aurez plus dans le paragraphe 2 (art. 12) à statuer qu'à l'égard des braconniers ou de ceux qui peuvent leur être assimilés.

« J'appuie donc la proposition de M. Luneau. »

L'amendement de M. Luneau a été adopté.

Dans le projet de la commission de la Chambre des Pairs, on lisait : *sur un terrain clos*; on a cru devoir y substituer ceux-ci : *sur un terrain entouré d'une clôture, etc.* M. Lenoble, dans son rapport, explique la raison de ce changement. Voy. *suprà*, p. 137.

(2) Ce paragraphe a été introduit par la Chambre des Députés, sur la proposition de M. *de Morny*.

Voici comment il a été développé par son auteur :

« On se trouve, a-t-il dit, placé entre deux écueils. D'une part, l'écueil d'interdire complétement la chasse à courre, c'est-à-dire d'exciter la cupidité des petits propriétaires et de convertir forcément en délit le passage des chiens sur l'héritage d'autrui, de façon qu'une chasse à courre serait devenue d'une telle cherté, qu'elle serait devenue complétement impossible. En effet, remarquez que, lorsque des chiens, emportés à la suite d'un gibier, traversent plusieurs petites propriétés, si leur passage sur chacune de ces propriétés constitue un délit de chasse, les amendes qui en résulteraient seraient telles qu'il deviendrait impossible de chasser à courre en France.

« D'une autre part, M. Pellereau reconnaîtra, comme moi, que l'amendement qu'il présentait avait quelque chose de trop positif, puisqu'il constituait un autre droit, celui de passer sur la propriété d'autrui, sans qu'il pût en résulter le caractère d'un délit. Eh bien! il y a certains cas où le délit doit être nécessairement établi, sans quoi les braconniers, évidemment, profiteraient de ces termes absolus pour éluder la loi.

« Messieurs, pour sortir de cette difficulté, pour éviter chacun de ces deux écueils, il me semble que la Chambre n'a rien de mieux à faire que d'adopter l'amendement que j'ai l'honneur de lui proposer. C'est en quelque sorte établir que les tribunaux auront toujours à apprécier les circonstances et à déterminer si le gibier a été lancé sur la propriété des maîtres des chiens, si la chasse a été faite loyalement, ou bien si, au contraire (ce qui constitue le véritable délit de chasse), on a été rechercher sur la propriété d'autrui le gibier qui s'y trouvait. Chasser sur autrui, c'est chercher le gibier qui se trouve sur la terre d'autrui. Passer sur la terre d'autrui en chassant un gibier lancé sur ses propres terres, c'est peut-être causer un dégât ou dommage, mais ce n'est pas commettre un délit de chasse. Voilà la distinction. »

M. *le rapporteur* a répondu : « . . . . . L'amendement de l'honorable M. de Morny pose un principe que la commission n'a jamais contesté, c'est qu'un fait qui a l'apparence d'un délit peut n'en être pas un ; que, dès lors, il y a nécessité d'examen. En cela, il diffère de celui de M. Peltereau, qui proposait de décider législativement la question. Dès l'instant où l'examen des faits, l'appréciation du droit sont remis aux tribunaux, la commission n'a aucune objection à présenter, et elle accepte l'amendement de M. de Morny. »

M. *le garde des sceaux* a adhéré à la proposition.

« Il n'y a pas, a-t-il dit, en cette matière de principes absolus. Si le chasseur dont les chiens traversent un héritage n'a pas fait ce qui dépendait de lui pour les retenir ou les empêcher, les juges pourront condamner ; mais, dans le cas contraire, lorsque le fait du passage aura été parfaitement indépendant de la volonté du propriétaire, la condamnation serait une injustice, et alors les tribunaux ne condamneront pas. C'est dans ce sens que l'amendement est rédigé ; j'y donne complétement mon adhésion. »

M. *Dessaigne* a proposé une modification ; il a demandé la suppression du mot *courants*.

« Dans les départements où les propriétés sont étendues, a-t-il dit, je comprends l'exception que l'on veut accorder par l'amendement qui vous est proposé ; cet amendement me paraît juste, et je suis disposé à l'accepter ; mais, pour les départements où la propriété est infiniment morcelée, où la chasse au chien courant est seulement la chasse exceptionnelle, où la chasse habituelle, celle qui est exercée par la classe moyenne, se fait habituellement au chien d'arrêt, là où les propriétés sont infiniment morcelées, il peut arriver que le chien d'arrêt fasse partir, sur la limite extrême de la propriété, une pièce de gibier, et qu'il ne dépende pas du chasseur, malgré ses efforts, malgré sa volonté, de retenir immédiatement son chien, de lui faire abandonner la poursuite, de le faire rentrer sur sa propriété. »

« Je ne voudrais pas que par l'expression *chiens courants* on frappât la chasse au chien d'arrêt, et qu'on la plaçât dans une position plus rigoureuse que celle des chiens courants. Je demande donc qu'on supprime le mot *courants*. »

M. *Hébert* a répondu : « Je trouve l'amendement de M. de Morny parfaitement raisonnable ; je trouve la modification demandée par M Dessaigne fort dangereuse. Je combats la modification, et j'appuie l'amendement.

« M. Dessaigne, en demandant la suppression du mot *courants*, veut que l'amendement de M. de Morny s'applique à toute espèce de chiens de chasse, aux chiens d'arrêt ou couchants comme aux chiens courants ; c'est-à-dire qu'avec l'amendement tel qu'il serait rédigé d'après la proposition de M. Dessaigne le braconnage se trouverait autorisé. Voilà ce qui est certain pour quiconque a quelques notions habituelles de la chasse, non seulement dans telle ou telle partie de la France, mais dans toute la France.

« M. Dessaigne vous disait tout à l'heure : « Vous « favorisez la chasse à courre seulement, parce que « ce n'est que dans les départements de grande « culture que la chasse aux chiens courants a lieu. »

« M. Dessaigne se trompe : la chasse aux chiens courants se fait dans les bois, et, par conséquent, dans presque toutes les parties de la France. Le chien courant chasse dans les bois par un instinct qui l'entraîne ; on ne peut le rappeler comme le chien d'arrêt, qui revient toujours à l'appel de son maître. Voilà pourquoi on ne veut pas que le maître du chien courant soit en délit s'il n'a pu arrêter son chien. Mais quant au chien d'arrêt, qui chasse sous le fusil, qui répond à l'appel du chasseur, on peut l'arrêter, et voilà pourquoi il faut écarter la modification de M. Dessaigne et adopter l'amendement de M. de Morny. »

La proposition de M. Dessaigne n'a pas été appuyée, et l'amendement de M. de Morny a été adopté.

Lors du retour à la Chambre des Pairs, la commission a proposé de substituer aux mots : « *pourra ne pas être considéré, etc.* » ceux-ci : « *ne sera pas considéré, etc.* » ; c'était l'article de M. Peltereau de Villeneuve. M. *Franck-Carré*, dans son rapport, a expliqué ainsi les raisons de cet amendement :

« Le projet déclare que le fait du passage des chiens courants sur l'héritage d'autrui *pourra* ne pas être considéré comme délit de chasse lorsque ces chiens seront à la suite d'un gibier lancé sur la propriété de leurs maîtres, sauf l'action civile, s'il y a lieu, en cas de dommage. Il résulte de cette rédaction, Messieurs, que le fait spécifié dans cet article serait en général un délit, et que les circonstances, laissées à l'entière appréciation des tribunaux, pourraient seules lui faire perdre ce caractère. Votre commission ne peut approuver une telle disposition, dont le premier inconvénient serait de laisser dans l'incertitude et le vague la nature légale du fait, de ne lui imprimer aucun caractère, et d'abandonner aux magistrats la tâche impossible de l'absoudre ou d'en faire un délit, à leur gré. En adoptant les dispositions de l'art. 9 du projet de loi, qui considère la chasse à courre comme un exercice du droit de chasse, on a, ce nous semble, résolu la question que soulève maintenant l'art. 11, mais qu'il soulève pour la laisser indécise. Il n'y a pas en effet de chasse à courre possible, si l'on peut qualifier délit le simple fait du passage des chiens courants sur l'héritage d'autrui : chacun sait que le chien courant chasse pour son compte ; qu'il n'est en aucune façon aux ordres de son maître ; qu'il suit la piste du gibier partout où elle le mène ; que la volonté du chasseur serait impuissante à s'y opposer, et que celui-ci n'est pas plus le maître du chien après l'attaque que du gibier lancé par le chien. Or, n'est-il pas évident qu'on ne peut raisonnablement punir le chasseur pour un fait qui ne dépend point de lui, alors que ce fait est la conséquence nécessaire de l'un des modes légitimes de l'exercice du droit de chasse ?

« Vous n'aviez point, Messieurs, inséré dans la loi la conséquence formelle de ce droit, parce qu'il vous paraissait résulter clairement des dispositions de l'art. 9, et que la jurisprudence d'ailleurs l'a constamment et partout reconnu : mais il devient nécessaire de l'écrire pour éviter la confusion qui pourrait en être faite avec ce qu'on appelle généralement le *droit de suite*. Cette confusion doit être écartée, Messieurs. Nous ne vous demandons point de donner au chasseur le droit de suivre ses chiens, c'est-à-dire le droit de chasser sur le terrain d'autrui, mais de décider que le *fait seul* du passage de chiens courants sur l'héritage d'autrui ne sera point considéré comme délit, sauf, bien entendu, l'action civile, s'il y a lieu, en cas de dommage. »

Cet amendement a été rejeté après une vive discussion, qu'il importe de rapporter, car on peut jusqu'à un certain point en déduire les règles que les tribunaux auront à suivre dans cette large appréciation qui leur est laissée.

M. *le rapporteur*, pour défendre sa proposition, a dit qu'aux yeux de la commission il avait toute l'importance d'un principe.

« Vous avez, dans l'art. 9, a-t-il ajouté, fait résulter du permis de chasse deux droits ; vous avez légitimé deux modes d'exercice de la chasse : la chasse à tir et la chasse à courre. Eh bien ! tous ceux qui se sont occupés de la chasse savent que dans la chasse à courre, le chasseur n'est pas maître de ses chiens ; qu'une fois le gibier lancé, la meute ou le chien suit le gibier sans que le chasseur puisse s'y opposer, et que si le gibier va sur le terrain d'autrui, le chien l'y suit. Pouvez-vous alors dire que le fait du passage du chien sur ce terrain sera un délit? Remarquez que le chasseur ne suit pas le chien, que ni le projet du gouvernement, ni l'amendement de la commission ne supposent le passage du chasseur sur le terrain d'autrui ; évidemment, ou vous supprimez la chasse à courre, ou vous êtes obligés de reconnaître qu'il n'y a pas délit dans ce cas-là. L'article du projet suffit-il pour exprimer cette pensée? Nous ne l'avons pas cru. Le projet dit : *pourra ne pas être considéré comme délit*. . . . Qu'est-ce qui sera juge? On répond : ce sont les tribunaux. Les tribunaux ne peuvent pas accepter une telle appréciation : vous pouvez, assurément, renvoyer aux tribunaux une question qui porte sur des circonstances aggravantes ou atténuantes, sur le plus ou moins de gravité d'une action ; mais quand il s'agit de savoir si un fait est un délit ou n'en est pas un, le tribunal ne peut pas être investi d'une telle appréciation, c'est à la loi seule qu'il appartient de déterminer le caractère légal des faits ; il faut que la loi dise : tel fait est un délit ou n'en est pas un. Il ne peut pas appartenir aux tribunaux, d'après des circonstances parfaitement vagues et indéterminées, de déclarer que le fait est ou n'est pas un délit.

« Il faut donc que vous mettiez dans la loi que le fait du passage des chiens courants sera toujours un délit, ou que ce ne sera jamais un délit. . . . . »

M. le baron *Feutrier* a combattu l'amendement en ces termes :

« Le paragraphe du projet donne aux juges la faculté d'apprécier et de déclarer si le fait du passage des chiens courants sur l'héritage d'autrui est ou n'est pas coupable, lorsque les chiens sont à la suite du gibier lancé sur la propriété de leur maître. L'amendement déclare, d'une manière absolue, que le fait est innocent. »

« Je donne la préférence à la première rédaction, parce que le fait, suivant moi, est innocent ou coupable, suivant les circonstances.

« Pour mieux me faire comprendre, je vais prendre un exemple :

« Je suppose que deux grandes propriétés soient contiguës ; le propriétaire de l'une est avec ses chiens en chasse ; le gibier est levé sur sa propriété ; les chiens suivent le gibier sur la propriété du voisin ; le chasseur reste chez lui ; il ne va pas sur la propriété du voisin, et c'est au moment où les chiens ramènent le gibier qu'il le tire sur sa propriété. Il ne fait qu'user de son droit.

« Mais, au lieu de cela, un individu est propriétaire d'une portion de terrain ; il se promène avec ses chiens près de la propriété contiguë, une forêt, par exemple, qui ne lui appartient pas, mais à son voisin.

« M. le duc d'Harcourt a dit que les chiens étaient les seuls témoins en pareil cas. Les chiens ont-ils ou n'ont-ils pas fait lever le gibier sur la petite propriété du chasseur? Personne ne le sait. Cet individu attend que les chiens poursuivent le gibier qui a été levé je ne sais où, et le ramènent à la rendonnée au lieu voisin du départ. Il connaissait la voie que suivait habituellement le gibier, la coulée ; il s'y est tenu armé, il tire et tue.

« Certainement, dans ce cas, il a lancé ses chiens, il a tué le gibier au préjudice du propriétaire voisin. Je crois que cette manière d'attenter à la propriété voisine, de s'en approprier le gibier, que ce braconnage très-habituel, très usité et très-dommageable, est coupable, et que quand le juge reconnaît tous les caractères de ce délit, il doit le réprimer et le punir.

« Je crois donc que, dans le cas en discussion, il est bon de laisser au juge l'appréciation des circonstances de fait, puisque, selon les circonstances, il peut ou constituer un fait de braconnage ou être innocent.

« Je voterai donc pour la disposition facultative contre l'amendement de la commission. »

M. *le rapporteur* a dit « : Sur le point de fait que nous signale M. le baron Feutrier, il y a une réponse bien simple, l'article répond lui-même.

« La question de savoir s'il y a délit ou s'il n'y a pas délit dans le cas qui vient d'être cité, est celle de savoir si l'attaque du gibier a eu lieu sur le terrain de celui à qui appartiennent les chiens, ou sur le terrain du voisin.

« Si l'attaque a eu lieu sur le terrain de celui à qui appartiennent les chiens, le chasseur est dans son droit, quelle que soit l'étendue de sa propriété.

Si, au contraire, l'attaque a eu lieu sur le terrain d'autrui, il est dans son tort, il y a délit. »

M. le marquis *de Boissy* a répliqué :

« .... Je ne puis comprendre comment on hésiterait à s'en rapporter à l'équité des tribunaux, à leur amour de rendre une bonne justice ; comment la loi, dont ils doivent être les gardiens et les interprètes, déterminerait d'avance qu'ils ne pourront pas examiner, apprécier. Messieurs, il y a là une question que j'appellerai de moralité ; il faut donc qu'il y ait possibilité d'examen, d'appréciation.

« Si vous mettez : « Ne sera pas considéré comme « délit, » des braconniers qui, se plaçant sur une langue de terre leur appartenant, ou sur laquelle ils auront loué le droit de chasse, feront lever le gibier par leurs chiens, et iront l'attendre à l'affût, évidemment de ce fait résulterait un des délits que nous voulons empêcher. Si l'on mettait ce que demande la commission, il ne pourrait y avoir répression.

J'appuie donc le projet primitif, et je pense que, loin d'enlever l'appréciation facultative aux tribunaux, nous devrions, au contraire, l'encourager. »

L'amendement a été rejeté après une double épreuve déclarée douteuse.

Le sens de l'article est désormais bien clair. Le passage des chiens courants sur la propriété d'autrui n'est pas nécessairement, mais peut être un délit, selon les circonstances. Dans tous les cas, le passage du chasseur sur le terrain dont il n'est pas propriétaire est un fait punissable. Le délinquant ne pourra point donner pour excuse que les chiens ont passé les premiers et qu'il les a suivis.

Cela a été très-expressément reconnu dans la discussion.

« ..... Il ne faut pas confondre, a dit M. *Franck-Carré*, le droit conféré par notre amendement avec le droit de suite ; le droit de suite comprend non pas seulement le fait de la suite par les chiens, mais le fait de la suite par la chasse tout entière,

3° Ceux qui auront contrevenu aux arrêtés des préfets (1) concernant les oiseaux de passage, le gibier d'eau, la chasse en temps de neige, l'emploi des chiens levriers (2), ou aux arrêtés concernant la destruction des oiseaux et celle des animaux nuisibles ou malfaisants;

4° Ceux qui auront pris ou détruit, sur

---

par le chasseur lui-même; le droit donné au chasseur de suivre les chiens qui sont à la poursuite du gibier lancé.

« Nous n'avons pas voulu nous expliquer sur ce droit, le reconnaître ou le nier. La jurisprudence est fort controversée sur ce point : nous avons voulu le laisser à son appréciation..... »

Ces paroles pouvaient jeter quelque indécision sur la question; mais M. *le duc Decazes* a demandé : « Le chasseur peut-il passer sur le terrain d'autrui? »

M. *le rapporteur* a répondu : « Non du tout! »

M. *le duc Decazes* a fait remarquer que l'article ne le disait pas.

M. *le rapporteur* a soutenu qu'il le disait.

« Il est bien entendu, a repris M. *le garde des sceaux*, que si le chasseur entre sur la propriété d'autrui il commettra un délit. »

Et M. *le président* a ajouté : « Il commettra un délit en vertu du paragraphe que la Chambre vient de voter.

Au surplus, ces expressions : *pourra ne pas être considéré comme délit, le fait.....* me semblent, comme à M. Franck-Carré, tout à fait contraires aux principes fondamentaux du droit criminel. Il ne peut appartenir au juge de déclarer à son gré un fait innocent ou coupable. C'est au législateur de préciser les circonstances qui constituent un délit, et les tribunaux n'ont qu'à apprécier si ces circonstances existent ou non.

S'il avait été dit, comme l'avait proposé la commission de la Chambre des Pairs : *ne sera pas considéré comme délit le seul fait du passage.....* les tribunaux auraient examiné si le passage des chiens n'avait été accompagné d'aucune circonstance coupable, si ce passage avait été nécessaire, indépendant de la volonté du chasseur, et alors il n'y aurait pas eu délit. Mais si, au contraire, le maître avait excité ses chiens à entrer sur le terrain d'autrui, ou s'il avait négligé de les arrêter ou de les rappeler quand il pouvait le faire, alors il n'y aurait pas *eu simple fait de passage*, il y aurait eu délit.

(1) M. *Bureaux de Puzy* a fait cette observation :

« Le paragraphe 3 porte des peines contre ceux qui auront contrevenu aux arrêtés des préfets. Ces peines consistent dans une amende de 16 à 100 fr.; c'est-à-dire qu'elles sont dans la catégorie des peines correctionnelles. Il me semble qu'il y a quelque chose d'exagéré à appliquer des peines correctionnelles à des délits qui ne sont pas encore connus. En général, les infractions aux arrêtés des préfets ne sont punies que d'une simple peine de police, c'est-à-dire d'une amende de 1 à 15 fr. Je comprends que dans les infractions aux arrêtés des préfets, il puisse y avoir des délits qui entraînent des peines correctionnelles; mais il me semble que cela ne doit avoir lieu que contre des faits déjà connus. »

M. *Dessaigne* a répondu qu'il était impossible de procéder autrement; que c'est ainsi qu'on a agi toutes les fois qu'il a fallu déterminer les peines applicables à des délits nouveaux.

« C'est ainsi, a-t-il ajouté, qu'il y a dans la loi une disposition pénale qui s'applique à toutes les prohibitions qui sont insérées dans les arrêtés municipaux.

« Toutes les fois qu'un arrêté aura été pris par une autorité compétente dans les limites de ses attributions, il y aura nécessité de poser dans la loi elle-même la peine qui devra lui être appliquée, car l'autorité n'a pas le droit d'écrire la peine à côté de la *prohibition*. »

(2) Il s'agit ici du cas où le préfet ayant permis l'emploi du chien levrier, avec certaines restrictions, le chasseur aurait contrevenu à son arrêté, en négligeant de se conformer aux conditions qui lui auront été imposées.

Mais, à côté de ce cas, il y a celui où l'on *chasse au chien levrier* sans autorisation, contravention punie par l'art. 12, n. 2, qui atteint quiconque chasse par des moyens autres que ceux qui sont autorisés par l'art. 9.

On s'est formellement expliqué à cet égard.

« Le paragraphe, a dit M. *le rapporteur*, règle la peine qui sera appliquée à ceux qui contreviendront aux arrêtés des préfets, concernant l'emploi des chiens levriers. Or, il me semble qu'il a été reconnu qu'il n'y avait pas besoin des arrêtés des préfets pour interdire l'emploi des chiens levriers, et que ces arrêtés ne pouvaient être pris que pour en permettre dans certains cas l'emploi.

« La rédaction proposée par l'honorable M. Dessaigne ne comprendra donc que la contravention aux arrêtés des préfets, et non celle qui résultera de l'emploi des chiens levriers. L'emploi du chien levrier est un mode de chasse que la loi prohibe, et il faut qu'il existe une peine contre celui qui usera de ce mode; je ne trouve pas que cette peine puisse être appliquée en s'appuyant sur les termes du paragraphe en discussion. Et je crois que l'honorable M. Dessaigne reconnaîtra qu'il n'a pas prévu le cas que je viens d'indiquer, et qu'il y a lieu d'ajouter dans son amendement une disposition pénale applicable à ce cas. »

M. *Dessaigne* a répondu : « Ce que dit M. le rapporteur me paraît l'effet d'une confusion. Il est vrai que la Chambre a décidé que la chasse au chien levrier est interdite en général, mais elle pourra être permise exceptionnellement par arrêté du préfet. Il est donc nécessaire que le préfet prenne un arrêté, lorsqu'il s'agira d'autoriser la chasse au chien levrier, et il sera possible que le préfet apporte, par son arrêté, certaine restriction à la permission qu'il croira devoir accorder. Il pourra donc y avoir des infractions aux arrêtés du préfet, et, par cela même, il y a nécessité de prévoir la violation de ces arrêtés. »

M. *le rapporteur* a répliqué : « Si M. Dessaigne a entendu punir la contravention à l'arrêté du préfet. . . . . . . »

M. *Dessaigne* interrompant a dit : « Sans doute. »

« Je n'ai rien à objecter sur ce point, a poursuivi M. *le rapporteur*; mais maintenant il faut punir la chasse au levrier, puisque cette chasse est interdite. Je parcours la proposition de M. Dessaigne, et je ne trouve aucune pénalité contre celui qui chassera avec des chiens levriers; il faudrait y pourvoir. »

M. *Dessaigne* a reconnu que cette observation était parfaitement juste.

« Ce sera l'objet, a dit M. *Crémieux*, d'une addition au paragraphe 2 (art. 12). »

Lors de la discussion du paragraphe 2ᵉ de l'art. 12, dont M. Vivien était le rédacteur, M. *le rapporteur* a dit : « Je pense qu'il est dans l'intention de

le terrain d'autrui, des œufs ou couvées de faisans, de perdrix ou de cailles (1);

5° Les fermiers de la chasse, soit dans les bois soumis au régime forestier, soit sur les propriétés dont la chasse est louée au profit des communes ou établissements publics, qui auront contrevenu aux clauses et conditions de leurs cahiers de charges relatives à la chasse (2).

12. Seront punis d'une amende de cinquante à deux cents francs (3), et pourront, en outre, l'être d'un emprisonne-

---

M. Vivien de considérer comme moyen prohibé, la chasse au chien levrier. » Et M. *Vivien* a répondu : « Oui, Monsieur le raporteur. »

(1) La commission avait rangé le délit prévu par ce paragraphe dans les catégories de l'art. 12, et le punissait ainsi d'une amende de 50 à 200 fr. C'est sur la proposition de M. Luneau qu'on a diminué cette pénalité en rapportant le paragraphe dans l'art. 11.

« Quant aux nids, aux couvées, a-t-il dit pour justifier sa proposition, quelque regrettable que soit leur destruction, ce n'est pas ordinairement le fait des braconniers : la chasse ne leur serait pas assez profitable ; il faut voir ce qui arrive le plus souvent. Ce sont les enfants, à la campagne, qui vont chercher les nids pour élever les petits ou pour vendre les œufs. Le fait est condamnable, je le sais bien ; mais faites attention que ce sont des paysans, de malheureux fermiers qui en seront responsables. Ne prononcez donc pas contre eux des peines excessives. Comment, pour un pareil délit, une amende de 16 à 100 fr. n'est pas suffisante! Messieurs, arrêtez-vous devant cette pénalité, et n'allez pas au-delà. »

Si je ne me trompe, on aurait dû être encore moins sévère, tenir compte des habitudes et considérer qu'au fond le dommage n'est pas bien grand.

(2) M. *Delespaul* a fait remarquer que l'application de ce paragraphe pourrait soulever une grave difficulté.

« Le cahier de charges, a-t-il dit, limite le nombre des personnes que le fermier de la chasse peut conduire avec lui dans les forêts. Lorsque le fermier aura contrevenu à cette clause, en introduisant avec lui dans la forêt un nombre de chasseurs excédant celui autorisé, par exemple trois ou quatre chasseurs au lieu de deux, qu'adviendra-t-il? Sera-t-il dressé contre le fermier autant de procès-verbaux qu'il y aura eu de chasseurs introduits par lui dans la forêt au-delà du nombre convenu ; ou bien, ce qui me semblerait moins rationnel et ce qui pourtant est arrivé dans une forêt située dans le voisinage de l'arrondissement que j'ai l'honneur de représenter, sera-ce contre les chasseurs eux-mêmes, accompagnant le fermier de la chasse, que les procès-verbaux seront dressés? Mais alors voici la difficulté qui se présente.

« Il ne pouvait y avoir que deux chasseurs, plus le fermier : au lieu de deux, il y en a eu trois, il y en a eu quatre ; deux ont chassé avec qualité suffisante, les deux autres ont chassé indûment.

« Comment fera le garde forestier pour s'y reconnaître? Comment dressera-t-il son procès-verbal? Chacun disant : Ce n'est pas moi qui suis le coupable, comment le reconnaîtra-t-il? qui choisira-t-il? »

M. *Crémieux* a répondu : « Il y a violation de la clause du cahier des charges toutes les fois que l'adjudicataire fait entrer dans les bois, pour chasser, plus d'individus qu'il n'a le droit d'en faire entrer ; donc, il y aura d'abord procès-verbal contre lui. Il pourra aussi y avoir procès-verbal contre ceux qui auront chassé avec lui, si les individus ont chassé en sachant très bien que le cahier des charges interdisait cette chasse ; ils seront complices du délit : c'est une question que les tribunaux auront à décider et qui ne doit pas empêcher d'adopter le paragraphe. »

M. *Delespaul* a répliqué : « Le fermier de la chasse ne pouvait amener avec lui que deux amis ; il en a amené trois : il est passible d'une peine pour son compte ; cela est fort bien ; mais, parmi les trois personnes qui sont entrées avec lui dans la forêt pour chasser, contre laquelle sera-t-il dressé procès-verbal et dirigé des poursuites? En un mot, qui choisira-t-on? »

M. *Crémieux* a dit : « Mais on ne choisira pas, on les traduira devant les tribunaux qui jugeront. »

« Tout cela ne se peut, la difficulté me paraît insoluble, » a répondu M. *Delespaul.*

« Il n'y en a pas, » a dit M. *Crémieux.*

M. *Pascalis* a ajouté : « Il n'y aura de délinquant que le fermier de la chasse, relativement au paragraphe dont nous nous occupons, et s'il a commis plusieurs délits, il encourra plusieurs peines. Si, au contraire, les chasseurs sont en délit, ils seront punis soit parce qu'ils n'ont pas de port d'armes, soit parce qu'ils chassent sur un terrain sans avoir le droit de chasser sur ce terrain.

M. *Delespaul* a dit : « Ce sera un point à régler dans l'ordonnance pour l'exécution de la loi. »

M. *le garde des sceaux* a fait un signe d'assentiment.

Je crois que M. Delespaul avait raison d'insister, et que l'ordonnance pour l'exécution de la loi ne lèvera point la difficulté, car elle ne peut ni établir des pénalités nouvelles ni incriminer des faits qui n'auront pas le caractère de délits aux termes de la loi, ni faire disparaître la criminalité de ceux que la loi a prévus.

Je pense que le fermier qui aura introduit dans les bois un plus grand nombre de personnes que celui que détermine le cahier des charges pourra seul être puni à raison de ce fait.

Les personnes introduites par lui ne devront point être poursuivies, alors même qu'elles sauraient qu'elles sont en nombre supérieur à celui qui est fixé ; car il serait absurde de les poursuivre toutes, et il serait inique de poursuivre les unes plutôt que les autres. Dira-t-on qu'elles chassent sur un terrain sans le consentement de celui qui a le droit de chasser? Cela n'est pas possible, car au moins quelques-unes d'elles étant dans la limite légale, sont à l'abri de tout reproche, et, on l'a déjà vu, on ne peut dire quelles sont celles qu'on doit considérer comme excédant le nombre légal.

Certainement si quelque autre délit est commis par elles ou quelques-unes d'elles, si, par exemple, elles n'ont point de permis, si elles chassent en temps prohibé, si elles emploient des moyens non autorisés, la peine devra leur être appliquée. Mais le fait spécial, je le répète, ne pourra être imputé qu'au fermier.

(3) M. *Parès* avait proposé de réduire le minimum à 16 fr., comme dans l'article qui précède. Suivant lui, l'amende de 50 fr. sera souvent trop sévère, et les juges reculeront à l'appliquer, et aimeront mieux

ment de six jours à deux mois :

1° Ceux qui auront chassé en temps prohibé;

2° Ceux qui auront chassé pendant la nuit ou à l'aide d'engins et instruments prohibés, ou par d'autres moyens que ceux qui sont autorisés par l'art. 9;

3° Ceux qui seront détenteurs (1) ou

---

acquitter le délinquant, que de lui appliquer une peine aussi grave. Cet amendement n'a pas été accueilli; et encore ici il est bien à craindre que la loi ne soit inefficace, précisément parce qu'elle est trop rigoureuse.

(1) Ces mots : *ceux qui seront détenteurs* ont été ajoutés par la commission de la Chambre des Pairs à la rédaction que la Chambre des Députés avait déjà votée. M. *le rapporteur* s'est ainsi expliqué sur le but de cette addition.

« Examinant les dispositions du paragraphe 3 de cet article, et frappés des difficultés extrêmes que présente la recherche et la constatation du fait qu'il prévoit, nous nous sommes demandé s'il ne serait pas possible de donner au magistrat le pouvoir d'atteindre le braconnier, alors même qu'il ne serait point saisi en flagrant délit, sans cependant permettre aux agents chargés de rechercher et de constater les délits de chasse, d'envahir le domicile privé, et de se livrer à des perquisitions vexatoires; votre commission, à la simple majorité, a cru qu'en ajoutant le mot *détenteurs* aux dispositions de ce paragraphe, on atteindrait le double résultat que nous cherchons. Le fait de la détention, en effet, deviendrait un délit, et, dès lors, le juge d'instruction pourrait rechercher ce délit, c'est-à-dire constater le fait de la détention, lorsque cette mesure lui paraîtrait utile d'après les renseignements qu'il aurait reçus. »

Cette disposition est de la plus haute importance; son extrême sévérité a soulevé contre elle la plus vive opposition. On lui a reproché d'être injuste et arbitraire, et d'être exposée à tomber bientôt en désuétude dans la pratique. On aurait pu ajouter qu'elle est excessivement vague. Comment la détention des engins prohibés sera-t-elle constatée? En quels lieux pourra-t-on la rechercher? Si des visites domiciliaires sont permises, dans quelles circonstances, sur quelles présomptions, et avec quelles formalités ces visites pourront-elles être faites? La loi ne nous dit rien à cet égard, mais la discussion offre des renseignements qu'il est nécessaire de recueillir.

« Je comprends, a dit M. *Mérilhou*, que le législateur punisse ceux qui sont trouvés porteurs ou détenteurs d'engins prohibés hors de leur domicile, parce qu'en effet il est difficile de justifier le fait d'être porteur ou muni hors de son domicile, c'est-à-dire porteur personnellement, ou muni, accompagné d'engins prohibés, sans qu'on y puisse voir l'intention de s'en servir immédiatement pour la destruction du gibier. Mais un homme peut posséder très-innocemment des engins; il peut en avoir hérité de son père; il peut les avoir trouvés dans la maison qu'il a achetée. Eh bien! que fait-on dans ce cas par la disposition qu'on vous propose? On place les tribunaux dans l'impossibilité d'absoudre, faculté qui pourtant avait été laissée aux tribunaux par la loi de la pêche fluviale. La détention a beau être innocente, quelque excuse qui puisse être invoquée par le défendeur, du moment qu'il est constaté matériellement qu'il y a détention, les tribunaux n'auront plus, comme pour la pêche fluviale, la possibilité d'apprécier les excuses, l'origine de la possession des engins. Quand il serait constant pour eux que le détenteur ne s'en est jamais servi, quand rien n'indiquerait la possibilité ou l'intention de s'en servir, le fait matériel de la détention dûment constaté par procès-verbaux des agents désignés par la loi, il faudra que les tribunaux prononcent une peine qui variera de 50 à 200 fr.

M. *Mérilhou* a terminé en manifestant la crainte que les visites domiciliaires, que cette disposition autorise, ne deviennent une source de tracasseries.

M. *le garde des sceaux* a répondu que les tracasseries ne sont point à craindre quand il s'agit d'empêcher des délits, et de les empêcher par l'intervention des magistrats.

« Si nous pouvions, a-t-il dit, supposer que l'insertion de ce mot *détenteurs* dans la loi eût pour résultat de permettre de faire des visites domiciliaires sans les garanties que la loi a données aux citoyens pour faire respecter leur domicile, je reconnaîtrais avec l'honorable préopinant qu'il ne faut pas admettre cette distinction; mais il n'en est pas ainsi; cette disposition ne fait pas autre chose que de qualifier délit le fait de détenir des instruments qui ne peuvent servir qu'à commettre des délits.

« Comment pourra-t-on constater cette détention? Dans les formes indiquées par le Code d'instruction criminelle. Le juge d'instruction délivrera un mandat, à l'aide duquel on pourra s'introduire dans le domicile; et vous savez avec quelle précaution ces magistrats usent du droit que la loi leur a accordé sur cette matière. D'ailleurs, dans quelles circonstances ces mandats seront-ils délivrés? Il faut bien descendre dans la pratique pour apprécier la nécessité de la disposition. Personne n'ignore que les braconniers exercent, en général, leur coupable industrie pendant la nuit, et que les gardes, les gendarmes éprouvent les plus grandes difficultés, et qu'ils courent même de sérieux dangers pour constater les délits de cette nature, ce qui assure trop fréquemment l'impunité des délinquants. Eh bien, supposez que cet état de choses soit notoire dans une commune, que l'existence d'un certain nombre de braconniers et la détention par ces braconniers d'instruments de chasse prohibés soient parfaitement, je dirai même scandaleusement connues, et vous ne voudrez pas que le maire, par exemple, puisse s'adresser au procureur du roi pour lui dire que dans telles maisons se trouvent les instruments de ces délits, et que les habitants des maisons en sortent presque toutes les nuits pour détruire le gibier! Et vous trouveriez qu'il y a un grand inconvénient à ce que le juge d'instruction délivre un mandat pour pénétrer dans ces maisons! En vérité, je ne m'explique pas que l'on conserve quelques craintes, du moment qu'il faut recourir à un magistrat aussi élevé, aussi scrupuleux que celui-là, et qui sait d'autant mieux apprécier les inconvénients des visites domiciliaires, qu'il est souvent appelé à en ordonner.

« Ainsi, Messieurs, supprimer les mots *détenteurs* ce serait s'exposer à voir les délinquants se soustraire le plus souvent aux peines qu'ils auraient méritées. Soyez sûrs que lorsque vous aurez donné au magistrat, dans les cas d'une notoriété incontestable, le droit d'ordonner la visite, vous aurez trouvé le meilleur moyen d'empêcher le braconnage.

« L'honorable M. Mérilhou a objecté que les tribunaux seraient, d'après la disposition proposée, obligés de condamner toujours, et qu'il pourrait cependant y avoir des cas où la détention serait innocente. Il vous a cité le cas où un individu aurait reçu de son père, par succession, des filets ou engins prohibés, sans se livrer lui-même au braconnage. Messieurs, si ce fait exceptionnel est constaté, je ne crains pas qu'on exerce contre ce fils les poursuites autorisées par l'article : je ne crains pas surtout que les tribunaux le condamnent. Mais les lois ne sont pas faites en vue de cas aussi extraordinaires et dans la prévision de circonstances aussi extrêmes; si elles devaient s'en préoccuper, il y a une foule de dispositions fort utiles qu'elles ne pourraient pas contenir. Ce qu'il faut, c'est de pourvoir aux besoins les plus généraux sans s'arrêter à des cas particuliers qui se présentent si rarement. La disposition qui vous est proposée offre un moyen sûr de frapper le braconnage; je persiste à l'appuyer avec la majorité de la commission. »

M. *Persil* a insisté sur les objections déjà faites par M. Mérilhou.

« La commission, a-t-il dit, propose d'ajouter à ces deux faits : être munis ou porteurs, hors du domicile, de filets ou d'engins prohibés, *la détention* de ces mêmes objets. C'est à mes yeux, passer toutes les limites, violer toutes les lois du droit criminel; c'est oublier le respect dû au domicile.

« Il n'y a de crime, de délit que quand il y a action précédée ou accompagnée d'intentions mauvaises et perverses.

« Lorsqu'on vous a trouvé hors de votre domicile, muni ou porteur de filets, il y a action, il y a commencement d'exécution ; le braconnier est en quelque sorte pris en flagrant délit. Mais il n'est pas possible, sans forcer toutes les conséquences, de donner le même effet à la simple détention de filets ou engins qui ne comporte encore ni action, ni mauvaise intention. Le dépôt ou la détention peut n'avoir pas un mauvais principe; il peut provenir d'un tiers, d'un père, d'un parent auquel on aura succédé. Dans tous les cas, où trouver le principe d'un délit?

« Le domicile est inviolable, tout le monde le reconnaît, et cependant, avec ce délit, sous le prétexte qu'un homme de la campagne détient des filets, on fera une descente chez lui, et on le signalera à toutes les mauvaises passions. Dans des temps de passions politiques, calculez-vous jusqu'où peut conduire une pareille disposition? . . . . Vous voulez la loi, vous la voulez forte. Vous ne voudrez donc pas que, par sa sévérité même, par son exagération, par les abus auxquels elle peut donner lieu, elle tombe en désuétude le jour même où elle paraîtra. C'est ce qui arriverait si vous admettiez l'amendement, et c'est parce que j'en suis convaincu que j'en demande le rejet. »

M. *le rapporteur* a justifié l'insertion du mot *détenteurs* par les explications suivantes :

« La majorité de votre commission est, en vérité, bien étonnée, a-t-il dit, de toutes les conséquences monstrueuses que l'on se plaît à faire sortir de l'insertion du mot détenteur dans le paragraphe 3 de l'art. 12. Cette disposition, dit-on, recèle des inquisitions, des vexations, des perquisitions à domicile.

« Ce n'est pas là, vous en êtes convaincus, Messieurs, ce que la commission a voulu y mettre, et nous espérons vous démontrer facilement que toutes ces vilaines choses ne s'y trouvent pas.

« En effet, il ne suffit pas de faire une loi qui contienne des prohibitions, des inhibitions, des défenses : il faut assurer l'exécution de la loi.

« Eh bien ! il est notoire que rien n'est plus difficile que de saisir les braconniers en flagrant délit, les braconniers surtout qui chassent avec des filets et des engins prohibés; car les braconniers de cette espèce chassent pendant la nuit et ne chassent pas seuls, ils chassent en bande.

« Ils chassent en bande, parce qu'en effet une bande est nécessaire pour le transport des instruments de braconnage, pour le transport de ces énormes masses de filets, et puis encore pour une autre raison : ils ne chassent pas seuls, parce qu'il faut qu'ils se défendent contre les gardes et les gendarmes. Il y a danger de s'approcher de cette espèce de braconnier, et voilà pourquoi il est extrêmement difficile de les saisir : la prudence exige quelquefois qu'on ne les cherche pas; et comme d'ailleurs ils chassent la nuit, il est extrêmement rare qu'on les surprenne en flagrant délit.

« Si, en effet, Messieurs, vous voyez les tribunaux statuer sur un si grand nombre de délits de chasse, c'est qu'il s'agit presque toujours de chasseurs en contravention aux dispositions réglementaires de la loi, de gens qui ont chassé sans permis ou sur le terrain d'autrui, et non pas de chasseurs avec engins.

« La punition de ces délits est extrêmement rare, et cependant ils sont très-fréquents dans la pratique.

« Eh bien ! nous nous sommes dit : Si la difficulté de saisir les braconniers en flagrant délit est si grande, n'y aurait-il pas un moyen raisonnable, légitime, un moyen régulier, un moyen de droit commun qui permît de saisir les braconniers autrement qu'en flagrant délit?

« Mais on nous dit qu'il y a dans cette disposition de l'arbitraire ; que les citoyens vont être incessamment visités dans leur domicile; que des perquisitions vont y être faites à chaque instant sous prétexte d'une détention de filets ou d'engins prohibés.

« A cet égard, nous croyons, Messieurs, que vous serez pleinement rassurés par quelques paroles que nous avons à vous faire entendre.

« Dans le droit commun, auquel nous ne dérogeons pas à cet égard, il appartient aux magistrats seuls d'ordonner ou de faire des perquisitions à domicile; ce droit n'appartient qu'au magistrat inamovible, au juge d'instruction.

« Dans la disposition que nous vous présentons, demandons-nous que l'on accorde ce droit à d'autres qu'au juge d'instruction? Pas le moins du monde; nous ne réclamons pas pour les agents chargés de surveiller la police de la chasse le droit de perquisitionner, le droit de se rendre dans le domicile pour y rechercher les instruments et engins de chasse prohibés? En aucune façon.

« Nous vous demandons seulement de déclarer que le fait de la détention d'instruments ou engins sera un délit.

« Eh bien! qu'est-ce qui constatera ce délit? Puisqu'on ne peut constater la détention qu'à domicile, ce sera évidemment le magistrat qui, aux termes du droit commun, a seul le droit de pénétrer dans le domicile des citoyens et de s'y livrer à des recherches.

« Ainsi, il n'y aura pas là vexations; il n'y aura pas perquisitions faites en dehors des termes du droit commun; ce sera ce magistrat inamovible, ce magistrat seul qui pourra ordonner ces perquisitions. Cela n'aura pas lieu sur la dénonciation du premier venu. Le magistrat n'ordonnera la perquisition que lorsqu'il sera à peu près sûr de l'existence du délit, ce ne sera pas sur la dénonciation d'un inconnu; mais lorsque des renseignements positifs lui seront transmis, lorsque le maire d'une commune, lorsque le juge de paix, lorsque des propriétaires méritant considération lui écriront qu'un braconnier de profession a des filets chez lui, il ordonnera des perquisitions. Vous n'avez nullement à craindre, comme on vous l'a dit tout à l'heure, que des perquisitions aient lieu chez la veuve ou chez les enfants d'un braconnier. Il est clair que les magistrats locaux ne dénonceront pas les enfants. C'est le braconnier, c'est-à-dire celui qui se livre à cette chasse illégale tous les jours, qui sera dénoncé, signalé au procureur du roi, et chez lequel on fera des perquisitions. »

L'amendement a été adopté après une double épreuve.

La commission de la Chambre des Députés a admis la résolution de la Chambre des Pairs.

« Il est certain, a dit M. *Lenoble* dans son rapport supplémentaire, que la chasse aux filets prohibés est un moyen de destruction d'autant plus efficace, que cette chasse a lieu la nuit, et qu'en raison de cette dernière circonstance, la saisie de ces filets hors le domicile est aussi rare que difficile à cause des précautions que prennent les braconniers pour n'être pas surpris. Il n'en sera plus de même, si les détenteurs peuvent être punis; car, si le fait de chasse n'est pas connu au moment où il a lieu, il devient bientôt notoire par la vente du gibier qui en est le produit, et le moyen qui a été employé n'est un secret pour personne.

« Mais la preuve du délit ne pourra être acquise que par des recherches faites à domicile, et ces recherches ne sont pas confiées aux agents chargés de constater les faits de chasse. Pour eux le délit qui se commet actuellement hors du domicile, c'est-à-dire le flagrant délit, est le seul qu'ils puissent constater, et le fait de détention d'instruments de chasse prohibés n'a pas ce caractère. Les magistrats seuls pourront ordonner les visites; il faudra les réquisitions du procureur du roi, l'ordonnance du juge d'instruction : c'est une garantie que les visites domiciliaires arbitraires, que les perquisitions vexatoires n'auront pas lieu. C'est à cause de cette garantie que votre commission vous propose d'approuver l'amendement dont elle ne conteste pas, au surplus, l'utilité. »

Mais, à la Chambre des Députés, une vive opposition s'est encore élevée contre l'introduction du mot *détenteurs* dans le paragraphe.

M. *Muteau* a demandé la suppression de cette disposition qui, suivant lui, renverse les principes les plus sacrés de notre droit pénal et conduit directement à la violation du domicile et aux injustices les plus choquantes.

M. *le garde des sceaux* a répondu : « Ce qu'il faut éviter, c'est qu'on abuse de la disposition de la loi; je conçois que, si les gardes champêtres, les gardes forestiers, par exemple, pouvaient faire des visites domiciliaires, cette faculté pourrait donner lieu à des inquiétudes assez réelles pour déterminer à la rejeter. Mais veuillez remarquer, Messieurs, que les visites domiciliaires dont il s'agit ne pourront être faites que sur l'ordre formel du juge d'instruction. Je sais très-bien que le juge d'instruction n'exécutera pas lui-même les mandats qu'il aura décernés, mais il n'en est pas moins vrai qu'il examinera toujours avec soin les circonstances qui lui seront révélées pour donner lieu à la visite domiciliaire; l'abus dont on s'est préoccupé n'existera donc pas. . . . . .

M. *Isambert* a repris : « S'il était vrai que les visites domiciliaires ne pussent être faites, en cette matière, que par ordonnance du juge d'instruction, je ne verrais pas d'objection à l'adoption de l'article; mais je crois que M. le garde des sceaux est dans l'erreur à ce sujet; déjà, à la Chambre des Pairs, les magistrats qui rendent la justice criminelle tous les jours ont contesté cette proposition, et, quant à moi, je la conteste tout à fait. Je demande si les officiers de police judiciaire, les procureurs du roi, les maires, les commissaires de police, les officiers de gendarmerie ne pourront pas, sous le prétexte de flagrant délit, s'introduire dans le domicile des citoyens.

« Je soutiens que, dans la pratique, il est impossible à aucun magistrat de prétendre qu'il y aurait une poursuite légale en forfaiture, si un officier de police judiciaire, supposant un flagrant délit, ou agissant par suite d'un flagrant délit, s'introduisait dans le domicile d'un citoyen, sous prétexte qu'il est détenteur de filets ou d'engins. Vous voyez donc que la question est très-grave.

« S'il ne s'agissait que d'une ordonnance du juge d'instruction, je serais rassuré, je le répète; si le magistrat instructeur ne pouvait agir que sur une réquisition du procureur du roi, indiquant quelle est la personne chez laquelle on pourrait faire la visite, il y aurait toutes les garanties nécessaires; mais on sait que le flagrant délit n'est pas bien déterminé par la loi, par conséquent je vous invite à y réfléchir.

« Quant à moi, je ne trouve pas si indispensable cette faculté de faire des visites...... »

M. *Lenoble*, rapporteur, a répondu :

« La commission a dit que dans le cas où l'on rechercherait des filets au domicile du citoyen, il interviendrait toujours des réquisitions du procureur du roi et une ordonnance du juge d'instruction, et je maintiens cette déclaration.

« L'honorable M. Isambert admet que s'il doit intervenir des réquisitions du ministère public et une ordonnance du juge d'instruction, il y aura garantie, et alors il adopte la disposition; et cependant il repousse l'amendement introduit par la Chambre des Pairs. Je ne puis me rendre compte de la combinaison à laquelle il arrive qu'en faisant remarquer que l'honorable membre confond sans doute des faits qui, en droit criminel, n'ont rien de commun.

« Ainsi je ne doute pas qu'il admette que lorsqu'un délit vient de se commettre, par conséquent lorsqu'il y a flagrant délit, la justice a le droit d'en suivre les traces, de constater au domicile du délinquant l'existence des instruments qui ont pu servir à la perpétration du fait ou des objets dont la possession est la preuve du crime ou du délit.

« Eh bien! il est certain que si un braconnier est trouvé en flagrant délit, et que si par la fuite il échappe à la poursuite de celui qui surveillait et doit constater le délit, il est certain, dis-je, que l'officier de police aura le droit de le suivre jusqu'à son domicile, et, dans ce cas, de constater la présence des engins, des instruments prohibés qui auraient servi à commettre le délit. Les raisonnements de l'honorable membre ne s'appliquent pas à ce

ceux qui seront trouvés munis ou porteurs, hors de leur domicile (1), de filets, engins ou autres instruments de chasse prohibés ;

4° Ceux qui, en temps où la chasse est prohibée, auront mis en vente, vendu, acheté, transporté ou colporté du gibier ;

5° Ceux qui auront employé des drogues ou appâts qui sont de nature à enivrer le gibier ou à le détruire (2) ;

6° Ceux qui auront chassé avec ap-

---

cas, qui est régi par les règles générales du droit criminel.

« Aussi ce n'est pas sous ce rapport que M. Isambert veut rejeter l'article, mais parce qu'il suppose qu'il peut y avoir, soit de la part du maire, soit de la part du procureur du roi, une recherche à domicile, même lorsque le flagrant délit n'a pas été constaté. Sous ce rapport, le fait que présente l'honorable membre ne peut se présenter, car il n'ignore pas que, hors le cas de flagrant délit, la recherche à domicile ne peut avoir lieu, soit par le procureur du roi, soit par les officiers de police chargés de constater les crimes ou les délits; et je ne puis admettre que les scrupules de l'honorable membre soient fondés. Le cas que la disposition de l'article prévoit n'est pas le flagrant délit, c'est celui où un individu est détenteur de filets, engins prohibés ayant servi ou pouvant servir à la chasse : c'est le fait de détention que la loi qualifie délit et qu'elle punit. Il faut qu'il existe des moyens de le constater, et ces moyens consistent dans la recherche à domicile. Mais alors cette recherche d'un fait qualifié délit ne peut avoir lieu que d'après les dispositions générales du Code d'instruction criminelle. Il faudra nécessairement un réquisitoire du ministère public, une ordonnance du juge d'instruction ; personne ne le contestera, l'honorable membre lui-même. Le motif? La commission l'a indiqué, c'est qu'il n'y a pas flagrant délit.

« Ces explications étaient nécessaires pour faire disparaître une confusion de faits qui pouvait avoir pour résultat de présenter les dispositions de l'article sous un aspect autre que celui sous lequel elles doivent être vues et appliquées. »

Aux explications données par M. le rapporteur, M. *Hébert* a encore ajouté :

« Je viens d'entendre émettre un doute sur la justesse et l'exactitude de l'assertion faite par M. le rapporteur sur ce point que, hors le cas de flagrant délit, il ne pourrait être permis de pénétrer dans le domicile d'un individu, et d'y faire des perquisitions pour découvrir les engins prohibés qu'avec le mandat d'un juge d'instruction.

« A cet égard, il ne peut y avoir de doute, c'est un principe incontestable, et la pratique est conforme au principe et aux dispositions de la législation existante ; y a-t-il flagrant délit, ou bien y a-t-il lieu à suivre l'individu que l'on a trouvé en flagrant délit, ou les objets qui ont servi à commettre le délit? Il est incontestable que la même autorité qui peut constater le flagrant délit peut suivre le délit, les objets du délit, les auteurs du délit dans tous les lieux où ils se réfugient.

« Mais ce n'est pas là le cas qui est prévu.

« Il s'agit de savoir si lorsqu'un individu qui n'a pas commis un délit, mais qui peut avoir l'intention de le commettre aujourd'hui ou un autre jour, est détenteur d'engins ou d'objets prohibés, pouvant servir à commettre le délit, et qui ne peuvent servir qu'à cela, si l'on peut entrer chez lui, si le commissaire de police, si un simple agent, sans mandat du juge d'instruction, peut se présenter chez lui.

« C'est ce que je nie.

« Cela ne peut pas être, cela n'est pas autorisé par la loi, et dès lors cela n'est pas à redouter.

« Il n'y a donc pas à craindre que ces mots : *les détenteurs*, puissent autoriser des perquisitions indiscrètes de la part des agents qui n'auraient pas trouvé le chasseur en flagrant délit, ou qui ne suivraient pas le chasseur ou les objets du délit. Cela n'est pas à redouter : et c'était là, ce me semble, la plus grave crainte qui pouvait s'élever contre la disposition dont il s'agit. »

Ainsi, et en résumé, la détention seule d'engins prohibés ne devra pas être considérée comme un flagrant délit. Cette proposition a été, on vient de le voir, formellement émise, et les jurisconsultes les plus éminents l'ont soutenue. Il faut donc espérer que les officiers de police judiciaire, auxiliaires du procureur du roi, n'élèveront aucun doute à cet égard. Ils pourraient bien cependant être tentés de dire : aux termes de l'art. 41 du Code d'instruction criminelle, le flagrant délit *est celui qui se commet actuellement*. Or, celui qui est détenteur d'engins prohibés *commet actuellement un délit*. Si cette argumentation assez serrée était présentée par eux, on leur répondrait sans doute que l'intention bien manifestée dans la discussion repousse la conséquence à laquelle ils arrivent ; mais il vaudra mieux que leurs supérieurs, au lieu de s'appliquer à combattre leur raisonnement (ce qui offrirait quelque difficulté), leur défendent de le faire, ce qui est très-facile. Encore ici, l'intention louable de punir les braconniers a fait établir une pénalité bien sévère qui atteindra souvent des hommes inoffensifs. Je ne puis m'empêcher de penser qu'il était possible de procéder avec plus de circonspection.

(1) M. *Bureaux de Puzy* a demandé la suppression de ces mots : *hors de leur domicile*, qui, suivant lui, forment un contre-sens avec le commencement de la phrase.

M. *le garde des sceaux* a répondu : « Mais c'est la même chose. Est-ce que cela ne se comprend pas ? « Ceux qui seront trouvés détenteurs *dans leur do-* « *micile*, ou ceux qui seront trouvés porteurs hors « de leur domicile ; » c'est absolument la même chose. »

La proposition a été rejetée sur cette explication. Les mots dont M. Bureaux de Puzy demandait la suppression ont pu en effet être laissés dans la loi sans de graves inconvénients : mais il me semble qu'il eût été plus convenable de les retrancher. Il est bien évident, en effet, que si celui qui a des filets ou engins de chasse prohibés dans son domicile est déclaré punissable, à plus forte raison la peine devait être appliquée à celui qui en est muni ou porteur hors de chez lui, qui n'est plus protégé par l'inviolabilité du domicile, qui est d'autant plus suspect de vouloir faire usage des engins qu'il en est porteur.

(2) Ce paragraphe a été introduit dans la loi par la Chambre des Députés, sur la proposition de M. *Lescot de la Millanderie*, qui a dit en avoir emprunté la rédaction à la loi sur la pêche fluviale, dont l'art. 25 est exactement conçu dans les mêmes termes. Il n'a pas donné d'autres développements.

peaux, appelants ou chanterelles (1).

Les peines déterminées par le présent article pourront être portées au double contre ceux qui auront chassé pendant la nuit

(1) C'est encore sur la proposition de la commission de la Chambre des Pairs que ce paragraphe a été introduit dans la loi.

« Dans la nomenclature établie par l'art. 12, nous avons pensé d'abord, a dit M. *Franck-Carré*, qu'il serait utile de comprendre plus explicitement un procédé de braconnage qui facilite souvent la chasse à tir, et que, sous ce rapport, pouvant être considéré comme un mode d'exercice de cette chasse licite, se trouverait ainsi indirectement permis si la loi ne s'en expliquait clairement : nous voulons parler des appeaux, des appelants et des chanterelles. Par ce procédé, le braconnier ne va point, sans doute, chercher le gibier sur le terrain d'autrui; mais, placé sur une route, dans un jardin, derrière une haie ou dans un fossé, il attire le gibier à lui, et exerce ainsi sa coupable industrie avec d'autant plus de succès qu'il est plus sûr de l'impunité. Il y a, Messieurs, des contrées entières où le gibier est détruit par cette sorte de braconnage. »

De la discussion que ce paragraphe a soulevée, il est résulté, comme nous le verrons bientôt, que la chasse à la *chanterelle* est complétement interdite, mais que le préfet pourra permettre l'emploi des appeaux et des appelants pour la chasse des oiseaux de passage.

M. le marquis *de Barthélemy* avait, dans l'intérêt des chasses du midi, proposé la suppression de ces mots : ceux qui auront chassé *avec appeaux, appelants.*

« Le dimanche, a-t-il dit, les négociants de Marseille vont se renfermer dans de petites cabanes, et là ils attendent que le gibier veuille bien se placer sur des rameaux d'arbres morts qu'ils placent au-dessus de quelques arbres verts. Au pied de ces arbres, ils ont en cages d'autres oiseaux ou des appelants..... L'honnête Marseillais qui est dans la cabane n'est pas un braconnier; il se livre au plaisir le plus innocent; il est chez lui : il se place sur son terrain.... »

« ..... La chasse qui se fait à Marseille, a ajouté M. le général *Cubières*, n'a d'autre but que de tuer des oiseaux; il ne s'agit pas ici de perdrix, de gibier volant, il s'agit de la chasse aux oiseaux, et vous ne pouvez pas l'interdire par des rigueurs excessives. »

M. *le rapporteur* a repoussé l'amendement, en disant que c'est une erreur de croire qu'on ne chasse que les oiseaux avec les appeaux et les appelants : on chasse aussi le gibier proprement dit. Tous les jours les braconniers s'en servent pour appeler la caille et la perdrix, cela est connu de tout le monde.

Et l'amendement n'a pas été adopté.

Il ne faudrait pas induire de là que la chasse des Marseillais se trouve absolument, complétement interdite; car s'il s'agit d'oiseaux de passage, le préfet pourra très-bien la permettre et en régler l'exercice. Voy. *infrà*, l'opinion de M. Pascalis et la réponse de M. le garde des sceaux.

« La chasse aux appeaux ou appelants, ou avec la chanterelle, a dit M. *Lenoble* dans son rapport supplémentaire, peut être considérée comme un moyen de destruction, car il est certain que celui qui chasse par plaisir ne l'emploie pas. La Chambre des Pairs a fait un amendement pour le prohiber; votre commission, en approuvant cet amendement, a examiné la question de savoir s'il n'y avait pas lieu de déclarer qu'il n'était pas applicable aux chasses qui, aux termes de l'art. 9, doivent être réglées par les arrêtés des préfets. Elle a reconnu que les attributions données au préfet par l'art. 9, à l'égard de ces chasses, d'une espèce particulière, comprenaient le droit de déterminer non seulement l'époque où elles peuvent avoir lieu, mais encore les modes et les procédés à employer; que, dès lors, les dispositions de l'amendement ne dérogeaient pas à celles de l'art. 9. »

M. *Pascalis* a dit aussi : « Dans le midi de la France, on chasse les oiseaux de passage avec appeaux et appelants, c'est l'habitude des populations les plus honnêtes. Si la prohibition atteignait ces habitudes, elle serait funeste; elle serait regardée comme une disposition oppressive.

« Je viens demander s'il est entendu que les préfets pourront, en réglant l'époque et le mode de chasse pour les oiseaux de passage, autoriser la chasse même avec appeaux et appelants. Tel est le sens de mon observation; elle ressort bien du rapport, mais pas assez clairement. »

M. *le garde des sceaux* a répondu : « Je partage, sur ce point, l'avis de la commission et de l'honorable membre; les préfets, en faisant leurs arrêtés pour la chasse des oiseaux de passage, pourront prendre telles dispositions qu'ils voudront relativement au mode de cette chasse. »

M. le marquis *de Gabriac* a réclamé une explication de la commission de la Chambre des Pairs.

« Il semblerait, d'après l'art. 2, a-t-il dit, que le propriétaire d'un parc clos ne devrait avoir aucune crainte de visites domiciliaires, de perquisitions et de gêne d'aucune sorte. Cependant, à l'occasion de l'art. 12, qui est maintenant en question, je lis dans le rapport : « Par ce procédé, le « braconnier ne va point, sans doute, chercher le « gibier sur le terrain d'autrui; mais, placé sur « une route, dans un jardin, derrière une « haie, etc., etc. »

« Ce mot *jardin* m'a fait naître la pensée qu'il pourrait se faire que, se fondant sur l'amendement de la commission, s'il était adopté par les deux Chambres, on vînt inquiéter le propriétaire qui, dans son jardin bien clos, s'amuserait à avoir des appeaux et des appelants ou chanterelles..... Je ne serais pas étonné que l'on interprétât ainsi la loi, et c'est pour cela que je demande à la commission si, par son addition, elle entend que l'on puisse rechercher dans le jardin clos d'un propriétaire la chasse aux appeaux. »

M. *le rapporteur* a donné, sur ce point, les explications qui suivent :

« Je commence, a-t-il dit, par rassurer notre honorable collègue en lui disant que, dans le cas spécifié par l'art. 2, la disposition qui nous occupe actuellement ne serait pas appliquée.

« En effet, il s'agit, dans l'art. 2, d'un enclos entouré d'une clôture continue, faisant obstacle à toute communication avec les héritages voisins et attenant à l'habitation.

« Eh bien! le principe admis par la loi, est que nul n'a le droit de savoir ce qui se passe dans cet enclos. On pourra donc y chasser avec filet, avec appeau, avec fusil, sans qu'on ait le droit de savoir ce qu'on y fait; nous n'avons pas le droit d'y pénétrer. »

Un membre a demandé : « Et si l'on fait une perquisition? »

sur le terrain d'autrui, et par l'un des moyens spécifiés au paragraphe 2, si les chasseurs étaient munis d'une arme apparente ou cachée (1).

Les peines déterminées par l'art. 11 et par le présent article seront toujours portées au maximum, lorsque les délits auront été commis par les gardes champêtres ou forestiers des communes, ainsi que par les gardes forestiers de l'Etat et des établissements publics (2).

13. Celui qui aura chassé sur le terrain d'autrui sans son consentement, si ce terrain est attenant à une maison habitée ou servant à l'habitation, et s'il est entouré d'une clôture continue faisant obstacle à toute communication avec les héritages voisins, sera puni d'une amende de cinquante à trois cents francs, et pourra l'être d'un emprisonnement de six jours à trois mois (3).

Si le délit a été commis pendant la nuit, le délinquant sera puni d'une amende de cent francs à mille francs, et pourra l'être d'un emprisonnement de trois mois à deux ans (4), sans préjudice, dans l'un et l'autre cas, s'il y a lieu, de plus fortes peines prononcées par le Code pénal.

14. Les peines déterminées par les trois articles qui précédent pourront être portées au double si le délinquant était en état de récidive (5), et s'il était déguisé ou masqué, s'il a pris un faux nom, s'il a usé de violence envers les personnes, ou s'il a fait des menaces, sans préjudice, s'il y a lieu, de plus fortes peines prononcées par la loi (6).

M. *le rapporteur* a repris : « Si l'on fait une perquisition et que l'on constate la détention d'un engin prohibé, c'est un autre délit. Celui qui sera détenteur sera responsable de son fait.

« Mais si, dans un parc, un propriétaire se livre à l'exercice de la chasse, encore une fois nous n'avons pas le droit de savoir ce qui s'y passe, à moins qu'il n'y ait un mandat de justice ; si le juge d'instruction délivre un mandat, et que l'on trouve des filets, des engins prohibés, ce propriétaire tombe sous le coup de la disposition du paragraphe que vous avez voté. Mais, sans cela, il est à l'abri de toute perquisition.

« Je prie la Chambre de bien comprendre le motif qui a dicté l'art. 2. Nous avons voulu éviter ces vexations, ces perquisitions qui ressemblent à une inquisition dont on se plaignait tout à l'heure. C'est pour cela que nous n'avons pas voulu que des agents subalternes, que des gardes champêtres, des gendarmes puissent se livrer à ces investigations dans l'intérieur du domicile. Or, le parc est la continuation du domicile, lorsqu'il est entouré d'une clôture continue.

« Mais cela ne fait pas obstacle au droit du magistrat de décerner un mandat avec lequel on peut pénétrer dans le domicile.

« Nous avons voulu mettre le domicile à l'abri des vexations des agents subalternes.

« J'espère que ces explications satisferont M. le marquis de Gabriac. »

Ainsi, d'une part, la loi, reconnaissant l'inviolabilité du domicile, laisse au propriétaire d'un clos attenant à sa maison le droit d'y chasser avec quelque espèce d'engins que ce soit, et cela même au vu et su de l'autorité, qui ne peut le gêner en aucune manière ; mais, d'un autre côté, le juge d'instruction peut ordonner les perquisitions les plus minutieuses dans toutes les parties de sa maison pour y rechercher les engins prohibés, dont la seule détention est un délit ! Ces deux règles ne sont pas en contradiction absolue, mais elles ne sont pas non plus en harmonie parfaite.

(1) Ce paragraphe a été introduit par la commission de la Chambre des Pairs.

« Enfin, a dit M. *Franck-Carré* dans son rapport supplémentaire, nous avons cru qu'il était indispensable de permettre au juge d'élever au double la peine déterminée par cet article dans le cas où le fait de chasse avec des engins ou des instruments prohibés aurait eu lieu sur le terrain d'autrui, et pendant la nuit, si les chasseurs étaient munis d'une arme apparente ou cachée. Il est, en effet, certain que pour cette espèce de chasse, qui est de toutes la plus redoutable, et qui ne s'exerce que par des braconniers de profession, les armes non seulement sont inutiles, mais deviennent un embarras et une gêne ; on ne les y porte que pour s'en servir contre les agents de la force publique ou contre les gardes. L'intention qui les a fait prendre peut appeler sur la tête du braconnier une responsabilité plus grande ; les tribunaux l'apprécieront. »

(2) « Dans le droit commun, les agents chargés de constater les délits encourent le maximum de la peine lorsqu'ils se rendent coupables d'une infraction de la nature de celles qu'ils sont chargés de constater. Le projet de loi est muet sur cette question, et il serait douteux que la disposition du Code pénal pût être invoquée ; votre commission vous propose, par amendement, de reproduire cette disposition à la fin de l'article, en ce qui concerne les gardes. Cette mesure ne paraîtra pas trop rigoureuse, puisque, à cause de la nature de leurs fonctions, ils ne doivent pas se livrer à l'exercice de la chasse. » (*Rapport de M. Lenoble.*)

(3) Le projet de loi punissait le délit prévu par l'art. 13 d'une amende de 200 à 1,000 fr., et d'un emprisonnement de un an à cinq ans.

La Chambre des Pairs, sur la proposition de sa commission, a rendu l'emprisonnement facultatif.

Et la Chambre des Députés, sur la proposition de M. Parès, a réduit la peine au taux porté dans l'article, pour mettre cette disposition en harmonie avec les art. 311 et 353 du Code pénal.

(4) M. *Victor Grandin* a fait cette observation :

« Il a été dit que l'emprisonnement était facultatif quand le délit était commis le jour ; je voudrais savoir s'il sera aussi facultatif quand le délit sera commis la nuit. »

M. *Crémieux* a répondu : « On n'a pas admis dans la loi d'autre emprisonnement que l'emprisonnement facultatif. »

M. *le président* a ajouté : « Il est entendu que l'emprisonnement est facultatif pour les délits de nuit comme pour les délits de jour. »

(5) Voy. art. 15.

(6) Le projet de loi avait compris dans cet article *celui qui a refusé de dire son nom*. Cette disposition

Lorsqu'il y aura récidive, dans les cas prévus en l'art. 11, la peine de l'emprisonnement de six jours à trois mois pourra être appliquée si le délinquant n'a pas satisfait aux condamnations précédentes (1).

---

a été supprimée sur la proposition de M. *Vivien*.

Suivant cet orateur, il est juste d'accorder aux tribunaux la faculté de porter la peine au double quand le délinquant est déguisé, masqué, s'il a pris un faux nom ou usé de violence. « Mais, ajoute-t-il, on assimile à ces cas celui où l'on refuse de dire son nom; l'assimilation ne me paraît pas bien logique. Le refus de dire son nom est un acte purement négatif; vous l'assimilez au cas où l'homme s'est déguisé ou a usé de violence: vous affaiblissez votre loi en comprenant dans les mêmes dispositions une chose innocente et une chose évidemment coupable. »

M. *Boudet* a ajouté que, dans une foule de cas, le refus de dire son nom est plus coupable que dans ce cas-ci, et que cependant l'on ne trouve nulle part dans les lois un cas où l'on pût être puni pour le refus de dire son nom; qu'ainsi, en cas d'assassinat, en cas d'incendie, on n'est point puni pour refuser de dire son nom.

M. *Gayet Desfontaines* a, de son côté, appuyé l'amendement, en avouant toutefois que celui qui aurait refusé de dire son nom serait placé devant le tribunal dans une situation plus grave, qui le rendrait passible de l'application plus sévère de l'art. 12. Voy., sur le refus de dire son nom, l'art. 25.

(1) Lors de la discussion de l'art. 13 et à l'occasion de cet article, M. *Parés* a soulevé la question de savoir si la contrainte par corps serait applicable aux amendes prononcées pour délit de chasse.

« J'ai besoin d'ajouter, a-t-il dit, une dernière considération sur un point que, dans le cours de cette discussion, la Chambre me paraît avoir méconnu.

« On prononcera des peines d'amendes, et souvent contre des hommes qui ne pourront pas les payer; comment se résolvent alors ces peines? J'avais dit à une précédente séance qu'elles se résolvaient en privation de la liberté. J'ignore quel est celui de mes honorables collègues qui m'a soutenu qu'au contraire on mettait en liberté les condamnés à l'amende quand il y avait insolvabilité; c'est une très-grave erreur que j'ai besoin de relever, afin que la Chambre soit bien convaincue qu'à la peine de l'emprisonnement on ajoutera toujours un emprisonnement supplétif contre le braconnier qui ne pourra pas payer l'amende.

« Comment, en effet, les choses se passent-elles?

« Quand une amende a été prononcée contre un insolvable, le receveur des domaines lui notifie un commandement de payer; en réponse à ce commandement, l'insolvable fait la preuve de son insolvabilité, et alors le receveur des domaines le fait incarcérer par voie de contrainte par corps, et, selon la quotité de l'amende, il demeure en prison de quinze jours à quatre mois. Voilà le fait, et j'avais raison de dire, à une précédente séance, que la privation de la liberté viendrait s'ajouter encore à la peine de l'amende. »

Dans la suite de la discussion, M. *Gaultier de Rumilly* a fait de nouvelles observations sur ce point: « Tout à l'heure, a-t-il dit, M. Fulchiron faisait remarquer que les hommes qui avaient été condamnés et qui ne payaient pas l'amende n'allaient jamais en prison. C'est une erreur. »

« Permettez, a dit M. *Fulchiron*, j'ai parlé du cas d'insolvabilité. »

M. *Gaultier de Rumilly* a poursuivi en ces termes: « Je dois faire une observation: nous ne voulons pas que les braconniers soient impunis; c'est avec la loi de 1790 que je demande l'application de cette disposition; ce ne sont pas les lois qui manquent aux hommes, ce sont presque toujours les hommes qui manquent à l'exécution des lois.

« L'art. 4 de la loi de 1790 porte: « Les contrevenants qui n'auraient pas dans la huitaine, après la signification du jugement, satisfait à l'amende prononcée contre eux, seront contraints par corps et détenus pendant vingt-quatre heures pour la première fois, pour la seconde fois pendant huit jours, et pour la troisième fois pendant trois mois. »

« Je dis que le gouvernement a tort de ne pas faire exécuter cette disposition. Puisqu'il en a été question dans la discussion, je crois devoir rappeler à M. le garde des sceaux qu'il faut faire exécuter les lois. »

M. *le garde des sceaux* a dit: « Cela se trouve dans l'art. 35 de la loi de 1832. »

M. *Dessaigne* n'a pas trouvé ces explications suffisantes; la loi de 1832 lui a semblé peu applicable à l'espèce; et, de concert avec M. Luneau, il a proposé d'ajouter à l'art. 14 le paragraphe additionnel qui le termine. Voici par quels motifs:

« La Chambre, a-t-il dit, veut une répression certaine, mais elle la veut modérée; elle la veut surtout efficace.

« Eh bien! si elle n'adopte pas la disposition que je lui soumets, ou toute autre disposition dans le même but, il est évident que, dans un grand nombre de cas, les délinquants arriveront à une impunité assurée.

« Les dispositions pénales que la Chambre a adoptées sont presque toutes des condamnations pécuniaires. Eh bien! comment procède-t-on toutes les fois qu'un chasseur d'un certain ordre, notamment les braconniers, sont pris en délit? Ils demandent au maire de la commune un certificat d'indigence, qui n'est presque jamais refusé, et, à l'aide de ce certificat d'indigence, ils se font relaxer des condamnations pécuniaires qui avaient été prononcées contre eux. Un second fait se produit: si le délinquant est une deuxième fois amené devant les tribunaux, il peut encore n'être puni que par une condamnation pécuniaire, et alors un nouveau certificat d'indigence l'affranchit des suites du second délit, et ainsi de suite à l'infini; de telle sorte que, pour un grand nombre de braconniers, pour les indigents qui se livrent au braconnage, il y a certitude d'impunité. Je dis indigents, parce que je distingue dans le pauvre deux espèces d'hommes qui ne doivent pas être traités de la même manière. Il est possible qu'un indigent honnête se soit livré une fois au braconnage, et avec son certificat d'indigence, il s'affranchit de la condamnation. Cet indigent ne s'expose pas une seconde fois à la même contravention, tandis que le braconnier de profession, celui que la loi veut surtout atteindre, n'hésitera pas en présence de l'impunité dont je viens de parler, et qui lui est assurée; il n'hésitera pas à se livrer une seconde et une troisième fois au délit que la loi veut punir.

15. Il y a récidive lorsque, dans les douze mois (1) qui ont précédé l'infraction, le délinquant a été condamné en vertu de la présente loi.

16. Tout jugement de condamnation prononcera la confiscation des filets, engins et autres instruments de chasse (2). Il ordonnera, en outre, la destruction des instruments de chasse prohibés.

Il prononcera également la confiscation

« Il me semble qu'il y a dans le fait de la récidive du braconnier quelque chose qui appelle une répression plus sévère ; car il y a là de sa part une seconde faute ajoutée à la première. Le délit de chasse est un délit contre la société, quand il est commis par des hommes de loisir ; mais quand il est commis par un individu insolvable, ce n'est plus seulement une faute commise envers la société, mais aussi une faute envers sa famille et envers lui-même, car il prend des habitudes de paresse, de vagabondage et d'oisiveté, qui peuvent l'entraîner et qui l'entraînent fatalement à des désordres plus grands.

« Il faut donc qu'on adopte une mesure plus efficace, une répression plus sévère.

« L'honorable M. Parès prétend que l'on trouvera dans la loi sur la contrainte par corps, qui a été rendue en 1832, art. 35, le moyen de parer aux inconvénients que je signale. Je crois qu'il n'en est rien. L'application que M. Parès veut faire de l'art. 35 de la loi de 1832 au cas dont nous nous occupons, produit cet effet d'atteindre par la contrainte par corps la première condamnation ; car si on applique l'art. 35 de la loi de 1832 au cas que nous discutons, il en résulte que, dès la première condamnation, le délinquant doit être détenu, par voie de contrainte, jusqu'à ce qu'il ait acquitté le montant de la peine pécuniaire. Remarquez que la disposition dont il s'agit est une disposition toute fiscale et dans l'intérêt de la restitution des amendes et frais ; mais elle n'atteint pas le but que nous nous proposons ; car elle n'est pas prononcée par les tribunaux ; elle n'est pas appliquée comme une pénalité du fait spécial, c'est une épreuve de la solvabilité du délinquant.

« L'art. 35 de la loi de 1832 veut que le délinquant qui n'a pas satisfait à la condamnation pécuniaire soit détenu, par voie de contrainte, pendant quinze jours, si la condamnation en amende et en frais ne passe pas 15 fr.; et successivement cette loi étend la contrainte jusqu'à quatre mois si la condamnation est de 100 fr.

« Vous voyez combien peu la disposition dont on peut argumenter contre mon amendement est applicable à l'espèce. Dans un grand nombre de cas, l'amende de 50 fr., et je prends le minimum, à laquelle on devra joindre les frais, atteindra le chiffre de 100 fr., et, pour ce cas, il faudrait la voie de contrainte, lorsque les tribunaux n'auraient pas cru devoir appliquer la peine de la prison ! il faudrait que le délinquant fût retenu en prison pendant quatre mois ! C'est un résultat exorbitant, car, pour la peine principale, la Chambre ne veut pas excéder trois mois.

« La Chambre a voulu que la pénalité résultât d'une condamnation expresse, et, en réalité, je ne comprendrais pas qu'on fît au délit dont il s'agit l'application de dispositions qu'on n'applique jamais d'une même manière.

« Il est une chose certaine, c'est que ce n'est pas le ministère public qui poursuit l'exécution de la contrainte, c'est à la réquisition des agents du fisc qu'elle a lieu. Car il est évident que, dans tels ou tels départements, cette mesure, écrite dans la loi de 1832, n'est point exécutée, lorsque l'individu n'a point été atteint par la prison. Je comprends que quand il y a condamnation à la prison, on agisse par voie de recommandation ; je ne le comprends plus lorsqu'il faut faire emprisonner tel ou tel individu pour obtenir de lui le paiement de l'amende et des frais. Cela arrive ainsi d'autant plus souvent, que le certificat d'indigence intervient avant la mise à exécution de la contrainte par corps ; la réalisation de l'amende ne peut plus être espérée du moment où il y a un certificat d'indigence qui prouve l'insolvabilité du délinquant.

« Cette observation me paraît justifier complétement l'amendement que je propose. »

Lors de la mise aux voix de l'amendement de M. Dessaigne, M. Parès a proposé la disposition additionnelle suivante :

« A moins qu'il n'ait justifié de son insolvabilité, aux termes de l'art. 80 du Code d'instruction criminelle. »

M. *Dessaigne* a répondu : « C'est précisément cet abus qu'il faut prévenir. »

La proposition de M. Parès n'a pas été appuyée, et le paragraphe a été adopté.

Mais on ne saurait conclure de tout cela que la loi de 1832 n'est pas applicable au recouvrement des amendes prononcées pour délit de chasse.

(1) La commission de la Chambre des Pairs avait porté le délai de la récidive à deux ans, « par ce motif, avait dit M. *Franck-Carré*, que la chasse n'étant permise que pendant six mois de l'année, ce serait supprimer la peine de la récidive que d'admettre le délai de douze mois fixé par le projet du gouvernement. »

La Chambre des Députés a rétabli la disposition primitive, sur la proposition de M. *Genoux*, qui a fait observer que le délai d'un an était adopté par les lois dans tous les cas analogues. (Voy. art. 58, 483 Code pénal.)

« Il est évident, a-t-il dit, qu'il y a dans les motifs qui ont déterminé la Chambre des Pairs une erreur matérielle. De ce que la chasse n'est permise que pendant la moitié de l'année, on a conclu que le délit de chasse ne pourrait être commis que pendant six mois, et que, pour trouver l'année *utile*, si je puis parler ainsi, dans laquelle la récidive pourrait avoir lieu, il fallait prendre les seconds six mois de la deuxième année. Mais, je le répète, c'est là une erreur matérielle, évidente ; car, au mépris de la loi, on chasse pendant les six mois où la chasse est défendue ; et pendant les six mois où elle est permise, elle ne l'est que *conditionnellement*, elle ne l'est que sous des restrictions infinies qui font tomber tous les jours sous l'infraction et sous l'application de la pénalité non seulement les braconniers, mais encore les chasseurs les plus réservés. La peine de la récidive trouve donc dans l'espace de douze mois une large et fréquente application qui dispense d'étendre ce délai à deux ans. »

Deux arrêts de la Cour de cassation des 17 juin 1830 et 30 mai 1834, cités par M. Championnière, ont jugé avec raison que le délai se compte du jugement définitif de condamnation au jour de la seconde infraction, et non au jour du second jugement ; d'ailleurs le texte le dit expressément.

(2) Le projet du gouvernement ordonnait en-

des armes (1), excepté dans le cas où le délit aura été commis par un individu muni d'un permis de chasse, dans le temps où la chasse est autorisée (2).

core la saisie du gibier; la commission de la Chambre des Pairs n'a pas trouvé cette innovation heureuse, et c'est elle qui en a proposé la suppression.

« Pourquoi, a demandé M. le duc *de Coigny*, la commission a-t-elle retranché la confiscation du gibier? »

M. *le rapporteur* a répondu: « Le jugement intervient habituellement trois semaines ou un mois après le fait de chasse. Prononcer la confiscation du gibier, serait parfaitement dérisoire. »

Et M. *Persil* a ajouté: « L'exécution d'une disposition qui ordonnerait la saisie du gibier serait impossible; elle amènerait des conflits bien autrement dangereux. Quand nous avons dit qu'on saisirait les armes, nous n'avons pas admis qu'on s'en emparerait de vive force. Vous savez à quels accidents cela peut donner lieu; souvent des hommes en colère ont fait usage de leurs armes. Il en arrivera autant si on fouille dans le carnier du délinquant. On sera obligé, pour exécuter la loi, de faire une évaluation. Nous disons, quand le fusil ne sera pas représenté, on paiera 50 fr. On sait ce que vaut un fusil. Mais maintenant qu'y a-t-il dans le carnier? Y a-t-il quelque chose? Quelle valeur pouvez-vous lui donner? pouvez-vous fixer cette valeur dans la loi? Devant ces difficultés, nous avons reculé. Nous avons vu que saisir le gibier serait impossible; en demander la représentation, serait inutile; en fixer la valeur, serait sujet à erreur; nous croyons donc que la Chambre, par ces considérations, ne doit pas admettre la confiscation du gibier. »

Toutefois, la saisie du gibier est ordonnée dans le cas d'infraction aux dispositions de l'art. 4, paragraphe 1er. (Voy. p. 109.)

(1) L'art. 14 du projet de loi était ainsi conçu: « Tout jugement de condamnation prononcera la confiscation des *armes*, filets, engins, etc., etc. »

La Chambre des Députés, sur un amendement de MM. Crémieux et Genoux, a supprimé le mot *armes*, qu'elle a remplacé par le paragraphe suivant: *Il prononcera également..... etc.*

« Il ne faut pas, a dit M. *Crémieux*, que la confiscation soit prononcée, même quand on a l'autorisation du permis de chasse, même quand on chasse dans un temps où la chasse n'est pas prohibée; la confiscation de l'arme me paraît alors d'une gravité énorme. »

M. *le garde des sceaux* a répondu que c'était un principe général, en matière pénale, que tout instrument de délit doit nécessairement être confisqué, et que la loi de 1790 dispose que, dans tous les cas, la confiscation de l'arme est le résultat de la condamnation.

M *Genoux* a répliqué:

« Je ne nie pas, Messieurs, le fait dont M. le garde des sceaux vient de se prévaloir, c'est-à-dire que la loi de 1790 a établi le principe de la confiscation des armes; mais nous refaisons cette loi tout entière, et je combats, j'en ai le droit, ce principe que j'y rencontre, parce que je le trouve faux, irrationnel et dangereux.

« Je dis d'abord que vous ne confisquez pas les armes, le mot est impropre, il ne s'agit que d'une amende. Vous confisquez les filets et engins, à la bonne heure, mais c'est parce qu'ils sont prohibés absolument, toujours, dans tous les cas, par la raison qu'ils sont déclarés dangereux, destructeurs du gibier, instruments de pur braconnage; aussi, conséquents avec vous-mêmes, en ordonnez-vous la destruction immédiate, afin qu'on ne puisse plus s'en servir.

« En est-il, en peut-il être de même des armes ou fusils? Non, assurément. Le chasseur condamné avait le droit de les porter et de s'en servir: ce droit, il le conservera le lendemain de sa condamnation comme auparavant. Il lui sera permis, de par la loi, de chasser à l'avenir, soit avec la même arme, soit avec une arme semblable. Cela ne le constituera pas en faute, en délit. L'arme dont il s'agit n'est donc pas dangereuse et prohibée. Aussi n'en ordonnez-vous pas la destruction. A quoi me condamnez-vous donc, en réalité, par la confiscation prétendue de mon arme? A vous donner une somme d'argent: rien de plus. Vous ne pouvez pas exiger de moi autre chose; je suis quitte envers vous en vous donnant de l'argent. »

M. *Genoux* a ensuite insisté sur ce point que la confiscation de l'arme n'était, en définitive, qu'une nouvelle condamnation pécuniaire, injuste et inintelligente, et même souvent sans efficacité, car le braconnier abandonnera un fusil qui ne vaudra pas 10 fr., quand le propriétaire sera souvent forcé de représenter une arme d'un haut prix. M. Genoux est allé plus loin; suivant lui, et dans sa conviction intime, la confiscation de l'arme devrait être interdite dans tous les cas.

M. *Luneau* a dit aussi: « Il est impossible de ne pas introduire cette réserve dans la loi; et dans le fait, quand on a dit que la loi de 1790 n'était pas exécutée, on a eu raison: ce n'est jamais l'arme qui a servi au délit qu'on remet, c'est un mauvais fusil qui a coûté 10 à 12 fr.; et, dans un autre article, il est dit que lorsque l'arme ne sera pas représentée, l'amende sera de 50 fr. au moins. Lorsqu'un chasseur aura passé sur le terrain d'autrui, souvent sans le savoir, et qu'il aura causé un dommage, il n'y aura aucun intérêt d'ordre public, s'il est poursuivi, à ce que l'arme soit confisquée; l'amendement de M. Crémieux me paraît donc très-rationnel, et, en vérité, si vous voulez que l'on prenne des permis de chasse, il faut l'adopter, autrement il y aurait presque avantage à n'en pas prendre. »

(2) La chasse de nuit a-t-elle lieu dans un temps où la chasse n'est pas autorisée dans le sens de ce paragraphe, et, par conséquent, y a-t-il lieu de prononcer la confiscation des armes lorsque la chasse a eu lieu la nuit?

Il faut répondre affirmativement.

M. *Genoux* a proposé de s'exprimer à cet égard en termes exprès; mais il a ensuite reconnu que cela était surabondant. « On voulait, a-t-il dit, prononcer la confiscation de l'arme lorsque le délit de chasse aurait eu lieu sans permis de chasse et hors le temps de chasse; à plus forte raison, devait-on vouloir cette confiscation lorsque le délit aurait eu lieu pendant la nuit. En ajoutant ces mots, j'ai cru rendre ma pensée plus claire; mais j'adopte, je le répète, la rédaction de M. Crémieux. »

Il y a, selon moi, un moyen facile de reconnaître les cas dans lesquels la confiscation de l'arme doit avoir lieu, ou plutôt d'expliquer pourquoi la loi a voulu la confiscation dans un cas et non dans l'autre.

La confiscation est toute naturelle, lorsque le

Si les armes, filets, engins ou autres instruments de chasse n'ont pas été saisis, le délinquant sera condamné à les représenter (1) ou à en payer la valeur, suivant la fixation qui en sera faite par le jugement, sans qu'elle puisse être au-dessous de cinquante francs.

Les armes, engins ou autres instruments de chasse, abandonnés par les délinquants restés inconnus, seront saisis et déposés au greffe du tribunal compétent. La confiscation, et, s'il y a lieu, la destruction en seront ordonnées sur le vu du procès-verbal.

Dans tous les cas, la quotité des dommages-intérêts est laissée à l'appréciation des tribunaux (2).

17. En cas de conviction de plusieurs délits prévus par la présente loi, par le Code pénal ordinaire ou par les lois spé-

---

délit consiste précisément à avoir l'arme dans les mains et à l'employer à la chasse.

Ainsi, on conçoit très-bien qu'on la prononce contre celui qui n'a pas de permis de chasse, qui n'est pas autorisé à se servir de l'arme, et contre celui qui chasse dans un moment où personne ne peut chasser, ne peut faire usage de ses armes.

Lorsqu'au contraire un chasseur, muni d'un permis, chasse en temps licite, les délits qu'il peut commettre ne résultent point du port et de l'usage de l'arme. Ce sont d'autres faits que la loi veut atteindre et punir.

Le fusil avec lequel un individu a été trouvé chassant sans permis, doit être confisqué, bien qu'il ait été remis au délinquant comme garde national, et qu'il soit la propriété de l'Etat. (Arrêt de la Cour de Douai du 13 décembre 1834, Dalloz, 38. 2. 150.)

Jugé aussi qu'il y a lieu non seulement à autant d'amendes, mais encore à autant de confiscations que de délits, à moins qu'il ne soit prouvé qu'ils ont été commis avec la même arme. (Arrêts de Douai du 14 décembre 1837, et de Nancy du 15 janvier 1840, Dalloz, 40. 2. 101.)

(1) La Chambre des Pairs avait ajouté, sur la proposition de sa commission, le mot *identiquement*.

« La commission a cru, a dit M. *Franck-Carré* dans son rapport, que la pensée de la loi serait plus manifeste si le mot *représenter* était accompagné du mot *identiquement*. Mais, pour assurer son exécution sous ce rapport si important, il appartiendra à l'autorité supérieure d'exiger que les officiers de police judiciaire chargés de verbaliser en matière de chasse prennent le soin de désigner exactement les armes et les autres instruments du délit. »

La commission de la Chambre des Députés a fait supprimer ce mot, et M. *Lenoble*, dans son rapport, a expliqué les motifs de cette modification :

« Quoique votre commission, a-t-il dit, ait reconnu l'avantage de pouvoir contraindre les délinquants à déposer identiquement les armes ou instruments de chasse, elle a pensé que toutes les fois que les procès-verbaux contiendraient des désignations tellement précises que ces armes ou instruments fussent facilement reconnaissables, le jugement rappellerait ces désignations de manière que le délinquant serait forcé de faire identiquement ce dépôt, ou de payer la valeur réglée par le jugement. Elle a pensé que, dans les autres cas, le débat sur l'identité entre la personne chargée de recevoir le dépôt et le délinquant serait fâcheux, et elle vous propose de supprimer le mot *identiquement*. »

(2) Au lieu de cette disposition, le projet du gouvernement portait : « Les dommages et intérêts ne pourront être inférieurs à l'amende prononcée par le jugement, ou à la moitié de cette amende, si elle a été portée au double. »

La commission de la Chambre des Députés a trouvé que, « dans certains cas, cette fixation de minimum serait exagérée, car les dommages et intérêts sont la réparation du préjudice causé à autrui, et ce préjudice résulte d'un fait matériel, indépendant des circonstances qui l'ont accompagné. Si la loi, dans l'intérêt de la vindicte publique, a gradué les peines en raison de ces circonstances, le tort matériel souffert n'en n'est pas plus grand ; dès lors, le chiffre de l'amende ne peut servir de base invariable à celui des dommages-intérêts. Toutefois, il est bon que les dommages-intérêts ne soient pas immodérément réduits, et c'est dans l'intention d'atteindre ce but, que votre commission vous propose d'en fixer le minimum à 25 fr. »

Plus tard, la commission a réduit ce minimum à 15 fr., et enfin, M. *Peltereau de Villeneuve* a proposé d'en laisser la quotité à l'entière appréciation des tribunaux.

Suivant cet orateur, « la vérité, la conscience disent que les dommages et intérêts doivent être la réparation du dommage causé. . . . . et l'on n'arrivera à la vérité que lorsqu'on laissera l'appréciation des dommages aux tribunaux. C'est à quoi tend mon amendement, a-t-il ajouté ; suivant moi, c'est se refuser à rendre hommage à la loyauté et aux lumières de la magistrature que de vouloir, à l'avance, imposer un minimum de dommages et intérêts ; c'est lui imposer un jugement que souvent, contrairement à sa conscience, on l'obligerait à prononcer.

« On a voulu assimiler ce cas au cas de la loi forestière, qui a un *minimum* de dommages et intérêts déterminé. Je n'ai à cet égard qu'une réponse à faire. La loi forestière est mauvaise, l'expérience me l'a démontré. Il arrive souvent que les tribunaux condamnent à des dommages-intérêts montant à 50 fr., tandis que l'indemnité, qui devrait être la représentation du dommage causé, aurait dû être appréciée à 1 fr. seulement.

« Il est évident, a dit de son côté M. *Boudet*, qu'en matière de délit de chasse, il ne peut y avoir lieu à indemnité si le propriétaire sur le terrain duquel la chasse a eu lieu n'a éprouvé aucun préjudice......

« Il faut donc laisser aux tribunaux le soin d'apprécier les dommages et intérêts, c'est le droit commun ; le Code civil fournit tous les moyens de faire évaluer la quotité des dommages et intérêts en raison du préjudice causé. Je ne vois pas pourquoi on fixerait d'avance le minimum des dommages. »

M. *le garde des sceaux* a insisté pour la fixation du *minimum*.

« Remarquez bien, a-t-il dit, qu'il faut nécessairement faire respecter le droit de propriété ; les dommages et intérêts prononcés seront la peine de celui qui aura porté atteinte à ce droit. Dites-le même, si vous ne le faites pas ainsi, vous n'atteindrez pas le but que vous vous proposez..... »

Mais la Chambre s'est décidée en faveur de l'amendement de M. Peltereau de Villeneuve.

ciales, la peine la plus forte sera seule prononcée (1).

Les peines encourues pour des faits postérieurs à la déclaration du procès-verbal de contravention pourront être cumulées, s'il y a lieu, sans préjudice des peines de la récidive.

18. En cas de condamnation pour délits prévus par la présente loi, les tribunaux pourront priver le délinquant du droit

---

(1) Le projet de loi disait dans son art. 15 :

« En cas de conviction de plusieurs délits commis dans la même journée, la peine la plus forte sera seule prononcée. Lorsque les délits auront été commis à différents jours, les peines seront cumulées. »

A cette rédaction, la commission de la Chambre des Pairs avait substitué celle-ci :

« En cas de conviction de plusieurs délits commis avant la déclaration du procès-verbal, la peine la plus forte sera la seule prononcée. »

« En approuvant la pensée de l'art. 15 du projet, a dit M. *Franck-Carré* dans son rapport, nous avons cru que sa rédaction ne pouvait être admise. Il ne faut pas sans doute qu'un délinquant puisse être cumulativement condamné à toutes les peines prononcées par la loi contre les diverses infractions qu'il a commises avant la déclaration du procès-verbal ; mais une fois que ce procès-verbal lui a été déclaré, qu'il a été ainsi mis en demeure de s'arrêter, il est impossible d'admettre que le principe de l'art. 365 vienne couvrir les délits postérieurs, et l'encourage à les commettre par la certitude de l'impunité. Nous croyons avoir prévu ces deux inconvénients, et les avoir fait disparaître par la nouvelle rédaction de l'art. 15. »

Mais à la Chambre des Députés, cette rédaction a été abandonnée, et la discussion s'est engagée sur un amendement de M. *Isambert*, ainsi conçu :

« En cas de conviction de plusieurs délits prévus par la présente loi ou par le Code pénal ordinaire, la peine la plus forte sera seule prononcée.

« Les peines encourues pour des faits postérieurs au procès-verbal de contravention ou de citation, pourront être cumulées, s'il y a lieu, sans préjudice des peines de la récidive. »

« Je crois, Messieurs, a dit M. *Isambert* à l'appui de sa proposition, que je suis d'accord avec la commission ; c'est uniquement pour donner plus de clarté à la rédaction que j'ai proposé mon amendement ; ma proposition a été déterminée par une difficulté provenant de la jurisprudence nouvelle, qui ne veut plus appliquer aux matières spéciales le principe de la non cumulation des peines. Il est donc nécessaire de le régler, et de le mettre d'accord avec le Code criminel, art. 365, et le Code pénal, art. 484.

« Je demande que la commission s'explique, et dise si elle est ou non d'accord avec moi. »

M. *le garde des sceaux* a répondu : « Je suis d'accord avec l'honorable M. Isambert sur le premier paragraphe de son amendement ; mais j'aurais une observation à faire sur le second paragraphe, parce que je n'en comprends pas bien la portée.

« Ce second paragraphe dit :

« *Postérieurs au procès-verbal de contravention ou à la « citation.* »

« Or, il peut y avoir un délai entre le procès-verbal et la citation ; il faut prendre l'un ou l'autre, il faut arrêter un délai fixe.

« Je crois que l'on pourrait dire : *postérieurs au procès-verbal de contravention.* »

M. *Isambert* a répliqué : « Voici pourquoi j'ai dit *à la citation*, c'est que le procès-verbal peut être inconnu à la partie qui a commis le délit, et il est à craindre que l'intervalle soit plus ou moins long.

« D'après le droit commun, d'après même les lois de septembre 1835, relatives aux délits de presse, il est de règle que les peines ne puissent être cumulées que pour fait postérieur à la *poursuite*.

« Je reconnais la justesse de l'observation de M. le garde des sceaux, quant au procès-verbal de contravention, qui, à lui seul, ne suffit pas pour avertir le délinquant, s'il n'est déclaré à la personne du délinquant. Pour rentrer dans les principes du droit commun, j'effacerai *postérieurs au procès-verbal de contravention*, et je dirai seulement : *postérieurs à la poursuite.* »

M. *le garde des sceaux* a dit : « Pourquoi ne pas mettre *postérieurs à la déclaration du procès-verbal de contravention?* alors on effacerait les mots *ou à la citation.* »

« A la bonne heure, a repris M. *Isambert.* Quand le procès verbal est *notifié verbalement* à la personne, il y a avertissement suffisant. »

M. *Parès* a proposé de mettre le mot *notification* à la place du mot *déclaration*, qui, selon lui, n'est pas dans le langage légal.

M. *le garde des sceaux* a répondu : « Au contraire, le mot *déclaration* est dans le langage de la loi pour les procès-verbaux de contravention. »

M. *le rapporteur* a alors fait remarquer que les observations de la commission s'arrêteraient au paragraphe 1er.

« M. Isambert, a-t-il ajouté, vient de déclarer qu'il y avait eu nouvelle rédaction proposée par lui ; mais ce n'est pas cette nouvelle rédaction qui a été lue. Du moment où, après avoir dit *par le Code pénal ordinaire*, on ajouterait, *ou par les lois spéciales*, la commission serait d'accord avec M. Isambert. »

M. *Isambert* a déclaré qu'il acceptait cette rédaction.

M. *le rapporteur* a ajouté : « On dirait : « En cas « de conviction de plusieurs délits prévus par la « présente loi, par le Code pénal ordinaire et « par les lois spéciales, la peine, etc. »

La rédaction proposée par M. Isambert a été adoptée avec ces modifications, et l'on comprend quel est le véritable sens de la disposition.

Tous les faits antérieurs à la déclaration du procès-verbal constatant un délit, et ce délit lui-même, quelles que soient les lois diverses qui les punissent, ne peuvent donner lieu qu'à l'application d'une seule peine, la plus forte.

Par déclaration du procès-verbal, on entend la notification faite même verbalement à l'auteur du délit.

Les faits postérieurs à cette déclaration seront punis de peines qui seront cumulées avec celles qui auront été prononcées pour les faits antérieurs.

La confiscation des armes, la destruction des engins prohibés ne sont pas des peines proprement dites. En conséquence, on confisquera toutes les armes qui auront servi à commettre les différents délits, et l'on détruira tous les engins prohibés qu'on pourra saisir.

d'obtenir un permis de chasse pour un temps qui n'excédera pas cinq ans (1).

19. La gratification mentionnée en l'article 10 sera prélevée sur le produit des amendes.

Le surplus desdites amendes sera attribué aux communes sur le territoire desquelles les infractions auront été commises (2).

20. L'art. 463 du Code pénal ne sera pas applicable aux délits prévus par la présente loi (3).

---

(1) Le projet de loi fixait à dix ans le temps pendant lequel le délinquant pourrait être privé du droit d'obtenir un permis de chasse. La commission de la Chambre des Députés a réduit ce délai à cinq ans.

M. *Boudet* a proposé de remplacer l'article par la rédaction suivante :

« Lorsque des condamnations auront été prononcées en vertu des dispositions des paragraphes 6 et 8 de l'art. 11, et des art. 12, 13 et 14 de la présente loi, les tribunaux pourront...., etc. »

« J'ai trouvé fort dur, a-t-il dit, que, dans tous les cas de délit prévus par la présente loi, on pût priver un délinquant, pendant cinq ans, du droit d'obtenir un permis de chasse.

« En conséquence, j'ai proposé de limiter les cas et de réduire l'application de l'article aux cas où il s'agirait de délits commis sur des terres ensemencées ou encloses, aux cas où le délit aurait été commis pendant la nuit, et aux cas plus graves des art. 12, 13 et 14. »

M. *le garde des sceaux* a répondu : « La difficulté vient de ce que M. Boudet voudrait que le droit accordé aux tribunaux de priver un délinquant du droit de permis de chasse, ne fût accordé que dans certaines circonstances. Eh bien ! je crois avec la commission qu'il est bien plus sage d'adopter l'article du gouvernement, tel qu'il a été adopté par la commission, et de déclarer, d'une manière absolue, que, toutes les fois qu'il y aura délit de chasse, il y aura faculté pour les tribunaux de priver le délinquant du droit de chasse pendant un délai déterminé. Il n'y a pas de difficulté à accorder une faculté, parce qu'il est certain que les tribunaux ne prononceront la privation du permis de chasse que dans le cas de délit grave, ou quand une personne n'inspirera aucune confiance. »

L'amendement a été rejeté.

(2) L'art. 17 du projet de loi attribuait le tiers des amendes aux hospices et les deux autres tiers aux communes. La commission de la Chambre des Députés a attribué le produit entier des amendes aux communes, déduction faite du montant des gratifications accordées aux gardes par l'art. 10, qui doit être prélevé.

« Jusqu'alors, a dit M. *Lenoble*, les gendarmes et les gardes recevaient une gratification par chacun des procès-verbaux, suivis de condamnation, qu'ils rapportaient en matière de délit de port d'armes de chasse et de pêche. Aux termes de l'art. 10, des ordonnances royales détermineront cette gratification, c'est maintenir le principe sans en régler le chiffre. L'art. 18 veut que le montant de cette gratification soit prélevé sur le produit des amendes, c'est en assurer le paiement. Votre commission approuve toutes ces dispositions ; mais elle ne peut approuver également l'attribution que le troisième paragraphe de cet article fait aux hospices du département du tiers du surplus de ces amendes ; car il existe des arrondissements dans lesquels on n'a pas créé d'hospices ; il en existe dans lesquels les hospices sont simplement communaux ; il en existe, enfin, dans lesquels les hospices reçoivent en même temps et les habitants de la commune et ceux des communes de l'arrondissement. Quel sera le mode adopté pour déterminer l'attribution ? Rigoureusement, ce serait aux seuls hospices de cette dernière catégorie que l'attribution devrait être faite ; mais ce cas sera l'exception, car il existe peu d'hospices établis dans ces conditions ; et, comme les communes rurales, en général, ne possèdent pas des excédants de ressources, votre commission vous propose de leur attribuer la totalité du surplus des amendes, au lieu des deux tiers que le projet de loi leur accorde. »

M. *Toye* avait proposé d'ajouter : « Le tribunal saisi de la connaissance du délit fera lui-même, entre les parties intéressées, la division des amendes. »

Cet amendement n'a pas été appuyé.

(3) La disposition de cet article n'est passée dans la loi qu'après une vive opposition et dans la Chambre des Pairs et dans la Chambre des Députés.

M. *Persil* a proposé d'y substituer la disposition contraire, et de dire : « L'art. 463 du Code pénal sera applicable aux délits prévus par la présente loi. »

Suivant lui, l'application des circonstances atténuantes à toute espèce de fautes, de délits ou de crimes est de droit commun et de toute justice.

« Comment admettre, a-t-il dit, que le juge auquel un délit de chasse présentera des circonstances atténuantes soit obligé de prononcer le minimum de la peine ? Ce minimum de la peine est encore considérable ; je ne le trouve pas trop élevé quand le délit est réel et qu'il n'est pas accompagné de circonstances atténuantes. Moi-même j'ai demandé que la peine fût portée quelquefois à un maximum plus fort ; mais aussi, par la même raison, je demande que lorsque le tribunal reconnaîtra des circonstances atténuantes, il puisse réduire l'amende à 1 fr., comme la loi l'autorise. »

M. *le rapporteur* a répondu que l'emprisonnement ayant été déclaré facultatif dans tous les cas, l'application de l'art. 463 aux délits de chasse n'était plus nécessaire.

« Si le juge estime qu'il y a des circonstances atténuantes, a-t-il dit, il appliquera la peine de l'amende dans son minimum, et il n'y aura pas d'emprisonnement.

« La raison de distinguer entre la matière qui nous occupe et les matières de droit commun, qualifiées et punies par le Code pénal, la voici, Messieurs, elle est saillante : Qu'est-ce que les circonstances atténuantes dans les matières où l'intention n'est rien ? Dans les délits de droit commun, la question intentionnelle est tout. Ici c'est le fait même de la chasse qu'on punit, et on ne se préoccupe pas de la question intentionnelle. Voilà pourquoi, dans les matières du grand comme du petit criminel, on a laissé au juge une pleine et entière appréciation de l'intention. C'est par suite de l'appréciation de cette question que le juge admet ou non les circonstances atténuantes ; mais, dans toutes les matières où il n'y a pas de question d'intention à examiner, je ne comprends pas les cir-

SECTION III. *De la poursuite et du jugement.*

21. Les délits prévus par la présente loi seront prouvés, soit par procès-verbaux ou rapports, soit par témoins (1), à défaut de rapports et procès-verbaux, ou à leur appui.

22. Les procès-verbaux (2) des maires et

---

constances atténuantes. Jamais une telle question n'est soulevée, n'est examinée en matière de contravention. Or, les faits de chasse, bien que qualifiés délits, et punis de peines correctionnelles, ne sont véritablement pas des délits, mais des contraventions, des infractions aux prescriptions de la loi. Encore une fois donc, les questions intentionnelles sont en dehors d'une telle législation.

« Il en est ainsi dans toutes les matières spéciales; ainsi, par exemple, on lit dans l'art. 203 du Code forestier : « Les tribunaux ne pourront appliquer « aux matières réglées par le présent Code les dis- « positions de l'art. 463 du Code pénal. » Dans les infractions en matière de contributions indirectes, en matière de douanes, il n'y a pas de circonstances atténuantes, parce qu'il n'y a pas de question d'intention; nous avons cru qu'il devait en être de même en matière de chasse. Nous avons cependant atténué les peines et adouci le projet dans plusieurs de ses dispositions et dans son ensemble; je rappelle notamment que nous avons rendu l'emprisonnement facultatif dans tous les cas. »

A la Chambre des Députés, M. *de la Plesse* a reproduit sans succès l'amendement de M. Persil.

Je dois répéter ce que j'ai déjà dit précédemment (voy. notes du titre de la section 2) sur la question de savoir si l'intention de l'agent était un élément du délit, et protester de nouveau contre ces doctrines relâchées qui permettent d'appliquer des peines sévères à celui qui n'a pas eu l'intention de désobéir à la loi. Au surplus, une autre erreur non moins grave a été commise par M. le rapporteur, lorsqu'il a soutenu que les circonstances atténuantes ne pouvaient être invoquées que dans le cas où l'intention de l'agent était considérée comme un des éléments constitutifs de la criminalité. En admettant même que le fait matériel, accompli sans mauvaise intention, soit punissable, les circonstances qui l'ont accompagné, l'âge du coupable, son degré d'intelligence, les conséquences mêmes du fait peuvent déterminer le juge à montrer plus ou moins de sévérité.

(1) Plusieurs arrêts ont décidé que la preuve légale d'un délit de chasse peut résulter d'un témoignage *unique*, et que l'art. 11 de la loi du 30 avril 1790, qui exigeait la déposition de deux témoins pour suppléer au procès-verbal, a été abrogé par les art. 154 et 189 du Code d'instruction criminelle. (Arrêts de la Cour de cassation du 26 août 1830, Dalloz, 30. 1. 352; du 7 février 1835, Journ. du Palais, t. 26, p. 1303; du 19 février 1836, Journ. du Palais, t. 27, p. 1092; de la Cour de Douai du 5 décembre 1836, Dalloz, 37. 2. 80; de la Cour de Bourges du 12 mai 1837, Dalloz, 38. 2. 89.)

La jurisprudence ne peut être incertaine désormais, puisque le présent article ne reproduit pas la loi de 1790 et est littéralement conforme à l'art. 154 du Code d'instruction criminelle.

(2) Le projet du gouvernement, dans son art. 20, accordait foi entière et jusqu'à inscription de faux aux procès-verbaux des maires, adjoints, commissaires de police, officiers de gendarmerie et agents de l'administration forestière. Les procès-verbaux des simples gardes seuls ne faisaient foi que jusqu'à preuve du contraire.

Cette disposition, accueillie par la Chambre des Pairs malgré la plus vive opposition, a été complétement abandonnée lors de la discussion à la Chambre des Députés.

La commission de cette Chambre l'avait écartée pour y substituer un article ainsi conçu :

« Les procès-verbaux des maires et adjoints, des commissaires de police, officier, maréchal-des-logis ou brigadier de gendarmerie, gendarmes, gardes champêtres, gardes communaux ou gardes assermentés des particuliers, feront foi jusqu'à preuve contraire, conformément aux dispositions de l'art. 154 du Code d'instruction criminelle. »

« Dans les art. 20 et 21 du projet, a dit M. *Lenoble* dans son rapport, les procès-verbaux se trouvent classés en deux catégories : les uns font foi jusqu'à inscription de faux, et les autres jusqu'à preuve contraire seulement.

« Votre commission n'a point approuvé, en cette partie, les idées du projet de loi, car elle verrait une innovation pour un cas spécial, et dans des circonstances qu'aucun fait ne semble justifier. Les fonctionnaires, désignés dans l'art. 21 sont ou officiers de police auxiliaires, ou simplement officiers de police; et, dans aucun cas, même lorsqu'il s'agit de faits beaucoup plus graves que ceux relatifs aux délits de chasse, leurs procès-verbaux ne feront foi que jusqu'à preuve contraire; tel est l'état du droit. Quel serait donc le motif de changer cet état de choses? Serait-ce le besoin d'organiser la répression, la nécessité d'enlever à la mauvaise foi les moyens d'échapper à la condamnation par la facilité de combattre les procès-verbaux par des témoignages achetés à l'avance ou récompensés plus tard? C'est ce que votre commission a dû examiner.

« Sans doute, ce besoin, cette nécessité devrait être prise en sérieuse considération si la répression était insuffisante partout, si les poursuites étaient suivies d'acquittement dans des proportions extraordinaires. Mais quoique votre commission ne conteste pas que, dans certains départements, la répression laisse quelque chose à désirer, elle doit dire que dans quelques autres elle est active, et elle en donne comme preuve ce fait établi par les statistiques : c'est que si, en 1836, le nombre des délits de chasse poursuivis n'était que de 6,251, il est progressivement arrivé, en 1841, à 8,093. Elle doit ajouter que les poursuites en matière de délits de chasse sont précisément celles qui présentent le moins d'acquittements; qu'ainsi, tandis que l'on voit, en 1841, le nombre des acquittements sur poursuites pour délits communs s'élever à la proportion de 17 pour 100, on remarque que celui sur poursuites pour délits de chasse n'a pas dépassé celle de 14. Et si l'on poursuit la comparaison en remontant jusqu'à l'année 1836, on trouve que le nombre moyen des acquittements sur poursuites pour délits communs est de 18 pour 100, tandis que celui sur poursuites pour délits de chasse n'est que de 15.

« La conséquence de ces rapprochements, pour votre commission, a été que, s'il est vrai que

adjoints, commissaires de police, officier, maréchal-des-logis ou brigadier de gendarmerie, gendarmes, gardes forestiers (1), gardes-pêches, gardes champêtres (2), ou gardes assermentés des particuliers, feront foi jusqu'à preuve contraire.

---

la crainte des poursuites n'arrête pas les braconniers, parce que les peines ne sont pas assez sévères, il est vrai aussi que la faculté accordée aux inculpés de faire la preuve contraire des faits consignés dans les procès-verbaux, n'a pas une influence exceptionnelle sur le résultat des poursuites. Elle vous propose par amendement le retour au droit commun »

M. *Boudet* a proposé de supprimer de l'article de la commission ces mots : *conformément aux dispositions de l'art. 154 du Code d'instruction criminelle.*

« Ce n'est pas que je m'oppose, a-t-il dit, à ce que ce soit conformément à l'art. 154 du Code d'instruction criminelle; mais cet art. 154 comprend beaucoup de choses. C'est tout à fait inutile. »

M. *le garde des sceaux* a reconnu qu'on pouvait supprimer sans inconvénient.

(1) La commission de la Chambre des Députés n'avait pas compris les gardes forestiers dans l'article proposé par elle; mais elle s'était contentée d'ajouter un art. 23 qui portait :

«Il n'est point dérogé pour la constatation des délits et la foi due aux procès-verbaux rédigés par les agents ou préposés de l'administration forestière aux dispositions des art. 176 et 177 du Code forestier, 53 et 54 du Code de la pêche fluviale. »

Lors du retour du projet de loi à la Chambre des Pairs, M. *le marquis de Laplace* a fait observer que les gardes forestiers lui semblaient très-propres, par leurs fonctions, à constater les délits de chasse, et qu'il ne voyait pas le motif pour lequel la commission les avait exclus.

M. *Teste*, de son côté, a manifesté la crainte que l'art. 23, tel qu'il était rédigé, n'entraînât à penser qu'alors même que les agents forestiers constateront des délits de chasse, leurs procès-verbaux conserveront toute la vertu que leur attribuent les art. 176 et 177, c'est-à-dire qu'ils feront foi jusqu'à inscription de faux. « Si telle est la pensée de l'art. 23, a-t-il ajouté, je demanderai le motif pour lequel on a donné aux agents de cette administration une supériorité dont les officiers de police judiciaire se trouveraient justement blessés. Dans ce cas-là, je demanderai à présenter quelques observations; mais, avant tout, je voudrais être éclairé sur le sens que la commission attache à l'art. 23.

« Si, à l'occasion d'un délit de chasse, on n'attribue pas aux procès-verbaux des agents forestiers une autorité supérieure à celle qu'obtiennent les procès-verbaux des agents de police judiciaire, je ne vois pas l'utilité de l'art. 23; il faudrait alors ajouter à l'énonciation de l'art. 22 : *les gardes forestiers et les gardes-pêche.* »

M. *le rapporteur* a répondu : « Le principe admis par la Chambre des Députés est que les procès-verbaux, en général, font foi jusqu'à preuve du contraire. . . . . On disait : Mais si nous refusons, en matière de chasse, cette autorité aux procès-verbaux des agents forestiers, si nous n'accordons pas la foi jusqu'à preuve contraire, ne serait-il pas à craindre que nous infirmions par là même, implicitement, la législation existante? C'est à cette crainte que la Chambre des Députés, qui disait, d'une manière générale, que les procès-verbaux des maires et adjoints, commissaires de police, officiers, maréchaux-des-logis ou brigadiers de gendarmerie, gendarmes, gardes champêtres ou gardes assermentés des particuliers, feraient foi jusqu'à preuve contraire, a répondu en ajoutant : « Mais il n'est pas dérogé, pour la foi « due aux procès-verbaux des agents forestiers, « aux dispositions des art. 176 et 177 du Code « forestier. »

« L'honorable M. Teste vous disait à l'instant, Messieurs, que, dans l'état actuel des choses, les gardes et agents forestiers, dont les procès-verbaux font foi jusqu'à inscription de faux, en matière forestière, ne sont crus que jusqu'à preuve contraire, s'ils verbalisent en matière de chasse, par exemple. Eh bien! Messieurs, cet état de choses subsistera après le vote de l'article qui vous occupe, puisque cet article a précisément pour objet de déclarer qu'il n'est rien innové à la foi due aux procès-verbaux des gardes et agents forestiers. Ainsi, Messieurs, l'honorable M. Teste, qui nous a fait la demande, s'est chargé lui même de faire la réponse. »

L'art. 23, admis par la Chambre des Députés, fut alors regardé comme inutile, et l'on ne s'occupa plus que de donner à l'art. 22 une rédaction convenable.

M. le président proposa d'ajouter après les mots *gardes champêtres*, ceux-ci : *agents ou préposés de l'administration forestière.*

M. *le rapporteur* pensa qu'il valait mieux employer les mots *gardes champêtres et forestiers*, parce que ce sont les termes des art. 176 et 177 du Code forestier.

M. *Teste* a ajouté : « L'amendement que j'avais préparé rendait parfaitement ma pensée et répondait à celle que vient d'exprimer M. le rapporteur.

« Je propose d'ajouter dans l'art. 22, après le mot gendarmes, les mots *gardes forestiers*, *gardes-pêches*, et puis de supprimer l'art. 23. »

M. *le rapporteur* a répondu : « La commission n'y fait aucune objection. »

Ainsi, il est bien entendu que les procès-verbaux des gardes forestiers et des gardes-pêches ne font foi que jusqu'à preuve contraire.

(2) Aux termes de l'art. 16 du Code d'instruction criminelle, les gardes champêtres et les gardes forestiers, considérés comme officiers de police judiciaire, ne peuvent rechercher les délits que dans le territoire pour lequel ils ont été assermentés.

Il a été jugé, en conséquence, que le procès-verbal d'un garde forestier, constatant un délit de chasse commis en plaine ou dans des terres ensemencées, ne fait point foi même jusqu'à preuve contraire. (Arrêts de la Cour de cassation du 18 octobre 1827, Journal du Palais, t. 21, p. 825; du 9 mai 1828, Journal du Palais, t. 21, p. 1448; de la Cour de Grenoble, du 13 septembre 1834, Dalloz, 35. 2. 32.)

Il n'en est pas de même des gendarmes, qui peuvent constater les délits de chasse dans toute l'étendue de la France.

En effet, ils sont institués, dit l'ordonnance du 29 octobre 1820, pour assurer, *dans toute l'étendue du royaume*, le maintien de l'ordre et l'exécution des lois. D'un autre côté, ils ne sont pas assermentés pour une seule localité; car leur serment n'est pas renouvelé à chaque changement de résidence, et, enfin, s'ils sont divisés par bri-

23. Les procès-verbaux des employés des contributions indirectes et des octrois feront également foi jusqu'à preuve contraire, lorsque, dans la limite de leurs attributions respectives, ces agents rechercheront et constateront les délits prévus par le paragraphe 1er de l'art. 4 (1).

24. Dans les vingt-quatre heures du

---

gades dans chaque canton, ce n'est qu'une distribution de service qui ne peut exercer aucune influence sur leurs attributions.

(1) C'est la commission de la Chambre des Pairs qui a proposé l'introduction de cet article dans la loi.

M. *Franck-Carré*, après avoir énoncé dans son rapport que la commission avait donné son plein assentiment aux modifications apportées par la Chambre des Députés à l'art. 4 du projet de loi, a ajouté :

« Mais en même temps, Messieurs, nous avons pensé qu'il ne suffisait pas d'écrire l'interdiction dans la loi, mais qu'il convenait d'en assurer l'exécution dans la pratique ; nous vous proposons donc une disposition nouvelle qui a pour but de donner aux employés des contributions indirectes, chargés par leur profession de surveiller et de visiter certains établissements ouverts au public, et aux employés des octrois préposés à la surveillance des transports, le droit de rechercher et de constater les contraventions aux dispositions de l'art. 4. Par là, mais par là seulement, vous assurerez l'exécution de l'une des dispositions fondamentales du projet : vous le ferez, Messieurs, sans qu'il en résulte des charges pour personne, car il ne s'agit pas de soumettre le domicile privé à des perquisitions, d'ouvrir aux agents du fisc des lieux qui leur auraient été fermés jusque-là ; il ne s'agit pas même de leur imposer de nouveaux devoirs, et de soumettre par suite certaines professions à des perquisitions nouvelles ; il s'agit de donner à des employés le droit de constater un délit, *lorsque, dans l'exercice ordinaire de leurs fonctions*, l'existence de ce délit leur sera démontrée. »

Les mots que j'ai pris le soin de souligner indiquent la limite des pouvoirs que la loi confère aux employés des contributions indirectes et des octrois.

La discussion contient encore à cet égard les documents les plus positifs.

M. le marquis de *Gabriac* a désapprouvé la disposition, qui lui semblait, a-t-il dit, une extension d'inquisition et une confusion d'attributions qui peut devenir très vexatoire.

« Assurément, a répondu M. *le rapporteur*, la nomenclature d'agents de l'art. 22 suffit pour constater les délits de chasse proprement dits, car les gendarmes et les gardes qui se promènent dans la plaine et dans les bois seront à même de les rechercher ; mais, en ce qui concerne les contraventions mentionnées à l'art 4, c'est-à-dire celles qui se passent dans le domicile, les gendarmes et les gardes n'ont aucune mission pour le faire.

« Eh bien, Messieurs, comme nous voulions l'exécution réelle, effective des dispositions contenues dans l'art. 4, il a bien fallu adopter une mesure qui l'assurât.

« D'ailleurs nous ne détournons pas de leurs devoirs les employés des contributions et des octrois, *car nous ne leur imposons pas l'obligation de rechercher cette espèce de délits ; nous disons seulement qu'ils auront qualité pour les rechercher et les constater quand, dans l'exercice de leurs fonctions, ils viendront à les rencontrer* ; nous ne les détournons donc pas de leurs principaux devoirs.

« Maintenant y a-t-il dans la disposition quelque chose de vexatoire, ainsi que le dit l'honorable préopinant?

« Nous lui ferons remarquer d'abord *qu'il ne s'agit pas de perquisitions nouvelles, de nouvelles visites domiciliaires*. Les employés des contributions directes sont chargés de certaines recherches, dans les lieux ouverts au public. Eh bien ! *lorsque, dans l'exercice de cette fonction, ils rencontreront l'espèce de délit que nous avons en vue d'atteindre*, nous voulons qu'ils aient qualité pour la constater.

« Quant aux employés de l'octroi, *ils sont les seuls qui aient mission de surveiller le transport*. Ce ne sont pas les gendarmes ni les gardes *qui, sur une route, pourront faire ouvrir des paniers et des carnassières pour voir s'il n'y a point de gibier, ce sont les employés de l'octroi*, et cette mission pour eux n'est point une mission nouvelle ; avec ou sans la disposition que nous sollicitons de vous, Messieurs, ces employés feront la visite ; *seulement, sans la disposition, ils ne constateraient pas le transport du gibier ; avec la disposition, ils le constateront quand il aura lieu.* »

« En résumé, nous n'imposons aux employés des contributions et des octrois ni devoirs nouveaux, ni obligations nouvelles. Nous voulons seulement qu'ils aient qualité pour constater les contraventions matérielles à la loi, lorsqu'ils en auront connaissance dans l'exercice de leurs fonctions ; il n'y a donc là ni vexation pour le public, ni obligation nouvelle imposée à ces employés. »

La Chambre des Députés a adopté ensuite le nouvel art. 23, conformément à l'avis de la commission.

« Les faits qualifiés délits par le paragraphe 1er de l'art. 4, a dit M. *Lenoble* à cet égard, ne seront constatés que rarement par la plupart des officiers de police dénommés en l'art. 22, car la nature de leurs fonctions ne les appelle qu'accidentellement sur les lieux où les faits se passent. Les employés des contributions indirectes, pour l'exercice de leurs fonctions, visitent les lieux dans lesquels la loi permet la recherche du gibier, et ceux des octrois surveillent, à l'entrée des villes, la nature des objets qui y sont introduits. Il faut reconnaître que le concours de ces deux classes d'employés peut être efficace pour le constat des faits prohibés par l'art. 4, mais il ne peut pas être question d'organiser un service spécial nouveau, en imposant à ces employés des devoirs particuliers ; ce sera dans l'exercice des fonctions pour lesquelles ils ont été créés qu'ils constateront les faits, *et seulement lorsque l'exercice de ces fonctions en sera pour eux l'occasion.* Les procès-verbaux qu'ils rédigeront feront foi jusqu'à preuve contraire, comme ceux des autres officiers de police. Telles sont les dispositions d'un amendement qui prend la place de l'art. 23. Votre commission l'approuve. »

Il est évident, d'après tout ce qui précède, et surtout d'après les explications données par M. le rapporteur de la Chambre des Pairs, qu'en aucune circonstance, les officiers de police, gendarmes, gardes champêtres ou autres ne pourront, dans le but de rechercher le transport du gibier, se livrer à des perquisitions sur les personnes, visiter les voitures, ou faire ouvrir les paniers ou carnassières. Les personnes sont inviolables comme le domicile.

Le transport du gibier ne pourra donc être con

délit, les procès-verbaux des gardes (1) seront, à peine de nullité, affirmés par les rédacteurs devant le juge de paix ou l'un de ses suppléants, ou devant le maire ou l'adjoint, soit de la commune de leur résidence, soit de celle où le délit aura été commis.

25. Les délinquants ne pourront être saisis ni désarmés; néanmoins, s'ils sont déguisés ou masqués, s'ils refusent de faire connaître leurs noms, ou s'ils n'ont pas de domicile connu, ils seront conduits immédiatement devant le maire ou le juge de paix, lequel s'assurera de leur individualité (2).

26. Tous les délits prévus par la présente loi seront poursuivis d'office par le ministère public (3), sans préjudice du droit

---

staté par les officiers de police que dans le cas où il se dévoilerait à leurs yeux, indépendamment de toutes recherches; et par les employés des contributions indirectes et des octrois, toutes les fois qu'ils le rencontreront en exerçant les fonctions qui leur sont confiées.

Voy. encore p. 112, note sur le deuxième paragraphe de l'art. 4.

(1) D'après l'art. 23 du projet, l'affirmation était nécessaire pour les procès-verbaux des gendarmes comme pour ceux des gardes. La commission de la Chambre des Députés a modifié l'article sous ce rapport.

« L'art. 23, a dit M. *Lenoble*, impose aux gendarmes l'obligation d'affirmer leurs procès-verbaux dans les vingt-quatre heures. Cette prescription s'expliquait lorsque, par les dispositions de l'art. 21, leurs procès-verbaux devaient faire foi jusqu'à inscription de faux; mais il n'est rien innové à cet égard, il n'y a pas lieu de leur imposer une obligation à laquelle ils ne sont pas soumis en ce moment. »

(2) Voy. *Exposé des motifs*.

M. *Franck-Carré* a dit: « L'art. 23 du projet de loi est la reproduction de l'art. 7 de la loi de 1790. C'est une mesure indispensable que celle qui donne aux officiers de police judiciaire le droit d'arrêter et de conduire devant le maire ou le juge de paix le plus voisin les délinquants déguisés ou masqués, et ceux qui refusent de faire connaître leurs noms, ou qui n'ont pas de domicile connu. Si cette disposition n'existait point, la loi serait toujours éludée, puisqu'il suffirait d'être inconnu des gardes pour éviter la responsabilité des délits. Il faut remarquer, d'ailleurs, que le voyageur qui se trouverait dans l'un des cas prévus par l'art. 23 (maintenant 25) pourrait et devrait être légalement arrêté comme inculpé de vagabondage. On ne peut évidemment admettre que le délit de chasse place le délinquant dans une situation plus favorable, et crée en sa faveur une exception à la loi commune. »

(3) L'art. 26 règle les droits et les devoirs du ministère public dans la poursuite des délits de chasse. La poursuite d'office doit-elle avoir lieu dans tous les cas, ou seulement dans certains cas spéciaux?

Quatre systèmes ont été proposés à cet égard.

Suivant le projet du gouvernement, le ministère public pouvait, en général, poursuivre d'office; mais, dans le cas de chasse sur le terrain d'autrui, il ne pouvait poursuivre que sur la plainte de la partie intéressée, ou si, antérieurement au délit, la partie intéressée avait fait, au parquet du procureur du roi, la déclaration qu'elle interdisait la chasse sur ses possessions à tous ceux qui ne seraient pas porteurs de sa permission spéciale.

Ce système n'a pas eu l'approbation de la commission de la Chambre des Pairs.

« Votre commission, a dit M. *le rapporteur*, donne son assentiment aux trois premiers paragraphes et au paragraphe dernier de l'art. 24 du projet; mais elle ne peut admettre, comme équivalent à une plainte, la déclaration générale faite au parquet du procureur du roi par les propriétaires. La chasse sur le terrain d'autrui n'est un délit qu'à défaut du consentement du propriétaire. Or, le délit ne peut se présumer, et jusqu'à la plainte qui prouve le défaut de consentement, le délit n'existe point; sans doute, les braconniers sont redoutables; sans doute, beaucoup de propriétaires se refusent à porter plainte par la juste crainte que les délinquants leur inspirent. Mais il faut remarquer, d'abord, que, dès l'instant qu'au fait isolé de la chasse sur le terrain d'autrui, viendra s'ajouter une circonstance touchant à l'ordre public, la poursuite d'office est imposée au ministère public. Ainsi, le temps prohibé, le défaut de permis de chasse, la circonstance de nuit, l'emploi d'instruments de chasse interdits, l'infraction à l'une des dispositions des arrêtés préfectoraux, la circonstance même que la terre était close, ensemencée et non encore dépouillée de ses fruits; dans tous ces cas, la poursuite aura lieu d'office. Il ne s'agit donc que du fait isolé de la chasse sur le terrain d'autrui, et dans ce cas encore, votre commission n'impose point au propriétaire lésé l'obligation de poursuivre directement; elle charge, au contraire, le ministère public de poursuivre, et subordonne seulement ses poursuites à la plainte préalable du propriétaire. En adoptant le paragraphe proposé par le gouvernement, on entraverait inutilement l'exercice licite de la chasse; il existe souvent, en effet, entre propriétaires d'une même commune des rapports de bon voisinage qui entraînent des tolérances réciproques et tacites, mais qui n'iraient pas jusqu'à se formuler en permissions de chasse. Votre commission pense que ces permissions doivent se présumer jusqu'à preuve du contraire. »

En conséquence, la commission remplaça l'art. 24 du projet de loi par la disposition suivante:

« Tous les délits prévus par la présente loi seront poursuivis d'office par le ministère public, sans préjudice du droit conféré aux parties lésées par l'art. 182 du Code d'instruction criminelle.

« Dans les cas prévus par les paragraphes 2 et 5 de l'art. 11, le ministère public ne pourra poursuivre que sur la plainte de la partie intéressée.

« Toutefois, cette plainte ne sera pas nécessaire, si la chasse a eu lieu sur des terres ensemencées et non encore dépouillées de leurs fruits. »

Lors de la discussion, un troisième système fut présenté par M. Mérilhou. Cet honorable pair a pensé qu'il y avait un grand inconvénient à subordonner l'action de la partie publique en pareille matière à une intervention quelconque de la part de la partie intéressée, et il a dit qu'il était né-

conféré aux parties lésées par l'art. 182 du Code d'instruction criminelle.

Néanmoins, dans le cas de chasse sur le terrain d'autrui sans le consentement du

---

cessaire de laisser au ministère public la faculté de poursuivre d'office dans tous les cas.

« Ce n'est pas, a-t-il ajouté, que je veuille refuser à la partie intéressée la possibilité de donner une déclaration constatant qu'elle a permis à tels ou tels individus de chasser sur son terrain ; mais je voudrais que, tant que cette déclaration, n'est pas produite, l'action du ministère public fût une nécessité. Voici les motifs qui me déterminent à faire cette proposition :

« Dans certaines localités, les propriétaires peuvent se trouver plus ou moins exposés à des menaces de la part de cette partie de la population qui n'a pas de propriétés. Il peut alors arriver que quelques personnes qui se trouveraient avoir souffert par un délit de chasse soient retenues dans la plainte qu'elles auraient à porter par la crainte d'encourir une sorte de blâme actif de la part d'une certaine portion des habitants du voisinage. Tandis que si vous donnez à ces contraventions et à ces délits toute l'importance qu'ils doivent avoir aux yeux des magistrats, personne ne trouvera étonnant que le ministère public soit toujours obligé de poursuivre. »

M. *le rapporteur* a répondu : « Dans l'état de choses actuel, chaque fois qu'un délit de chasse est commis sur le terrain d'autrui, si la chasse est ouverte, et si celui qui a commis le délit est porteur d'un permis de port d'armes, l'ordre public n'est nullement intéressé. Le ministère public ne poursuit pas d'office, il ne poursuit pas même sur la plainte du propriétaire lésé.

« On dit, dans ce cas, au propriétaire lésé par le délit de chasse : Vous avez le droit de citation directe, qui vous est conféré par l'art. 182 du Code d'instruction criminelle, c'est à vous d'agir, le ministère public n'est pas tenu d'agir : poursuivez directement.

« Alors, on conçoit qu'un propriétaire recule devant la terreur qu'inspirent les braconniers, qu'il ne poursuive pas le délit, et que l'on arrive ainsi à l'impunité.

« Mais ce qui est presque la règle générale sous l'empire de la loi qui nous régit, deviendra l'exception sous l'empire de la loi nouvelle qui est en discussion, et l'exception singulièrement restreinte.

« En effet, l'art. 23 de la commission dit : « Tous « les délits prévus par la présente loi seront pour« suivis d'office par le ministère public, sans pré« judice du droit conféré aux parties lésées par « l'art. 182 du Code d'instruction criminelle. »

« Voilà la règle admise par le projet de loi.

« Je sais que nous avons introduit deux exceptions pour les cas des paragraphes 2 et 5 de l'art. 11, c'est-à-dire pour les cas où il s'agit d'une contravention aux clauses du cahier des charges, commise par l'adjudicataire de la chasse dans les bois soumis au régime forestier, et du fait isolé de la chasse sur le terrain d'autrui sans le consentement du propriétaire ; mais d'abord, pour l'exception relative à l'administration forestière, elle ne saurait inquiéter l'honorable préopinant, car une administration publique ne reculera certainement point devant la crainte de poursuivre un délit de chasse ; et, quant à l'autre exception, voyez, Messieurs, combien elle est restreinte. Remarquez, en effet, que l'exception ne s'applique qu'au fait isolé de la chasse sur le terrain d'autrui, et qu'en réalité, ce délit se compliquera presque toujours de quelques circonstances intéressant l'ordre public. Ainsi, il y aura lieu à poursuivre d'office de la part du ministère public, si le délit a été commis la nuit, s'il se rattache à l'infraction à l'une des dispositions des arrêtés préfectoraux.

« S'il a été commis sans permis de chasse, s'il a été commis en temps prohibé avec des engins défendus, dans tous ces cas la poursuite aura lieu d'office. Nous sommes allés plus loin, et nous disons que l'exception ne sera pas applicable, si le délit a été commis sur un terrain clos ou sur une terre ensemencée et non encore dépouillée de ses fruits.

« Ainsi, comme vous le voyez, l'exception se restreint au fait isolé de la chasse sur le terrain d'autrui, sans le consentement du propriétaire, et encore nous ne disons point que le ministère public ne poursuivra pas, mais qu'il ne poursuivra qu'autant qu'une plainte lui aura été adressée.

« Ainsi, nous demandons seulement qu'il y ait plainte de la part du propriétaire lésé ; ce propriétaire ne sera donc plus obligé de se mettre directement en conflit avec le délinquant, mais il adressera sa plainte au ministère public, et la poursuite aura lieu.

« M. Mérilhou disait tout à l'heure : Je voudrais que, dans tous les cas où le ministère public apprend qu'un délit de chasse a été commis, il soit obligé de poursuivre ; mais, dans le cas qui nous occupe, la question est précisément de savoir s'il y a délit de chasse. Il n'y a pas délit s'il y a consentement du propriétaire. N'est-il pas évident, dès lors, qu'on ne peut imposer une poursuite au ministère public, lorsque l'existence du délit est incertaine, lorsqu'elle dépend complétement de la volonté d'un tiers ? Remarquez, en effet, Messieurs, que, pour faire disparaître le délit, il n'est pas nécessaire que le consentement lui soit antérieur ; il suffit que le consentement existe : peu importe qu'il précède ou qu'il suive le délit. Dans le premier cas, le délit n'a jamais existé ; mais, dans le second, le délit est couvert, supprimé par le consentement, cela revient évidemment au même.

« Les poursuites du ministère public seraient donc dirigées contre un délit possible, contre un délit éventuel, qui disparaîtrait le lendemain des poursuites par la volonté du propriétaire lésé. Cela n'est pas sérieux. »

Sur ces explications, la Chambre des Pairs s'est prononcée en faveur du système de sa commission. Mais la Chambre des Députés y a apporté une modification assez grave, sur la proposition de M. *Parès* ; elle a remplacé les deux derniers paragraphes par la disposition suivante :

« Néanmoins, en cas de chasse sur le terrain d'autrui, sans le consentement du propriétaire, le ministère public ne pourra poursuivre que sur la plainte de la partie intéressée, à moins que le terrain ne soit clos, dans le sens de la présente loi, et attenant à une habitation ; auquel cas la poursuite d'office est autorisée. »

M. *Parès* a proposé cet amendement dans le but, a-t-il dit, de mettre la loi, quant à la poursuite, en rapport avec son esprit formellement déclaré, et, en outre, afin de ne pas empêcher la chasse dans beaucoup de pays où la propriété est excessivement divisée.

« Je dis d'abord, a-t-il ajouté, pour mettre la loi en harmonie avec son esprit déclaré. La Chambre n'aura pas perdu le souvenir de l'interpellation qui a été adressée à la commission sur l'art. 1er, au sujet de ces mots : *nul ne pourra chasser sur le terrain d'autrui sans le consentement du propriétaire.* On a demandé si c'était un consentement dont il fallait se munir par avance, ou dont il serait nécessaire de justifier. La commission, d'accord avec l'interprétation donnée jusque-là à la loi de 1790, a déclaré formellement que le consentement était présumé toutes les fois qu'il n'y aurait pas plainte de la partie lésée. Que fait cependant la disposition du projet de loi? Elle autorise la poursuite d'office, lorsqu'il y a des terres couvertes de fruits ou simples clôtures. Cependant, quand son propriétaire ne se plaint pas, il y a consentement présumé, dit-on ; quand il y a consentement présumé, il n'y a certainement pas de délit, et, s'il n'y a pas de délit, le ministère public ne peut poursuivre. La poursuite d'office ne peut donc intervenir dans ce cas, ce serait détruire l'économie de la loi. Je ne fais, à cet égard, qu'une exception, c'est pour le cas où le clos est attenant à l'habitation : là il y a autre chose que le simple fait de chasse sur le terrain d'autrui, il y a violation du domicile.

« Je pense que, par ces considérations, sauf le cas que j'excepte, la poursuite ne doit être autorisée que sur la plainte des parties intéressées ; en d'autres termes, je propose de revenir à la loi de 1790, qui est textuelle en ce point. J'ajoute que dans les pays où la propriété est considérablement divisée, il n'est pas rare qu'on traverse alternativement des champs en friche et des champs couverts de pommes de terre ou de luzerne, en un mot des champs couverts de fruits sur lesquels on ne commet aucun dommage et dont les propriétaires ne se plaignent point. La chasse serait impossible si, en pareil cas, le ministère public avait l'action d'office; je dois dire d'ailleurs que l'autoriser à se substituer au propriétaire qui se tait, c'est aller contre l'esprit de la loi. »

Lors du retour du projet dans la Chambre des Pairs M. *de Flavigny* a proposé une nouvelle modification au paragraphe de M. Parès. Il a demandé qu'on ajoutât les mots : *ou sur des terres non encore dépouillées de leurs fruits.*

C'était, comme on le voit, mettre de côté le but que s'était proposé M. Parès, et revenir au système que la Chambre des Pairs avait déjà consacré dans sa première discussion.

M. le comte Portalis a appuyé la proposition.

« Il me semble a-t-il dit, que ce que la justice et l'ordre public veulent avant tout, c'est que les champs ensemencés, les récoltes pendantes et même celles détachées du sol et confiées à la foi publique, soient respectées ; par conséquent la présomption est en sens contraire.

« Lorsqu'un individu arrive sur un champ qui n'est pas le sien, qui est ensemencé ou porte une récolte, et qu'il y cause du dommage, qu'il détruit la récolte ou qu'il en fait disparaître les résultats, il y a là quelque chose qui blesse l'ordre public ; il y a là quelque chose qui est sous la protection des magistrats, qui sont chargés de surveiller les droits de tous, et surtout ceux des absents, qui ont placé leurs propriétés sous la garde de la foi publique.

« On dit : Mais le ministère public qui poursuivra pourra être démenti. Cela peut arriver dans beaucoup de cas, cela pourrait arriver dans le cas même où l'on permet la poursuite d'office pour le délit de chasse sur un terrain d'autrui clos; car la présomption, dans un cas comme dans l'autre, est que le consentement n'a pas été donné ; s'il n'a pas été donné et que l'on poursuive, il est clair que le propriétaire pourra toujours dire : J'avais donné mon consentement, et venir démentir le ministère public.

« Messieurs, la question est de savoir si la propriété sera protégée. Mon avis est qu'elle doit être protégée, et qu'au risque de voir le ministère public démenti dans certains cas, parce qu'il aurait pris avec trop de vivacité l'intérêt de la propriété, il vaut encore mieux cela que de laisser la propriété sans défense, que d'admettre qu'il sera toujours présumé que le propriétaire a donné son consentement au chasseur, quoique la présomption contraire soit la véritable. Ce n'est pas une présomption de droit, que le chasseur chasse avec le consentement du propriétaire s'il ne le représente pas. Dès lors si la présomption n'est pas en faveur du chasseur, elle est en faveur du ministère public, qui poursuivra, ce qui ne compromettra pas son autorité. Et le principe général qui veut qu'il veille au maintien de la propriété, que les récoltes ne soient pas détruites, ni les champs endommagés, sera maintenu. La proposition de M. de Flavigny me paraît donc fort utile à introduire. »

La Chambre des Pairs s'est rendue à ces raisons, et la Chambre des Députés les a accueillies à son tour sur la proposition de sa commission. M. Lenoble, dans son rapport, a donné de nouvelles explications sur ce point :

« Le second paragraphe de l'art. 26 que vous avez voté, a-t-il dit, a été modifié en ce sens qu'en cas de chasse sur les terres d'autrui sans le consentement du propriétaire, le ministère public pourra poursuivre d'office, si les terres ne sont pas encore dépouillées de leurs fruits. Quelques explications paraissent nécessaires.

« Dans le cas de chasse sur les terres d'autrui, non couvertes de fruits, le consentement du propriétaire était présumé sous l'empire de la loi du 30 avril 1790, et il l'est encore dans le projet de loi, puisque la première partie du paragraphe de l'art. 12 en pose le principe. Il ne peut y avoir poursuite que par le propriétaire ou sur sa plainte.

« La chasse sur le terrain d'autrui chargé de fruits était toujours punie par la loi du 30 avril 1790 ; le consentement du propriétaire ne légitimait pas le fait, car la prohibition atteignait le propriétaire lui-même.

« Le projet de loi change cet état de choses : le propriétaire qui chasse sur ses terres non dépouillées de leurs fruits ne commet pas un délit, et on ne peut lui contester le droit de permettre de faire ce qu'il peut faire lui-même. C'est dans cet esprit qu'a été rédigé le deuxième paragraphe de l'art. 11, qui ne punit le fait de chasse sur le terrain d'autrui non dépouillé de ses fruits que lorsque ce fait a lieu sans le consentement du propriétaire.

« Mais ce consentement sera-t-il présumé?

« On ne peut contester que le propriétaire d'un terrain couvert de fruits peut, à son gré, par tous moyens, causer dommages à ces fruits; cela peut être un abus de la propriété, mais c'est son droit. S'il le fait par lui-même, la loi n'a pas à intervenir ; s'il le fait par des tiers, la surveillance de la loi, son action ne doivent s'arrêter qu'au moment où il est établi que ces tiers ont, à un titre quelconque, représenté le propriétaire. Ce principe est la base du

propriétaire, la poursuite d'office ne pourra (1) être exercée par le ministère public, sans

Code rural, et il n'y a pas de motifs pour en repousser l'application, quand il s'agit d'un fait de chasse qui cause aux récoltes un dommage plus ou moins considérable.

« Au surplus, si la surveillance est nécessaire, la poursuite d'office n'aboutira à une condamnation qu'autant que la chasse aura lieu sans le consentement du propriétaire; c'est la disposition du deuxième paragraphe de l'art. 11. Ce sera au ministère public, avant d'intenter une action, à s'assurer s'il y a eu consentement, car la justification de ce consentement pendant l'instance fera tomber la poursuite. »

Ainsi, et en résumé, le ministère public poursuivra d'office tous les délits de chasse.

Par exception, il ne pourra point poursuivre d'office le délit qui consistera à avoir chassé sur le terrain d'autrui sans le consentement du propriétaire. Il faudra, dans ce cas, qu'il soit provoqué par une plainte du propriétaire.

Cependant, il pourra poursuivre d'office et sans plainte celui qui aura chassé sur le terrain d'autrui clos et attenant à une habitation, ou sur un terrain non encore dépouillé de ses fruits.

Toutefois, même dans ces deux dernières hypothèses, il n'y aura point délit, et, par conséquent, point de poursuites possibles, si le propriétaire a consenti à ce que l'on chassât sur son terrain.

(1) Dans tous les cas où, aux termes de l'art. 26, le ministère public doit poursuivre d'office, y a-t-il pour lui obligation de le faire? N'est-ce pas, au contraire, une simple faculté qui lui est laissée?

M. *Franck-Carré* a prétendu que l'amendement de M. de Flavigny (voy. la note précédente) faisait de la poursuite d'office une obligation pour le ministère public.

« J'avais oublié de présenter à la Chambre, a-t-il dit, une observation qui me paraît fondamentale, c'est que, dans la question qui nous divise, il ne s'agit pas de savoir si le ministère public aura qualité pour poursuivre, mais s'il sera dans la nécessité, dans l'obligation de poursuivre. Nous croyons que, même avec la rédaction adoptée par l'autre Chambre, le ministère public aura le droit de poursuivre le délit de chasse sur le terrain d'autrui; seulement, il s'expose à voir donner un démenti à sa poursuite par la volonté de la partie lésée. Mais le premier paragraphe de l'art. 26, appliqué à ce délit, ainsi qu'on vous le demande, irait beaucoup plus loin, puisqu'il dit :

« Tous les délits prévus par la présente loi seront « poursuivis d'office par le ministère public. »

« Il s'agit, comme vous le voyez, d'une obligation pour le ministère public. La question est donc de savoir si le ministère public, dans le cas spécifié par l'amendement, aura qualité pour poursuivre ou s'il sera tenu de poursuivre.

« L'honorable auteur de l'amendement veut que le ministère public soit tenu de poursuivre. Je crois, moi, qu'il suffit que le ministère public puisse poursuivre.

« La raison que j'en donnais tout à l'heure, je ne puis que la répéter, c'est qu'il s'agit d'un de ces délits qui cessent de l'être lorsque le particulier ne se plaint pas et déclare ne pas se plaindre. Dans presque tous les délits, au contraire, le défaut de plainte ne change pas le caractère du fait. Lorsque le ministère public a intenté sa poursuite, elle suit son cours. Ici, au contraire, le ministère public pourra poursuivre : l'art. 26 lui en laisse le droit. »

Ce discours de M. Franck-Carré a été suivi de vives dénégations et de réclamations qui se sont élevées de toutes parts. Il a repris :

« Eh bien! je crois que le véritable sens qu'il faudrait attacher au paragraphe serait un sens restrictif des dispositions du paragraphe 1er et non un sens restrictif du droit commun. »

« Je ne puis croire qu'on ait voulu faire une telle dérogation au droit commun. Si, au surplus, l'amendement de M. de Flavigny est entendu dans ce sens seulement que le ministère public soit habile à poursuivre, je ne m'y oppose pas; mais s'il demande de comprendre le fait de chasse sur le terrain d'autrui encore chargé de ses produits, dans le paragraphe 1er de l'art. 26, de telle sorte que le ministère public soit tenu de poursuivre, je ne puis y donner mon assentiment. »

M. *Mérilhou* a dit : « Le sens de l'amendement est de donner au ministère public le droit de poursuivre. »

M. le vicomte *de Flavigny* a ajouté : « Il est parfaitement entendu par les honorables membres qui ont appuyé mon amendement qu'il y aura faculté pour le ministère public de poursuivre, mais non pas obligation.

« Du reste, il en est ainsi pour une foule de délits; le procureur du roi n'est pas obligé de suivre sur tous les procès-verbaux. Il y en a le tiers au moins qui ne sont pas suivis.

« Le procureur du roi poursuivra quelquefois; un exemple de temps à autre sera utile et suffira pour contenir le chasseur dans le respect des récoltes. Il n'y a là aucun des inconvénients qui paraissent préoccuper M. le rapporteur de la commission. »

M. le comte *Portalis* a demandé qu'en conséquence le second paragraphe fût rédigé ainsi :

« Néanmoins, en cas de chasse sur le terrain d'autrui sans le consentement du propriétaire, le ministère public ne sera tenu de poursuivre que sur la plainte, etc.

« De cette manière, a-t-il dit, le ministère public conservera la liberté de poursuivre; il ne sera privé de cette liberté que lorsqu'il y aura plainte. »

M. *Teste* a repoussé la rédaction proposée par M. Portalis pour revenir à celle de M. de Flavigny :

« L'article, a-t-il dit, commence par ces mots : « Tous les délits, etc. »

« Eh bien! je crois qu'il y aurait de très-dangereuses conséquences, après avoir ainsi qualifié les faits, à dire ensuite : le ministère public ne sera tenu de poursuivre qu'autant, etc. Je crois que cette locution n'est pas bonne dans le langage des lois pénales. »

« L'amendement de M. de Flavigny atteint le même but. Il dit : « Le ministère public ne pourra « poursuivre qu'autant....., etc. »

« Il est très-certain que dans cette situation le ministère public conserve son libre arbitre. Que fera le ministère public s'il est informé des faits? Il s'entendra avec le propriétaire lésé; il lui dira : Voulez-vous qu'il y ait poursuite publique? voulez-vous réclamer la réparation du dommage que vous avez éprouvé? Il n'y a pas d'obligation de poursuivre pour le ministère public; mais il faut qu'il y ait écrit dans la loi l'attribution de l'action publique.

M. *le garde des sceaux* a ajouté de nouvelles observations :

une plainte de la partie intéressée (1), qu'autant que le délit aura été commis dans un terrain clos, suivant les termes de l'art. 2, et attenant à une habitation, ou sur des terres non encore dépouillées de leurs fruits.

« Des deux amendements sur lesquels la Chambre est appelée à statuer, a-t-il dit, si l'un ou l'autre devait être adopté, celui de M. le vicomte de Flavigny me paraîtrait préférable, et il me suffira pour le prouver de montrer la conséquence qu'entraînerait l'amendement de M. le comte Portalis.

« En effet, cet amendement dit : Le ministère public ne sera tenu de poursuivre que sur la plainte de la partie intéressée, le ministère public serait toujours tenu de poursuivre. Eh bien ! il est impossible d'insérer dans la loi une obligation aussi impérieuse pour le ministère public. Lorsqu'une plainte lui est adressée, le ministère public l'examine, et si elle lui paraît évidemment mal fondée ou inspirée par quelque mauvaise passion, plutôt que par le désir légitime d'arriver à la punition d'un fait véritablement condamnable, il ne poursuit pas, il dit à la partie : Vous avez le droit de saisir directement les tribunaux, usez de ce droit; quant à moi, je ne puis exercer des poursuites dans l'intérêt d'une plainte qui ne me paraît nullement fondée.

« Voilà quelle serait la conséquence de l'amendement de M. Portalis; or, ce serait, à mon sens, se mettre en opposition avec les principes ordinaires de notre droit pénal, qui laissent toujours au ministère public la faculté de poursuivre ou de ne pas poursuivre, selon qu'il le juge convenable. »

La rédaction proposée par M. de Flavigny a été alors adoptée.

Ces explications de M. le garde des sceaux me semblent réfuter complétement les conséquences erronées que M. le rapporteur avait voulu tirer de la rédaction de l'art. 26; et toute la discussion nous conduit à conclure avec les vrais principes que le ministère public n'est tenu, dans quelque cas que ce soit, de poursuivre qu'autant qu'il le juge convenable.

(1) Le ministère public pourra-t-il poursuivre d'office le délit prévu par le paragraphe 5° de l'art. 11, c'est-à-dire le cas de contravention de la part des fermiers de la chasse dans les bois soumis au régime forestier, aux clauses et conditions de leur cahier de charges?

Le projet de loi et la Chambre des Pairs avaient d'abord rangé dans la même exception la chasse sur le terrain d'autrui et la contravention dont il s'agit, et ils avaient adopté la rédaction suivante:

« Dans les cas prévus par les paragraphes 2° et 5° de l'art. 11, le ministère public ne pourra poursuivre que sur la plainte de la partie intéressée. »

Dans la suite de la discussion, on ne s'est plus occupé que de la chasse sur le terrain d'autrui, et la contravention au cahier des charges a été complétement oubliée.

Faut-il induire de là que la poursuite d'office a été rendue au ministère public dans ce cas? Je ne le pense pas. L'ordre public ne réclame pas plus ici la poursuite d'office que dans le cas de chasse sur le terrain d'autrui; et l'esprit de la loi, tel qu'il est indiqué par la discussion, est que, dans le cas d'atteinte à l'intérêt privé seul, le ministère public ne puisse poursuivre que sur la plainte de la partie lésée. Au reste, le cas qui nous occupe ne rentre-t-il pas, implicitement, dans le fait de chasse sur le terrain d'autrui, sans le consentement du propriétaire?

M. *le rapporteur* a présenté à la Chambre des Pairs les motifs pour lesquels la poursuite d'office était refusée au ministère public dans ce cas (voy. p. 163); et c'est par un oubli manifeste que la disposition a disparu au milieu des nombreuses modifications qu'a subies la rédaction de l'article.

Il a été jugé, sous l'empire de la loi de 1790, que le fermier a qualité, aussi bien que le propriétaire, pour porter plainte d'un fait de chasse commis sur la propriété qui lui est affermée, quand bien même le droit de chasse aurait été réservé au propriétaire dans le bail (Arrêts de la Cour de Bruxelles, du 6 novembre 1822, Dalloz, 22. 1 517; de la Cour de cassation, du 9 avril 1836, Dalloz, 36. 1. 334; Sirey, 36. 1. 844; Journal du Palais, t. 27, p. 1240; de la Cour d'Angers, du 20 janvier 1836, Dalloz, 38. 2. 143; Sirey, 38. 2. 269; Troplong, *Louage*, t. 1, p. 162; Toullier, t. 4, p. 21.)

Cette jurisprudence, vivement critiquée par quelques auteurs (voy. M. Petit, *Traité du droit de chasse*, t. 1, p. 372), ne doit pas être maintenue aujourd'hui; elle n'avait sa base que dans les termes des art. 1er et 8 de la loi du 30 avril 1790, qui n'ont pas été reproduits dans la présente loi. En effet, l'art. 1er de la loi de 1790, en prononçant une amende de 20 liv. envers la commune du lieu, et en accordant une indemnité de 10 liv. au propriétaire des *fruits*, désignait également le propriétaire ou le fermier, et semblait, par conséquent, autoriser ce dernier à saisir les tribunaux d'une plainte pour fait de chasse. Telle était du moins l'argumentation qu'on faisait valoir. L'art. 8 confirmait ce système en parlant de la plainte du propriétaire ou de *toute autre partie intéressée*. La loi actuelle ne contient rien de semblable.

Je pense donc que le fermier qui n'aura pas le droit de chasse (voy. notes sur l'art. 1er), ne pourra agir contre le délinquant que civilement et en raison du dommage causé à ses récoltes.

L'administration forestière a qualité pour poursuivre la répression d'un délit de chasse commis dans un bois communal commis à sa surveillance. (Arrêts de la Cour de cassation, du 28 janvier 1808, Dalloz, 1. 516; du 20 septembre 1828, Dalloz, 28. 1. 424; Journal du Palais, t. 22, p. 292. — Voy. aussi M. Petit, *Traité du droit de chasse*, t. 1er, p. 383.

La Cour de cassation a jugé que l'administration forestière a qualité pour poursuivre la répression des délits de chasse dans les forêts de l'Etat, alors même que la chasse est affermée et que le fermier garde le silence. (Arrêts du 23 mai 1835, Dalloz, 35. 1. 324; Journal du Palais, t. 27, p. 226.)

M. Petit n'est pas de cet avis; il prétend que la poursuite appartient au fermier seul, qui, suivant lui, se trouve mis à la place de l'administration, et a reçu la dévolution de toutes les actions que celle-ci pouvait exercer. (*Traité du droit de chasse*, p. 378.)

A mon avis, la solution de cette question dépend entièrement des clauses insérées au cahier de charges et de l'étendue des droits concédés au fermier.

27 (1). Ceux qui auront commis conjointement les délits de chasse seront condamnés solidairement aux amendes, dommages-intérêts et frais.

28. Le père, la mère, le tuteur (2), les maîtres et commettants (3), sont civilement responsables des délits de chasse commis par leurs enfants mineurs non mariés, pupilles demeurant avec eux, domestiques ou préposés, sauf tout recours de droit.

Cette responsabilité sera réglée conformément à l'art. 1384 du Code civil, et ne s'appliquera qu'aux dommages-intérêts et frais, sans pouvoir toutefois donner lieu à la contrainte par corps (4).

29. Toute action relative aux délits prévus par la présente loi sera prescrite par le laps de trois mois, à compter du jour du délit (5).

SECTION IV. *Dispositions générales.*

30. Les dispositions de la présente loi relatives à l'exercice du droit de chasse ne sont pas applicables aux propriétés de la

---

Si le droit de chasse lui a été transféré d'une manière absolue, sans limites, s'il peut en user comme bon lui semble, faire chasser avec lui ou sans lui, telles personnes et autant de personnes qu'il veut, il est évident qu'alors lui seul peut poursuivre ceux qui auraient chassé sans son autorisation ; car, en poursuivant, l'administration forestière s'exposerait à recevoir un démenti de sa part.

Mais si, au contraire, le fermier n'a le droit de chasse que d'une manière restreinte, s'il ne peut l'exercer qu'en personne, ou si le nombre de personnes qu'il peut faire chasser est fixé par le cahier de charges (ce qui se fait le plus souvent), alors il est raisonnable de dire qu'il n'a reçu que des permissions de chasse, plus ou moins personnelles, et que l'administration forestière lui ayant cédé non pas tous ses droits, mais seulement une partie de ses droits, en portant plainte d'un délit de chasse, ne fait que veiller à la conservation des droits qu'elle s'est réservés.

Il n'est pas douteux, dans tous les cas, que les fermiers du droit de chasse dans une forêt n'aient qualité pour poursuivre la répression des délits de chasse commis à leur préjudice (Arrêts de la Cour de cassation, du 21 janvier 1837, Dalloz, 37. 1. 503; Sirey, 37. 1. 150; Journal du Palais, 37. 1. 617.)

Lorsqu'un individu poursuivi correctionnellement, pour avoir chassé sur le terrain d'autrui en temps permis, prouve qu'il a été autorisé par le propriétaire du terrain, le tribunal de police correctionnelle n'est pas compétent pour statuer sur le dommage dont le propriétaire se plaint, puisqu'il n'y a pas délit ; les parties doivent être renvoyées à fins civiles. (Arrêt de la Cour de cassation, du 13 juillet 1810, Journal du Palais, t. 8, p. 458.)

(1) Voy. ce que j'ai dit sur la complicité dans les notes sur l'intitulé de la section 2°.

(2) M. le marquis *de Laplace* aurait voulu qu'on ajoutât ici le mot *curateur*, déjà placé dans l'art. 7.

M. *Teste* s'y est opposé :

« Il ne faut pas l'ajouter, a-t-il dit. Il est évident que les curateurs ne sont pas responsables des actes des mineurs émancipés ; c'est par ce motif que je m'étais opposé à l'insertion du mot curateur dans la loi.

(3) M. *Delespaul* a fait cette observation :

« Au nombre des délits de chasse que la loi prévoit, a-t-il dit, se trouve celui-ci : prohibition de rechercher les nids ou aires d'oiseaux, les œufs ou couvées de faisans, perdrix ou cailles. Par qui des délits de ce genre seront-ils commis le plus ordinairement? L'honorable M. Luneau vous l'a dit tout à l'heure : ils le seront par des enfants; ils le seront par des femmes.

« L'art. 7 du titre 11 de la loi du 28 septembre-6 octobre 1791 sur la police rurale, dit que les maris répondront des délits ruraux commis par leurs femmes. Je demande si cette disposition recevra ou non son application, en ce qui concerne les délits de chasse, ceux-là ou d'autres, qui pourraient être commis par des femmes. » (Non ! non !)

M. *Pascalis* a déclaré que la réponse à la question faite par l'honorable M. Delespaul se trouvait dans la loi même sur laquelle il se fondait. Il a fait remarquer que cette loi ne pouvait vouloir appliquer la responsabilité dont elle parlait qu'autant qu'il s'agissait des délits prévus par cette loi même. « Les délits de chasse, a-t-il dit, restent entièrement en dehors de ses prévisions. »

(4) Le projet de loi, en réglant la responsabilité en matière de délit de chasse, s'était référé seulement au paragraphe final de l'art. 1384.

« La commission de la Chambre des Députés a pensé, a dit M. *Lenoble* dans son rapport, que la responsabilité civile n'existe que d'après les principes posés et les conditions déterminées dans l'art. 1384 du Code civil pris dans son ensemble ; que, dès lors, c'était à cet article, et non à son dernier paragraphe, que le second paragraphe de notre article devait se rapporter ; et elle a proposé un amendement dans ce sens.

« Ainsi, a dit à ce sujet M. *Vivien*, on rentre dans les termes du droit commun ; et ces sortes de questions seront réglées pour ces affaires comme pour les autres. »

M. *Boudet* avait proposé la rédaction suivante :

« Le père, la mère, le tuteur, les maîtres et commettants seront civilement responsables des condamnations prononcées pour délits de chasse, lorsque ces délits auront été commis par leurs enfants mineurs ou par leurs pupilles non mariés ou non émancipés, habitant avec eux, ou par leurs serviteurs et autres subordonnés, sauf tout recours de droit. »

« Cet amendement, a dit M. *Boudet*, ne change rien à l'article, seulement il en complète la rédaction en faisant entrer dans les termes de cette rédaction l'art. 1384 du Code civil. Il est dans ma proposition. »

M. *Vivien* a proposé de prendre les termes mêmes de l'art. 1384 du Code civil.

« Alors, a dit M. *Barrot*, on supprime les mots *et autres subordonnés*. »

Cette rédaction a été adoptée.

(5) Le projet de loi avait fait une exception à cette règle pour le délit prevu par l'art. 13, c'est-à-dire le délit de chasse dans un terrain clos attenant à une habitation. Cette disposition a été

couronne. Ceux qui commettraient des délits de chasse dans ces propriétés seront poursuivis et punis conformément aux sections 2 et 3 (1).

retranchée sur la proposition de la commission de la Chambre des Pairs.

« Votre commission n'a pas pensé, a dit M. *Franck-Carré*, qu'il fût nécessaire de faire une exception pour le délit prévu par l'art. 13. Ce délit est assurément le plus grave de tous ceux que punit le projet de loi; mais enfin sa gravité ne change pas sa nature; il n'est pas autre chose qu'un délit de chasse; il doit donc être soumis à la règle générale. C'est par cette raison que nous vous avons déjà proposé de supprimer l'exception qui le concernait dans l'art. 18 (l'art. 20 de la loi). Le même motif nous conduit à le repousser encore de l'art. 27 (l'art. 29 de la loi). Nous avons cru prudent, au surplus, dans l'art. 13, qui prévoit ce délit, de faire toutes réserves pour l'application des dispositions du Code pénal, s'il y avait lieu. Nous avons craint qu'une tentative de vol, par exemple, pût trop facilement se produire sous l'apparence menteuse d'un délit de chasse. C'est aux tribunaux qu'il appartiendra d'apprécier et de juger.»

La prescription est interrompue par des actes de poursuite ou d'instruction faits dans le délai utile. (Arrêts de la Cour de cassation, du 11 novembre 1825, Dalloz, 26. 1. 95; du 26 novembre 1829, Dalloz, 30. 1. 12; de la Cour de Paris, du 9 mai 1826, Dalloz, 27. 2. 99.)

Mais elle n'est interrompue que par des actes de poursuite et d'instruction, et nullement par un procès-verbal constatant la reconnaissance du prévenu (Arrêt de la Cour de cassation, du 7 avril 1837, Dalloz, 37. 1. 487.)

Et, s'il y a eu action intentée en temps utile, la poursuite n'est susceptible d'être périmée que par une interruption de trois ans, comme en matière ordinaire. (Arrêt de la Cour de cassation, du 20 septembre 1828, Dalloz, 28. 1. 424.)

(1) L'art. 30 est assurément le plus incomplet de la loi nouvelle; il place les biens de la couronne dans une situation privilégiée, et il ne réglemente en aucune manière ce privilége qu'il institue. Quelles en seront les limites? Par quelles dispositions législatives sera-t-il régi? Il y a incertitude à cet égard.

L'art. 30, dans sa première partie, porte:

« Les dispositions de la présente loi, relatives à l'exercice du droit de chasse, *ne sont pas applicables* aux propriétés de la couronne. »

L'exercice de la chasse dans ces propriétés semble donc soumis à l'empire de la législation antérieure, c'est-à-dire de l'ordonnance de 1669. Or, les dispositions de cette ordonnance qui peuvent paraître applicables sont ainsi conçues:

« Art. 20. Défendons à toutes personnes, de quelques qualités et conditions qu'elles soient, de chasser à l'arquebuse ou avec chiens dans l'étendue des capitaineries de nos maisons royales de Saint-Germain-en-Laye, Fontainebleau, Chambort, Vincennes, Livry, Compiègne, bois de Boulogne et varennes du Louvre, même aux seigneurs hauts-justiciers et tous autres, quoique fondés en titres ou permissions générales ou particulières, déclarations, édits et arrêts que nous révoquons à cet égard, sauf à nous d'accorder de nouvelles permissions ou renouveler les anciennes en faveur de qui bon nous semblera.

« Art. 21. Nos sujets qui ont parcs, jardins, vergers et autres héritages, clos de murs, dans l'étendue des capitaineries de nos maisons royales, ne pourront faire en leurs murailles aucuns trous, coulisses, ni autres passages qui puissent y donner l'entrée au gibier, à peine de 10 liv. d'amende, et, s'il y en avait aucuns de faits présentement, leur enjoignons de les boucher incessamment, sur la même peine.

« Art. 22. N'entendons, toutefois, comprendre dans la prohibition ci-dessus les trous ou arches qui servent au cours des ruisseaux, ni les chantepleures, ventouses et autres ouvertures nécessaires à l'écoulement des eaux, lesquelles subsisteront en leur entier.

« Art. 23. Défendons à tous nos sujets ayant des îles, prés et bourgognes sans clôture, dans l'étendue des capitaineries de Saint-Germain-en-Laye, Fontainebleau, Vincennes, Livry, Compiègne, Chambort et varennes du Louvre, de les faire faucher avant la Saint-Jean-Baptiste, à peine de confiscation et d'amende arbitraire.

« Art. 24. Faisons défenses à toutes personnes de faire à l'avenir aucuns parcs et clôtures d'héritage en maçonnerie dans l'étendue des plaines de nos maisons royales, sans notre permission expresse.

« Art. 25. N'entendons néanmoins obliger nos sujets à demander permission d'enclore les héritages qu'ils ont derrière leurs maisons situées dans les bourgs, villages et hameaux hors des plaines, lesquels ils pourront faire fermer de murs si bon leur semble, sans que nos capitaines en puissent empêcher. »

Les art. 4, 12 et 13 de la même ordonnance prononcent des peines excessivement sévères contre quiconque chasserait dans les forêts du roi, et les art. 14 et 15 règlent à quelle distance la chasse est permise.

« Art. 14. Permettons, néanmoins, à tous seigneurs, gentilshommes et nobles de chasser noblement, à force de chiens et oiseaux, dans leurs forêts, buissons, garennes et plaines, pourvu qu'ils soient éloignés d'une lieue de nos plaisirs, même aux chevreuils et bêtes noires à la distance de trois lieues.

« Art. 15. Leur permettons aussi de tirer de l'arquebuse sur toutes sortes d'oiseaux de passage et de gibier, hors le cerf et la biche, à une lieue de nos plaisirs, tant sur leurs terres que sur nos étangs, marais et rivières. »

Telles étaient les lois qui régissaient la matière, lorsque le décret du 4 août 1789 vint abolir le droit exclusif de chasse avec tous les autres droits féodaux.

Il porte, dans son art. 3:

« Toutes capitaineries, *même royales*, et toutes réserves de chasse, sous quelque dénomination que ce soit, sont pareillement abolis, et il sera pourvu, *par des moyens compatibles avec le respect dû aux propriétés et à la liberté, à la conservation des plaisirs personnels du roi.* »

La loi du 30 avril 1790 n'a rien réglé à cet égard; elle a laissé (voy. art. 16) à une loi particulière le soin de pourvoir à la conservation des plaisirs du roi.

Cette loi particulière porte la date du 14 septembre 1790 (voy. t. 1er, p. 418), mais elle n'a pas reçu la sanction royale.

En outre, le décret du 22-25 juillet 1790 soumet à la compétence des juges ordinaires les délits de chasse commis dans les lieux réservés pour les plaisirs du roi.—Celui du 31 août 1790 suspend, à l'égard de tous particuliers, l'exercice de la chasse sur leurs propriétés enclavées dans les grand et petit parcs de Versailles.

L'arrêté du Directoire, du 28 vendémiaire an 5, qui interdit la chasse dans les forêts nationales, dit dans son préambule, « considérant que le port « d'armes et la chasse sont prohibés dans les forêts « nationales et des particuliers par l'ordonnance « de 1669 et par la loi du 28-30 avril 1790. »

La jurisprudence a reconnu que plusieurs dispositions de l'ordonnance de 1669 sont encore en vigueur. Un arrêt de la Cour de cassation, rendu conformément aux conclusions de M. le procureur-général Merlin, décide :

« Que les particuliers n'ont pas le droit de chasser sur leurs fonds enclavés dans une forêt appartenant à la liste civile ; que le droit de chasse y est exclusivement réservé au roi. » (Arrêt du 2 juin 1814. Voy. Répertoire, t. 15. Add., v° Chasse, p. 4 et 5 ; Dalloz, Jurisp. génér., t. 2, p. 432 ; Favard de Langlade, Chasse, n. 20 ; Journal du Palais, t. 12, p. 229.)

M. Dupin aîné critique vivement cette décision, qui, suivant lui, attribue à la liste civile un privilége qui n'est fondé sur aucune loi constitutionnelle. (*Lois forestières*, p. 784, n. 250.)

Un autre arrêt, du 22 janvier 1829, décide que l'introduction de nuit avec armes à feu, et le fait de chasse dans les chemins de bornage d'une forêt royale, doivent être considérés comme ayant été commis dans la forêt même, et que les délits forestiers commis de nuit s'entendent toujours de ceux qui ont eu lieu depuis le coucher du soleil jusqu'à son lever ; qu'ainsi, le délit commis le 24 février à 6 heures du matin est un délit de nuit. (Dalloz, 29. 1. 117 ; Journal du Palais, t. 22, p. 590.)

Cet arrêt casse un jugement du tribunal de Melun, pour n'avoir pas appliqué l'art. 4, tit. 38, et l'art. 8, tit. 32 de l'ordonnance de 1669. « Vu, dit-il, l'art. 4, tit. 30 de l'ordonnance de 1669, portant défense à toutes personnes de chasser à feu et d'entrer ou demeurer de nuit dans les forêts du roi, bois et buissons en dépendant, avec armes à feu, à peine de 100 fr. d'amende. »

La Cour de cassation a également jugé :

1° Que les délits de chasse commis dans les forêts royales ou de la couronne, sont punissables de peines plus fortes que les délits commis dans les forêts de l'Etat ; qu'aux premiers doivent être appliquées les dispositions pénales de l'ordonnance de 1669, lesquelles n'ont pas été abrogées par l'art. 16 de la loi du 30 avril 1790 ; que les seconds ne sont punissables que selon cette loi. (Arrêt du 30 mai 1822, Dalloz, 32. 1. 306.)

2° Qu'il n'y a pas lieu à condamner un individu coupable d'un délit de chasse, dans une forêt dépendant de la dotation de la couronne, à une indemnité égale à l'amende ; les art. 1er et 13 de l'ordonnance de 1669 et l'art. 12 de l'ordonnance de 1601, étant seuls applicables en ce cas. (Arrêt du 22 mai 1830, Dalloz, 30. 1. 290.)

3° Que c'est à l'ordonnance de 1669, et non à la loi du 30 avril 1790, qu'il faut recourir pour statuer sur les délits de chasse commis dans les forêts de la couronne. (Arrêt du 11 avril 1840, Dalloz, 40. 1. 412.)

4° Que les dommages et intérêts prononcés à raison d'un délit de chasse dans les forêts de la couronne ne peuvent être inférieures à l'amende encourue. (Arrêt du 26 décembre 1840, Dalloz, 41. 1. 180.)

5° Que la restitution égale au montant de l'amende prononcée par l'art. 8, tit. 32 de l'ordonnance de 1669 pour les délits de chasse dans les forêts royales, ne s'applique qu'aux délits prévus par cette ordonnance, et non à ceux prévus par l'ordonnance de 1601, comme, par exemple, au fait de tirer du gibier sur les forêts de la liste civile, alors d'ailleurs que le gibier a été ramassé par les gardes. (Arrêt du 11 avril 1840, Dalloz, 40. 1. 411.)

6° Que le fait d'avoir tué d'un coup de bâton un faisan dans un parc royal, n'est ni un vol, ni un délit de chasse avec arme à feu, que l'art. 4 de l'ordonnance de 1669 punit de 100 fr. d'amende, ni celui que l'art. 28 de ce titre punit de la même peine, et, en cas de récidive, du carcan et du bannissement, lorsqu'il est commis par des individus non possesseurs de fief, seigneurie ou haute justice ; cet article ayant pour base une distinction de personne qui n'existe plus ; que c'est le simple fait de chasse que l'art. 17 de l'ordonnance de 1601 punit de 20 fr. d'amende. (Arrêt du 2 juin 1827, Dalloz, 27. 1. 262.)

Il résulte de ces arrêts qu'avant la loi nouvelle l'exercice de la chasse dans les domaines de la couronne était réglementé par les lois anciennes, et que les délits de chasse commis dans ces domaines étaient punis, non par la loi du 30 avril 1790, mais par l'ordonnance de 1669 et par celle de 1601.

Voyons en quoi consistent les dérogations que la loi nouvelle a apportées.

Le gouvernement, dans son projet primitif, s'était borné à déclarer abrogés toutes les lois, arrêtés, décrets et ordonnances en tout ce qui était contraire à la loi nouvelle ; il entendait ainsi ne rien statuer à l'égard des forêts royales, dont il évitait de prononcer même le nom. (Voy. *Exposé des motifs*.)

La commission de la Chambre des Pairs a jugé qu'une explication formelle était nécessaire à cet égard, et elle a proposé d'insérer dans la loi un article ainsi conçu :

« Il n'est rien innové à tout ce qui concerne l'exercice du droit de chasse dans les propriétés de la couronne. Néanmoins, les délits commis dans ces propriétés seront punis d'après les dispositions de la présente loi.

« Votre commission, a dit M. *Franck-Carré*, a compris facilement toutes les raisons qui veulent que l'exercice du droit de chasse dans les propriétés de la couronne ne soit pas assujetti aux règles générales. L'étendue de ces propriétés, le régime particulier auquel elles sont soumises, le nombre des agents chargés de les surveiller, et, par dessus tout, des raisons de haute convenance, tout demande, tout exige que la chasse dans ces domaines ne soit soumise qu'aux règles mêmes qui sont établies par l'administration de la liste civile ; mais votre commission ne peut admettre que les délits de chasse commis dans ces propriétés ne soient pas soumis aux règles du droit commun. Il ne lui paraît pas possible qu'après la promulgation d'une législation nouvelle sur la police de la chasse, les tribunaux soient encore contraints, pour réprimer les délits commis dans les forêts de la couronne, de recourir aux dispositions surannées de l'ordonnance de 1669 ; elle vous propose donc, en déclarant qu'il n'est rien innové en ce qui concerne l'exercice du droit de chasse dans les propriétés de la couronne ; de décider cependant que les délits commis dans ces propriétés seront poursuivis et punis d'après les dispositions du projet de loi. »

La commission de la Chambre des Députés s'est rangée à la décision de la Chambre des Pairs.

M. *Lenoble* a dit à ce sujet : « La première partie de l'art. 29, comme disposition réglementaire, ne peut être l'objet d'aucune observation ; mais la seconde partie contient, relativement aux délits commis dans les propriétés de la couronne, une dérogation quant à la pénalité aux dispositions de l'ordonnance de 1669 qu'il est facile de justifier. Cette ordonnance, depuis longtemps, n'est plus applicable aux délits de chasse commis dans les forêts de l'Etat, et on se rendrait difficilement compte de ce qu'elle continuerait de l'être aux délits commis dans les forêts de la couronne, surtout lorsqu'une législation nouvelle sur la police de la chasse va être promulguée. Le projet de loi propose de soumettre la poursuite et la répression de ces délits aux règles du droit commun. Votre commission approuve cette proposition. »

Lors de la discussion dans la Chambre des Députés, M. *Luneau* a demandé la suppression de l'art. 30, qui, suivant lui, se trouve renversé par les dispositions qui empêchent non seulement la vente et le colportage, mais l'achat et le transport du gibier.

M. *Pascalis* a répondu : « La proposition qui est faite ne peut être accueillie, parce qu'il est impossible que la Chambre entende improviser une législation applicable à la chasse sur les biens de la couronne. Le projet tout entier n'a été rédigé qu'en vue des délits de chasse commis sur les propriétés particulières ; lui donner une autre application, par voie d'amendement, sans un examen réfléchi, serait une innovation des plus graves, qui arriverait sans instruction, sans préparation aucune. Sous ce rapport, il n'existe aucun préalable qui puisse rassurer la Chambre. Le projet n'a subi, à cet égard, aucune épreuve ni devant la commission, ni devant la Chambre des Pairs. Il existe une législation tout entière relative à la chasse sur les biens de la couronne : l'abroger sans nous demander en quoi cette législation doit être réformée, en quoi le droit commun que nous prétendons faire convient à cette nature de biens, à la protection qui leur est due et à la conservation du gibier qui s'y trouve, est une imprudence que des législateurs ne peuvent volontairement commettre. La première condition d'un vote, c'est qu'il soit éclairé. Le roi est bon gardien du gibier dans ses terres. Nul ne prétend qu'il l'y détruise en trop grande quantité. Pourquoi donc, à l'égard des biens de la couronne, les prohibitions que nous établissons pour la propriété privée ? Le plus grand nombre serait sans but, sans utilité et créerait des entraves blessantes à ce que vous voulez respecter. Je conjure la Chambre de rejeter l'amendement. »

M. *Luneau* insista, et sa proposition fut accueillie.

Lors du retour de la loi à la Chambre des Pairs, sa commission a persisté dans sa première décision ; elle s'est bornée à faire subir à l'article un léger changement de rédaction, en retranchant les expressions : *il n'est rien innové*, « qui, a dit M. *le rapporteur*, avaient pu paraître trop vagues, trop générales, et que peut-être on avait craint de voir servir un jour de prétexte à des prétentions mal fondées. Nous vous proposons donc, a-t-il ajouté, une rédaction qui exprime clairement que les dispositions de la loi relatives à l'exercice du droit de chasse ne s'appliqueront point aux propriétés de la couronne, et qui déclarent les sections 2 et 3 applicables à ceux qui commettraient des délits dans ces propriétés. »

Après une vive discussion, la Chambre des Pairs a rétabli l'article et la rédaction proposée par sa commission ; et la commission de la Chambre des Députés s'est de nouveau prononcée pour cette disposition.

« Lors de la discussion du projet de loi, a dit M. *Lenoble*, vous n'avez pas adopté un amendement qui y avait été introduit par la Chambre des Pairs, relativement aux propriétés de la couronne, et, après une nouvelle discussion, cette Chambre a rétabli la disposition en opérant un changement de rédaction.

« Votre commission avait approuvé la rédaction première, elle approuve la seconde.

« Toutefois, elle fera remarquer qu'il résulte de la discussion à l'autre Chambre, que l'on a paru craindre, au sujet de cet article, une difficulté d'exécution. La chasse dans les propriétés de la couronne n'étant pas réglée par la présente loi, et pouvant se faire en tout temps, ceux qui achètent et vendent du gibier ne se prévaudront-ils pas de l'exception écrite dans l'art. 30, pour prétendre que le gibier dont ils feront commerce en temps prohibé provient des propriétés de la couronne ? Il est évident que cette excuse serait inadmissible. C'est ainsi que l'article a été compris à la Chambre des Pairs. La vente du gibier est indistinctement prohibée ; elle ne se lie nullement à l'exercice du droit de chasse dans telle ou telle propriété. L'allégation de la provenance ne saurait donc justifier l'achat ou la vente du gibier dans le temps où le droit commun interdit tous ces faits. Tel est le sens de l'art. 30. Aucun doute ne saurait être élevé sur son interprétation. »

Deux amendements ont été proposés : le premier, par M. *Crémieux* ; il avait pour but de remplacer l'art. 30 par une disposition ainsi conçue :

« Les dispositions de la présente loi, relatives à l'exercice de la chasse, sauf les dispositions des deux premiers paragraphes de l'art. 4, ne sont pas applicables aux propriétés de la couronne ; ceux qui commettraient des délits, etc..... »

Le second amendement, de M. *Luneau*, avait pour objet la suppression pure et simple de l'article.

L'orateur, dans un discours très-étendu, a examiné la portée de l'article dans ses rapports avec la loi actuelle, et dans les rapports avec la législation antérieure.

Sous le premier point de vue, il a fait remarquer que l'art. 30 donnait à ceux qui auraient obtenu de la liste civile soit une autorisation de chasser, soit un fermage de la chasse, le privilége d'être exempté de l'impôt du permis, et de pouvoir vendre et transporter le gibier malgré la prohibition de l'art. 4.

M. *Luneau* a rappelé ensuite que l'ordonnance de 1669 était encore en vigueur, et que la commission, à son insu sans doute, en avait maintenu certaines dispositions.

« Cette ordonnance, a-t-il dit, comprenait trois points principaux : la compétence, la pénalité, puis certaines servitudes féodales.

« Quant à la compétence, plusieurs décrets de l'assemblée constituante ont renvoyé les délits de chasse dans les domaines de la couronne devant les tribunaux ordinaires.

« Quant à la pénalité pour les délits commis dans les domaines de la couronne, ce sont encore les peines pécuniaires prononcées par l'ordonnance de 1669 qui sont appliquées aujourd'hui.

« Le projet de loi propose de les abolir. Ainsi, sur ces deux premiers points, l'ordonnance de 1669 cessera d'exister.

« Relativement au troisième point, concernant certaines servitudes féodales, il n'est rien innové par votre loi. Voyons quel est l'état actuel de la législation à ce sujet.

« La loi du 4 août 1789 a bien aboli toutes les capitaineries, même royales, toutes réserves de chasse, sous quelque dénomination que ce soit; mais cela n'empêche pas que, conformément à l'art. 4 de l'ordonnance de 1669, la couronne a encore le droit aujourd'hui d'empêcher un particulier de chasser sur son propre champ, en quelque temps que ce soit, si ce champ est enclavé dans ses domaines; et cela va même plus loin : l'on porte l'interdiction de chasse même pour les lisières des forêts. »

Et, pour prouver son assertion, M. Luneau a cité divers arrêts de la Cour de cassation. (Voy. *suprà.*)

« Vous voyez, Messieurs, a-t-il dit ensuite, que la jurisprudence actuelle est qu'il n'est pas permis de chasser dans les enclaves qui sont dans les domaines de la couronne, et que les préfets peuvent prendre des arrêtés pour empêcher la chasse aux environs de ces domaines, et que ces arrêtés sont exécutés. Assurément, Messieurs, je ne pense pas que la Chambre veuille aller jusque-là, je ne pense pas qu'en 1844 elle veuille faire ce qu'on n'avait pas voulu faire en 1790.........

« Aujourd'hui, a-t-il encore ajouté en terminant, M. Crémieux vous demande que la couronne puisse chasser indistinctement dans tous ses domaines. Je n'ai aucune objection à faire à cela : seulement, si l'amendement de M. Crémieux était accepté, je proposerais un autre amendement sur l'article suivant, ce serait l'abolition de l'ordonnance de 1669. La compétence, elle est abolie; la pénalité, vous l'abolissez; il ne reste plus que les droits féodaux; vous ne voudrez sans doute pas les maintenir. Ainsi donc, si l'amendement de M. Crémieux était adopté, je viendrais vous demander sur le dernier article l'abolition de l'ordonnance de 1669. »

M. *le garde des sceaux* a combattu l'amendement de M. Luneau; il a soutenu que ses craintes n'auraient plus aucun fondement après l'adoption du projet de loi.

« Que vous a dit M. Luneau? a-t-il ajouté, qu'il ne devait rien rester de l'ordonnance de 1669; que déjà la compétence établie par cette ordonnance avait été supprimée; que la loi nouvelle réglait et changeait également la pénalité; qu'il fallait donc compléter l'œuvre commencée, et effacer de notre législation tout ce qui pourrait avoir un trait direct ou indirect avec les anciens principes de la féodalité.

« Si cette nécessité existait en effet, je n'élèverais, pour mon compte, aucune objection contre un amendement de cette nature. Je pense, avec M. Luneau, que si le droit relatif aux enclaves devait encore exister après la promulgation de la loi qui vous est soumise, il faudrait compléter cette loi et supprimer complétement le droit dont il s'agit. Ma déclaration est assurément aussi nette que possible à cet égard. L'arrêt de la Cour de cassation qu'a cité M. Luneau me paraît avoir sainement appliqué la législation existante....... »

« Maintenant, quelles conséquences a eues cette jurisprudence? Ici j'en appelle à la bonne foi de tous les membres de cette Chambre; a-t-elle eu cet effet que les propriétaires d'enclaves aient été empêchés d'exercer leur droit de chasse, aient été poursuivis pour l'avoir exercé? Non, Messieurs, les propriétaires d'enclaves ont joui de leur droit, et ils ont chassé dans leurs propriétés sans opposition aucune, et d'une manière permanente, au moins depuis 1830.

« Mais, en supposant que la jurisprudence de la Cour de cassation ait eu à se prononcer sur des faits ultérieurs, en supposant que des procès-verbaux aient été dressés et que des condamnations aient été prononcées, eh bien! il n'en pourra plus être de même après la promulgation de la loi que vous discutez, et je ne pense pas qu'à cet égard il puisse y avoir le moindre doute.

« En effet, que porte l'article sur lequel nous délibérons en ce moment? « Les dispositions de la « présente loi relatives à l'exercice du droit de « chasse ne seront pas applicables aux propriétés « de la couronne, etc. » Le sens de cet article est bien clair; il en résulte sans doute que les propriétés de la couronne ne seront pas régies, relativement à l'exercice du droit de chasse, par la loi actuelle; mais toutes les autres propriétés, et par conséquent même les propriétés enclavées seront régies par cette loi. Or, comme elle donne à tout propriétaire la faculté de chasser dans ses propriétés, moyennant certaines conditions, il est évident que cette faculté appartiendra aux propriétaires de fonds enclavés dans les propriétés de la couronne, comme à tous les autres, et la raison de la différence qu'établira à cet égard la loi nouvelle est bien simple. Dans la loi de 1790, l'exception était personnelle, la loi nouvelle l'accorde à la chose. Ainsi, les propriétaires d'enclaves pourront désormais chasser dans leurs propriétés sans aucune espèce de difficulté, et nul autre ne pourra y chasser sans leur consentement.

« Or, l'amendement de M. Luneau n'a pas d'autre but. J'avais donc raison de dire qu'il était inutile et sans aucun intérêt. »

Passant ensuite à la proposition de M. Crémieux, M. *le garde des sceaux* l'a également combattue en ces termes :

« On a paru craindre que l'exception qui vous est proposée par le gouvernement ne permît d'éluder la loi et de vendre impunément du gibier qui serait déclaré provenir des propriétés de la couronne; la commission a déjà répondu à cette appréhension, et je m'associe pleinement à sa réponse. Tout gibier qui sera mis en vente pendant le temps prohibé devra être saisi, et le vendeur ne pourra évidemment s'excuser en alléguant que le gibier provient des domaines de la couronne.

« Quant au transport, il en est tout autrement. La pensée de l'article que nous discutons est incontestablement que le gibier tué dans les forêts de la couronne puisse être transporté. Y a-t-il là, Messieurs, le moindre inconvénient? Ne pensez-vous pas que les précautions nécessaires pourront être prises pour que l'exercice de ce droit ne puisse donner lieu à aucun abus? et pouvez-vous, sous l'impression d'inquiétudes dénuées de fondement, refuser d'admettre une faculté qui est la conséquence naturelle de la faculté même de chasser dans les propriétés de la couronne? »

M. *Crémieux* a insisté : la déclaration formelle de

31. Le décret du 4 mai 1812 et la loi du 30 avril 1790 sont abrogés (1).

Sont et demeurent également abrogés les lois, arrêtés, décrets et ordonnances inter-

M. le garde des sceaux ne lui a pas paru suffisante. Il a reconnu qu'elle pouvait avoir une certaine influence au moment du vote de la Chambre. « Mais il ne faut pas se laisser aller à cette idée, a-t-il dit, que les déclarations qui sont faites à la tribune sont des lois pour les tribunaux. Les tribunaux ne voient la loi que dans la loi, et ils s'arrêtent à son texte, surtout quand ce texte est clair et formel. »

M. *Luneau* a fait ensuite cette interpellation :

« La commission s'exprime ainsi, a-t-il dit : « La « vente du gibier est indistinctement prohibée, elle « ne se lie nullement à l'exercice du droit de chasse « dans telle ou telle propriété. L'allégation de la « provenance ne saurait donc justifier l'achat ou la « vente du gibier dans le temps où le droit com- « mun interdit de tels faits. » Tel est le sens de l'art. 30. » (Voy. p. 170.)

« Or, je demande que la commission se prononce quant au mot *transporter*. »

La commission n'a pas répondu. L'amendement de M. Crémieux a été mis aux voix et rejeté, et le paragraphe du projet a été adopté.

Lors de la discussion de l'art. 31, M. Luneau a réclamé de nouveau l'abrogation formelle de l'ordonnance de 1669. Il a fait remarquer que, dans l'art. 1er de la loi du 30 avril 1790, la liberté laissée à tout particulier était aussi positive qu'aujourd'hui, et que, malgré cela, on n'a pas fait application de la loi de 1790, mais bien de l'ordonnance de 1669.

M. *Crémieux* a soutenu que l'ordonnance de 1669 était complétement abrogée :

« Pour les questions de compétence et de pénalité, a-t-il dit, elle avait déjà été abolie par l'assemblée constituante, et la loi nouvelle l'abroge plus positivement encore.

« Quant aux dispositions qui retiraient le droit de chasse aux propriétaires de terrains enclavés, elles ont été abrogées par les lois abolitives des droits féodaux et des capitaineries.

« Toute l'ordonnance est donc réellement abrogée, a-t-il ajouté ; mais à côté de cette abrogation certaine à mes yeux, il y a l'arrêt de la Cour de cassation, rendu le 6 juin 1814, qui donne force à cette dernière partie de l'ordonnance de 1669. Pour ne pas voir se renouveler de pareilles poursuites, et quoique les dispositions générales du projet que nous discutons semblent contenir une abrogation implicite, abolissons textuellement cette ordonnance vermoulue. Que risquons-nous d'être clairs et positifs? J'appuie donc l'amendement. »

L'amendement a été alors mis aux voix et rejeté.

Telles sont les explications qui ont précédé le vote de la Chambre sur cet article. On voit qu'elles ont eu pour objet principal la solution des deux questions suivantes :

1° L'ordonnance de 1669 est-elle entièrement abrogée ? N'y aura-t-il pas, au contraire, quelques-unes de ses dispositions qui resteront en vigueur ?

2° Comment devra-t-on concilier le privilége accordé à la liste civile par la présente loi avec les prohibitions générales de transporter et vendre le gibier, portées par l'art. 4 ?

Nul doute, à mon avis, en présence des explications données par M. le garde des sceaux, que les propriétaires de fonds enclavés ne puissent aujourd'hui user de leur droit de chasse dans toute son étendue, et que l'ordonnance de 1669 ne soit, en cela, abrogée avec la jurisprudence à laquelle elle a donné lieu.

De même, et à plus forte raison, nous devons regarder comme abrogées toutes les dispositions de l'ordonnance qui établissaient des servitudes sur les héritages enclavés ou voisins, comme de ne pas faucher avant telle époque (voy. art. 23), de ne pas bâtir sans permission de la liste civile (art. 24), de ne pouvoir chasser qu'à une certaine distance des limites (voy. art. 14 et 15), etc.....

D'un autre côté, l'ordonnance de 1669 déclare punissables certains faits qui ne peuvent rentrer parmi les délits de chasse : ainsi l'art. 21 défend aux voisins, à peine de 10 liv. d'amende, d'ouvrir dans leurs murs aucun trou, coulisse ou passage.

Ces faits seront-ils encore punissables? Je ne le pense pas. Il n'y a de délits que les faits qui sont punis par la loi; or, la loi nouvelle n'inflige aucune peine aux faits dont il s'agit.

Ainsi, sous ce rapport, l'ordonnance de 1669 est abrogée, elle l'est encore sous le rapport de la pénalité et de la compétence; tout le monde le reconnaît; elle l'est donc complétement.

Cette opinion s'appuie d'ailleurs sur les observations de M. Crémieux, qui doivent être prises en grande considération, puisqu'elles n'ont rencontré aucune opposition, et que la Chambre a voté sous leur influence.

Reste à concilier l'art. 30 avec la disposition du paragraphe 1er de l'art 4.

La liste civile ne pourra ni vendre ni colporter; la commission et M. le garde des sceaux ont formellement expliqué que c'était ainsi qu'ils entendaient l'article.

Mais pourra-t-elle transporter?

L'affirmative me semble incontestable. Le droit de chasse serait inutile, si le gibier tué dans les forêts royales ne pouvait être transporté. D'ailleurs on conçoit que ce transport ne présentera aucun inconvénient, puisqu'il aura lieu par des personnes attachées au service de la liste civile.

(1) Le projet de loi contenait la rédaction suivante :

« Le décret du 11 juillet 1810, en ce qui concerne les permis de port d'armes de chasse, et le décret du 4 mai 1812 sont abrogés.

« Sont et demeurent également abrogés, etc. »

M. *Franck-Carré* dit à ce sujet : « Il importe de remarquer que les décrets du 11 juillet 1810 et 4 mai 1812 sont les seules dispositions législatives antérieures qui soient formellement et explicitement abrogées; le projet entend n'abroger les autres lois, arrêtés, décrets et ordonnances, intervenus sur les matières de chasse, qu'en tout ce qui est contraire à ces dispositions. Ainsi subsisteront les lois et règlements sur la louveterie. »

La commission de la Chambre des Députés a changé la rédaction : elle a dit :

« Le décret du 4 mai 1812 et la loi du 30 avril 1790 sont abrogés. »

« La partie réglementaire qui termine l'art. 30 est conçue dans des termes tellement généraux, a dit M. *Lenoble* dans son rapport, qu'on aurait pu peut-être avec quelques fondements mettre en

venus sur les matières réglées par la présente loi, en tout ce qui est contraire à ses dispositions.

---

doute si la loi de 1790 se trouvait tout entière comprise dans l'abrogation que cet article prononce. Comme votre commission ne doute pas que cette loi ne subsistera plus dans aucune de ses dispositions, elle vous propose de la désigner d'une manière spéciale. »

FIN.